# 南方传媒研究

NANFANG MEDIA RESEARCH

南方报业传媒集团新闻研究所　主编

南方日报出版社
NANFANG DAILY PRESS

图书在版编目（CIP）数据

南方传媒研究·第二十五辑：iPad 与纸媒 / 南方报业传媒集团新闻研究所主编．—广州：南方日报出版社，2010.8
ISBN 978-7-5491-0078-1

Ⅰ．①南…　Ⅱ．①南…　Ⅲ．①传播媒介－中国－文集
Ⅳ．①G219.2-53

中国版本图书馆 CIP 数据核字（2010）第 167139 号



# 南方传媒研究
## 第二十五辑：iPad 与纸媒

南方报业传媒集团新闻研究所　主编

出版发行　南方日报出版社
地　　址　广州市广州大道中 289 号
电　　话　（020）87373998-8502
经　　销　全国新华书店
印　　刷　广州市怡升印刷有限公司
开　　本　787mm×1092mm　1/16
印　　张　14.5　彩插 0.5
字　　数　280 千字
版　　次　2010 年 8 月第 1 版
印　　次　2010 年 8 月第 1 次印刷
定　　价　28.00 元

投稿热线：（020）87373998-8503　读者热线：（020）87373998-8502
网址：http://www.nanfangdaily.com.cn/press　http://www.southcn.com/ebook

目录 Contents

NO.25

019

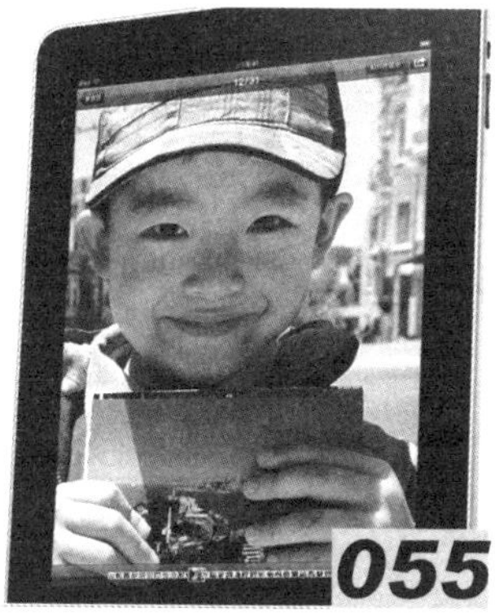
055

098

财经
上市前夜“大清洗”：西继电梯员工持股未了局
职工持股罗生门
115

计算机世界
CHINA COMPUTERWORLD
28
“狗日的”腾讯
138

南方农村报
被征地刺痛的村庄
171

## 编 委 会




地　　址　广州市广州大道中289号
电　　话　020-87373998-3364
传　　真　020-87363753
邮政编码　510601
电子邮箱　nfcmyj@vip.163.com
　　　　　nfcmyj@163.com
网　　址　http://media.nfdaily.cn

“网络自由是头等重要的问题，中国还没有了解自由的重要，原来‘四大自由’都没有，第五大更谈不上。全球化时代是透明化的，反对透明化就是逆历史潮流而动。苏联经不起透明，一透明就垮掉了，我们难道害怕透明吗？”

“汉语拼音之父”、105岁的老人周有光在接受《财经》记者采访时纵谈当代中国问题，称不存在中国经济奇迹。

“没有东西方的新闻，只有好与坏的新闻。追求事实，对社会的关怀，对人的关怀，东西方是一样的。”

汕头大学长江新闻与传播学院院长陈婉莹在《南方周末》7月1日的一篇报道中提到，该院教师来自不同背景，但有着“对新闻的认同和对教学方法的认同”。

“一张报纸两副做派，会不会产生报格分裂，以至于让中国人和外国人看到的是迥异的景象？”

北京外国语大学国际新闻传播系教授展江在《时代周报》撰文《中国形象需要尊重新闻规律来打造》，谈及“英文版《环球时报》的启示”时，建议“既然英文版《环球时报》走了新路，其他媒体为什么不可以一试呢？”

“广电局要封杀我，可以！他在封杀之前作为一个被他封杀的对象，他首先应该提前至少一个礼拜或者一个月通知我，第二要让我明白，我为什么会被封杀……第三封杀我可以，封杀我要有法律依据，必须指明它是根据什么条例，究竟有什么方面的罪状如危害社会公众安全、制造过激言论，要有法律依据才能封杀，不然就侵犯了我的正当权益。”

面对“被封杀”的传闻，“凤姐”罗玉凤一点都不悚，表示“我不低俗而是社会低俗”。

“我们的文化始终没有立法，天天靠着通知、电话、打招呼，靠这些指导性的意见、政策办事，这政策可能今年是这样，明年又变了。”

著名演员陈道明在接受媒体采访，谈及“收视率、收视率调查数字”作假，却没有人处理的原因时，作出上述表示。

**“唐骏这件事，在美国，他要辞职，100 个人只有一个价值观：诚实；在日本，他要谢罪，100 个人只有一个价值观：担当；在中国，他要狡辩，100 个人有 100 个价值观：他的事跟你有什么关系？”**

著名独立戏剧制作人、编导牟森在微博上以“牟春光”之名，如此评价“打工皇帝”唐骏学历被指造假一事。

**“为了适应未来发展趋势，要鼓励它们跨地域、跨所有制、跨媒体、跨行业地发展。如果总说不许这个、不许那个，什么时候才能有我们自己的 CNN 呢？”**

中共广东省委常委、宣传部长林雄 7 月 16 日参加广东省委全会建设文化大省的分组讨论时称，广东传媒发展，让媒体生动活泼最为关键。

**“一本文艺读物，除了能提供好的文艺作品以外，能量有限，如果你抱着想看战争片的心态误看了一部文艺片，无论这部文艺片多好，你都会失望。”**

《独唱团》出版前夕，韩寒撰文给广大读者打“预防针”，表示“无论是从程序上还是从本质上，它（《独唱团》）都无法承载很多人对于改变现状，改善社会的期望。”

**“某网站贪得无厌，没有它不染指的领域，没有它不想做的产品，这样下去物极必反，与全网为敌，必将死无葬身之地。”**

6 月 29 日，新浪网总编辑陈彤以“老沉”为名发布这则言辞激烈的微博，猛烈抨击腾讯。

**“即使报人把自己‘当做投资主体和企业主体’，也不可能让一份办得苍白无力的报纸招徕百万读者，唤起广告主的热情。”**

清华大学教授、博士生导师刘建明在《传媒》杂志上撰稿《纸媒的长期波动与短期复苏》，称“今天的纸媒能不能复苏，不取决于市场运作和经营方式，更不取决于它是不是企业。”

## 仇子明

2010年7月27日，一则有关“经济观察报记者因报道上市公司关联交易内幕遭全国通缉”的微博消息引爆网络。发帖者称，《经济观察报》记者仇子明因为报道了上市公司凯恩公司关联交易内幕，遭到凯恩公司所在地浙江丽水遂昌县公安局网上通缉。一时舆论哗然，南方日报前社长、暨南大学新闻学院院长范以锦在微博上表示，“姑且不说这是正当的舆论监督，即便报道失实就该抓吗？”“‘损害商业信誉罪’有严格的界定。这个口子一开不得了，谁要是报道经济领域出了点毛病，就有可能涉嫌犯罪。我们还能当记者吗？”

同月29日上午，浙江省丽水市公安局责令遂昌县公安局依法撤销2010年7月23日对《经济观察报》仇子明采取刑事拘留决定。

## 周方旸

7月6日，《南方日报》、《南方农村报》创刊元老周方旸在广州离世，享年91岁。近半世纪报人生涯，周方旸被誉为“敢于说真话、活得很真实”。然而，在“大放卫星”盛行的特殊年代，他也被迫发表过“亩产六万斤”的假新闻。（他受命采写这篇报道时，曾特地加了个括号，注明这6万斤是60亩水稻并在一起的数字。但在送审时被删除。）在周方旸的告别仪式上，挽联题为“有才有德事业长存，为国为民斯人可传”。

## 奥普拉

7月，美国脱口秀女王奥普拉被美国某杂志爆料称她过去的生活不检点，在少女时期就当雏妓来赚取零用钱，甚至还因此生下孩子！据悉，这一消息记录在即将开播的描写奥普拉青少年时期的电视纪实片里。这一陈年丑闻曝光之后，奥普拉一贯真诚、坦白的公众形象顿时大打折扣。

## 华盛顿邮报20名记者

21世纪，尽管世界上很多国家都已经进入“政府透明”时代，但国家安全领域，依然被视为信息公开的禁区。最近，美国主流大报《华盛顿邮报》却扮演了在国家安全领域的“捋虎须”者。数十名记者“潜伏“调查两年，做了成千上万的采访，挖出了美国情报机构在9·11以后极度膨胀的详细内幕，向美国纳税人披露了美国国家安全工作的“隐秘世界”。

## 赵忠祥

从7月12日以来，已经退休两年的赵忠祥，与朱迅搭档再次主持《动物世界》和《人与自然》。加上每晚7：50为200集的《世博传奇》配音，赵忠祥每天竟然在央视有三档节目。68岁的赵忠祥再次成为央视主持红人。赵忠祥回应观众对此的争议：“我是央视的一个永远的老兵。”

## 左其安

江苏省滨海县教育局局长、体育局局长左其安因在任内主导“封杀论坛”，而被人民网“2010年第二季度地方应对网络舆情能力排行榜”列为得分最低、政府应对严重失当的事件，可他近日却赫然入列盐城市委组织部拟提拔干部的公示名单。工作实绩主要是招商引资。

## 曾子墨

曾以清新典雅、稳重大气的主持风格为观众喜爱的凤凰卫视当家花旦曾子墨近日因接受某杂志的专访，以“二奶不偷不抢无错论”遭到众多网友抨击。甚至有网友戏谑：“你是做了别人的二奶为自己开脱呢？还是对已浸入你家庭的‘小三’示好，表示可以接纳？”，言词激烈程度相信一向伶牙俐齿的曾子墨也会难以招架。

## 邱启明

“平主任你告诉我，决口有多大？下游的群众有没有转移”？“平主任，我是非常想了解下游的群众有没有转移”。6月13日以来，江西省先后有34条河流发生超警洪水，抚河、信江、赣江三条主要江河发生超历史纪录的特大洪水。其中，抚河干流右岸唱凯堤发生决口，严重威胁下游5个乡镇14.5万人的安全。在央视《24小时》的抚河汛情电话采访中，央视主持人邱启明不得不两度打断江西防总办公室副主任平其俊大谈各级领导的“重要指示”，直问群众是否已经转移。

## 拉里·金

王牌节目“拉里·金现场”播足25周年 载入吉尼斯纪录。

令人遗憾的是，由于收视率下降，拉里·金于6月29日宣布，他计划今年秋天退休。

插图 邝飚



## 漫画

7月8日起，四川将全面推广5首抗震救灾歌曲以弘扬抗震救灾精神和四川人民对援建的感恩之情。按照四川省委统一部署，四川所有手机、座机、大灵通和小灵通用户的彩铃音将陆续更换为指定的抗震救灾歌曲。（原载于《南方都市报》2010年7月9日A33版）

## 数字

### 10000亿元

**新闻出版业产值突破万亿大关**

《2009—2010中国出版业发展报告》披露，到2009年底，新闻出版业总产值增长20%左右，突破1万亿元大关。其中，报纸437亿份，日报出版总量连续9年居世界首位；期刊31亿册，电子期刊出版量达到9000多种，电子图书50万种，发行总量超过3000万册。

### 166家

**2008年以来关张的美国报纸数**

汕头大学新闻与传播学院副院长范东升在微博上透露，据Paper Cuts网站统计，2008年以来美国至少有166家报纸关门或者停止印刷纸质版。2010年迄今为止又有不止18家报纸停办。

### 59名

**上半年全球殉职记者人数**

总部设在瑞士日内瓦的非政府组织“新闻标志运动”7月5日发表统计数字，今年上半年全球总计有59名记者殉职，比去年同期增加6人。统计显示，殉职记者人数最多的国家为墨西哥。

数字

**9 亿元**

### 视频网站成世界杯吸金王

北京商报7月12日报道，第一次参与世界杯报道的中国视频网站无不随着世界杯的节奏翩翩起舞。据相关机构调查显示，6—7月，各大视频网站的广告收入已经高达9亿元。

**11000 亿元**

### 第二季度电子商务交易总额

京华时报报道，7月25日，艾瑞咨询发布数据显示，二季度中国电子商务市场整体交易额规模稳定增长至1.1万亿元，环比增长10%。

**140 万美元**

### 谷歌人均现金流超苹果微软

凤凰网7月29日消息，据国外媒体报道，谷歌员工的人均现金流为140万美元，在这一指数上谷歌远远超过苹果、微软。

据报道，假定几大科技公司将手头的现金储备分发给员工作为奖励，谷歌的员工人均现金量最多，理由是根据各大科技公司今年第二季度财报数据。该指数排名榜第二名和第三名分别是苹果、微软，其次是雅虎和英特尔。

**50 亿**

### 全球移动用户数

据移动世界（The Mobile World）最新数据显示，7月第一周全球移动用户数超过50亿。全球人口数约为68亿，第一季度末全球移动普及率低于71%。第二季度约为73%，预计2014年底前将达到100%。

**2.14 亿人**

### 第二季度我国手机网民数

京华时报报道，7月25日，易观国际发布的《2010年第二季度中国移动互联网业务市场季度监测》显示，今年第二季度中国移动互联网用户规模达2.14亿人，环比增长4.0%，相比去年同期则增长了41.09%。

**58%**

### 中国人对美国抱有好感的比率

美国皮尤研究中心6月17日公布的一份面向全球的民意调查结果显示，中国人对美国抱有好感的比率，从2007年的34%，一路攀升到2008年的41%，2009年升至47%，2010年达到中国人从2005年开始参与这项调查以来的最高峰——58%。

**据称GQ杂志被召回重新印刷**

《环球时报》英文版报道，流行男性杂志《GQ智族》七月刊因一篇文章被召回重新印刷，该文章描述了“富二代”的生活以及北京独一无二的“超级跑车俱乐部”。再版的新杂志里没了这篇文章《开超级跑车的孩子》。

**重庆一男子QQ群发言被劳教**

南方都市报7月6日报道，重庆市奉节县红土乡大垭村村民唐琳在三鹿奶粉事件维权QQ群中发布言论，被认为“制造恐怖气氛危害公共安全”，于5月20日被判劳动教养一年。此前，唐琳多次以“结石宝宝家长”身份向有关部门讨说法，一直未获认可。

**《泰晤士报》网络版因收费流失2/3读者**

英国《卫报》报道,《泰晤士报》7月17日的统计数据显示，自7月2日实行付费阅读后，其网站的读者已减少了2/3。如今，网络读者正在被其他媒体行业，尤其是其他报业竞争对手分流。

## 新华社进驻纽约时报广场

法制晚报7月21日报道，新华社日前在纽约时报广场一幢办公楼内租下近2000平方米的整层楼面，作为新华社北美总分社的新总部，这一举动被美国媒体称为象征中国媒体国际化的一个新时代。

## 山东首播立体电视剧 3500万套3D眼镜发放一空

中新社济南7月5日电，全球首部立体神话剧《吴承恩与西游记》在山东齐鲁电视台首播以来，3500万套3D眼镜发放一空，上千万山东观众体验了立体影院的视觉震撼。

各网站微博推出“测试版”

继搜狐微博一度关闭维护后，昨晚网易微博也开始“维护”

各网站微博均注明“测试版”或“Beta”，网易微博正在维护中

## 各网站微博推出测试版

南方都市报报道，7月9日晚11时开始，搜狐网的微博服务暂停。同时搜狐微博的链接从搜狐首页上部的导航处消失。12日凌晨1时许，该服务恢复，首页链接同时恢复。此后，新浪、腾讯、网易、搜狐、凤凰等各门户网站的微博，甚至包括人民网的人民微博LOGO边上都醒目地标出了“测试版”或“Beta”字样。

中纪委文件刚下发，景德镇市邮政局仍顶风违纪

副科级以上干部公款赴日游 第二批出游者计划明日出发

## 景德镇邮局被指封杀省委党报对其负面报道

新京报报道，7月7日，江西省委机关报《江西日报》曝光景德镇邮局组织员工公费旅游，当日该报在景德镇的许多订户发现，刊发此文的版面缺失，指称景德镇邮局“封杀”省委党报。景德镇市邮政局证实缺版事实，称因抗洪导致丢失。据后续报道，景德镇邮局局长和两位副局长收到行政处罚和经济处罚。

## 《财经》杂志编辑深夜遭袭击 疑因批评报道遭报复

新京报报道，6月24日晚10时50分许，《财经》杂志编辑方玄昌在海淀增光路，被两名男子持钢筋棍袭击受伤，其中头部伤口深可见骨。方玄昌称，可能是因其所作的批评报道而遭报复，但也不排除对方“认错人”。目前，海淀警方介入调查。

河南黑砖窑主围攻央视记者

●记者沿黄河滩被追10公里，采访车被砖头砸毁

●中牟县宣传部官员向记者致歉，请求“别提县名”

县宣传部：采访前应先通知

记者：通知相关部门后路口全被堵

## 河南黑砖窑主围攻央视记者

南方都市报报道，7月12日，央视《经济半小时》记者袁柏鑫及两名河南省内媒体记者在河南省中牟县狼岗镇采访时遭到当地黑砖窑主围攻，沿黄河滩被追10公里，采访车被砖头砸毁。

### 霸王公司员工冲击每日经济新闻报社

每经网消息，7月30日下午，一位自称“霸王”（霸王国际集团）上海公司经理的男子带着三名男子来到了位于上海的《每日经济新闻》报社，干扰报社正常的工作秩序，目前警察已经介入调查。“霸王”此次上门可能与之前曾经报道霸王洗发水的新闻有关。

### 华夏时报女记者遭受重殴 疑为上市公司打击报复

凤凰网7月30日消息，《华夏时报》华南新闻中心记者陈小瑛昨日晚间被不明身份人士以“爆料深国商内幕消息”为由骗至深圳天虹商场，遭受重殴。陈小瑛最近的稿子是“深国商董事长遭二奶举报掏空资产”。

### 希腊“揭黑”名记者身中16枪殉职

新华社消息，希腊一名记者苏格拉底·吉奥利亚斯7月19日清晨在家门口遭枪击身亡。当地警方说，枪手至少有两人，共开16枪。吉奥利亚斯现年37岁，是雅典Thema广播电台新闻主管。他经常在博客发表文章，涉及话题通常与政治、经济和社会丑闻相关。

### 搅局者还是终结者?

目前，腾讯是中国最赚钱的互联网公司，公司现金储备达到15亿美元；拥有中国本土用户量最大的即时通讯软件，账户数近10亿；是中国第一流量的门户；在网络游戏市场排名第一，占据超过20%以上的市场份额……被世界公认为近年来最具创新能力的苹果，其股价增幅才只有腾讯的一半。腾讯为什么还不满足？股东的钱不是用来供着的，腾讯必须不断寻找新的利润增长点。

### 中国会掉入中等收入陷阱吗?

2009年，中国人均GDP达到3600美元。人民论坛杂志的调查结果显示，最可能诱发中国陷入“中等收入陷阱”的因素，排在前两位的分别是：“腐败多发，民怨较重”（占52%），“贫富分化，阶层固化”（占44%）；中国陷入“中等收入陷阱”的风险系数，60%的网友认为在0.5以上（风险系数设置为0-1），90%以上的专家认为风险系数在0.5以下；跨越陷阱的最大忧虑，排在前三位的分别为：“腐败导致政府公信力下降”、“既得利益集团阻碍改革”、“社会保障和分配难题”。

### 探究优雅式腐败

雅贿又被称为“优雅式贿赂”，是行贿者为了讨好附庸风雅的官员，适应贿赂新需求，而在贿赂方式上产生的新变种。在行贿手法上，雅贿一改以往直接送真金白银，而是投其所好，将目光投在官员们喜欢的玉器、青瓷和名人字画。

在中国，雅贿的历史由来已久，并不是什么新鲜事情，究其源头，至少可以追溯至汉代。

### 报纸媒体迎来复苏期？

很多观点谈及纸媒的发展会提到美国《洛杉矶时报》宣告倒闭的例子，来论证报纸媒体没落衰退时代的来临，实际上美国的主流大报在今天依然生存得很好……假设把《洛杉矶时报》放在中国，这类纸媒的现金流并不会严重影响生存，但是从资本来讲，其结果就不同。我们没有深入了解纸媒发展变化的原因和区域发展的差异，就片面地扩大了纸媒的寒潮期。

从长远发展来看，纸媒整体趋势会有下降，但最近正在进入复苏期，这个复苏期有多长很难预测，我觉得两到三年是有的。

最终支持纸媒长久复苏的内在动力是产业融合的能力。广告占纸媒产业的比例将呈现持续下降的趋势，而来自整个产业链以及投资上的收益将逐步增加。（孔义国：《报纸媒体进入复苏期》，《传媒》2010年第6期）

21世纪经济报道10周年
THE 10th ANNIVERSARY OF 21st CENTURY BUSINESS HERALD

### 21 世纪经济报道发布 10 周年纪念版 LOGO

6 月 29 日，为纪念创刊十周年，藉上海世博会盛事之势，假《21 世纪经济报道》和腾讯网联手打造的“21 号馆”开馆之机，21 世纪经济报道面向全球发布了 10 周年纪念版 LOGO。这个 LOGO 展示了《21 世纪经济报道》从创刊一周二期、一周三期改版至日报“道生一，一生二，二生三，三生万物，生生不息”的历程。

### 南方报业四报品牌价值 173.91 亿跻身传媒业三甲

6 月 28 日，世界品牌实验室（WorldBrandLab）在京发布了 2010 年（第七届）《中国 500 最具价值品牌排行榜》。榜单显示：南方报业传媒集团旗下的 4 份平面媒体再次成为焦点——《南方日报》、《南方都市报》、《南方周末》、《21 世纪经济报道》分别被评估出 60.45 亿元、48.17 亿元、47.98 亿元、17.31 亿元的品牌价值。南方报业上述四报品牌价值已达 173.91 亿元，成为中国传媒业界品牌价值三巨头之一。榜单显示，中国中央电视台以 1135.83 亿元的品牌价值位居传媒业之首，南方报业位居第三，人民日报报业集团以 162.71 亿元位居第四。

侨报 今日广东
上海世博会进入广东周
创新团队最高将获 8000 万
深圳湾惊现水龙卷
广东限价房要定政府指导价
外籍、港澳台人士可在莞参保

### 南方报业海外版强势扩张

7 月 20 日，南方报业传媒集团与星岛新闻集团高层在穗举行会晤，共谋发展合作大计。南方日报海外版代表与星岛日报海外版代表签署合作办版、广告代理合作协议书，标志着南方报业海外版强势扩张，大大提高对外传播能力。根据双方协议，合作编制《南粤侨情》专版，每周一期，随星岛日报海外版发行北美、欧洲、大洋洲三大洲各大主要城市。南方报业的核心海外版《今日广东》，自今年 4 月 1 日承办并同步上网以来，以全新的版式、翔实权威的新闻资讯深受读者欢迎。南方报业还将与东南亚主流大报星洲日报合办广东乡情乡讯专版、与现代传播（国际）合办美洲专版。届时，南方报业海外版将覆盖全球五大洲各大主要城市。

### 南方报业集团总体经济规模综合评价全国前五

国家新闻出版总署《2009 年新闻出版产业分析报告》显示，在该报告的“报业集团总体经济规模综合评价”一项中，南方报业传媒集团以 0.96 的评价指数，排在全国报业集团的第五位（成为跻身全国前十的两家广东报业集团之一），跃升新闻出版产业老大。

本期焦点「李一非常道」

# 本期焦点「李一非常道」

# 想和上帝谈谈中国人
## ——南方人物周刊的文本实验

□宋志标

宋志标

新闻无学，但新闻很复杂。它的复杂之处集中在一连串悖论上，试图将复杂的世界简单化，变成可视的、能够即刻针砭的对象。南方人物周刊（以下简称“南人”）不想这样，它对简单化的新闻报道、扁平的新闻人物越来越不满。南人反对人物作为媒体消费品的现实，对表现人的复杂性抱有野心，一次又一次地发动文本实验，试图呈现或暗示诸如人性、世相、黑暗、心灵等最能接近复杂性的意象。

南人一方面视新闻惯例为粗鄙，对人物被媒体榨取的实情忿忿不平；另一方面，南人又在实验的过程中遇到猛烈的怀疑。这些怀疑可能来自偏激的记恨者，也可能来自真诚的批评家。而在某些重要文本的呈现上，质疑者混杂在一起，掀起了只有审判官才能引发的动荡。南人试图将人归到人的恰当位置，哪知自己也会被推上批判的火山口，甚至被送上以含糊的道德作指引的审判席。

南人的作为，是想和“上帝”谈谈中国人。谈谈比新闻纸更有内涵的人性传说，谈谈被国情撕烂了的《圣经》，谈谈被我们疏离的某种可能性。所有这些南人实验的主题，都在国人的生存手册中被划入可疑的章节，或者被撕掉。南人不可能不知道，上帝已死。在此地此时此类族群中，绿洲为荒凉所覆盖，人心贫瘠而自负。宗教也多剩下庙宇道观的空壳，拜物教走不进人心。

作为一本杂志，南人并不掌握比常人更多的人性秘密，但它想和这个世界谈谈，即便这会让它和读者的关系显出紧张。

## 带有挑衅的实验

南人直面的是一个无神论强势又泛滥的国家，很多形容词贴切国民心理，比如奴役、异化、物质，总之都可以用“失魂落魄”来描绘。从新闻报道起家的南人，可能是逐渐意识到要面对的对象正被抽离了重要东西，但又很难去准确表现。好在，与杂志的对象意识一起觉醒的，还有南人对报道文本的不满足。南人挣脱陈旧文本，近似于小范围的报道革命，将前路设为无路，异常焦虑。



外人不清楚付出过怎样代价，南人对杂志的定位也是在近两年才清晰起来。而一直没变的，是那种骨子里的挑衅意味，它体现在选题和提问方式上，进而以刊发的文章固定下来。类似的案例可见诸对方舟子的设问，精心设计侵入采访对象思维的逻辑链，挑衅的对话姿态足以激怒受访者，不谦虚，不准备在智力上藏拙或掩饰，采写的风格属于一种指向采访对象的、全面的不合作。

就人物而言，新闻价值是大众报纸的全部，是终点。可新闻性仅仅被看作南人筛选题材的资格，是南人的起点。关键在于，假设南人内部存在一种涵盖报道对象的谱系，新闻人物能否入选就得看他们是否填补谱系中的空白，能够反映出中国人的某种处境。人物可以不美好，行为可以是丑陋的，但南人要发掘与残缺相联系的幕后，

是要把背景推到前面。是人，更是人的境况。

人物报道本是教科书的分类，它的原始定义之所以简陋，在于它用新闻的名义进行了隔离和删减。南人明显认识到此间的弊端，它的文本主动将五个W撇在一边，拆墙跨界，动用尝试更多的写作工具，比如小说的描写方式，电影的叙述结构，意识流的手段。南人在这些方面频繁实验，新闻已经不是问题，问题是如何将人物从新闻的框架内解救出来，举给“上帝”看。

少年弑父杀母，避走城中村的屋顶上，踯躅地落入便衣圈套。南人使用了迥异于新闻的常规路数，混合了纪录片、蒙太奇剪辑、梦呓等手法，意象联翩，在基本的新闻规范上重组了一种类型的杀母事件。既然没有现成的范本，这一文本很难说成熟。但南人确实没有膜拜是非，它写出城中村的精神压迫，无主少年的家庭破碎，它仿佛说了很多，可不提供答案，它欲言又止。

实验性质的文本对寓意的索取达到了极端的地步。诸如《蚁居》和《南平·杀童事件》，南人都竭力要在文本上做到新颖。南人看见的是一群人和一个孤僻的人，熙熙攘攘而又形影相吊。特别是郑为民的县城，就像是被神遗弃的流放地，书写者搜索委琐的人等，搜集曾与凶手伴随的声音和气味。此时的南人文本为了一个人，制造了一群梦游者的场景。甚至在责编的用意里，郑为民不再重要。

南人的文本实验在做相反的事情：要么将人的无价值抖落给围观者看，要么在哭墙上开个口子，放出一言难尽的意义。南人想以新闻的身份，讲述人的故事，想微言大义，想为读者与上帝的交谈创造机会，实际上也是为自我的内省与外观供应更多的素材。再低调的评论人也得承认，南人的文本实验是有野心的，他们把文章想象成奥威尔那样的作家作品，设想比新闻更有阐释力。

文本实验的不羁挑衅在于，它对新闻样式作了不同形式的否认。或者说，它认为新闻不该是评论者理解的那样僵化，当对新闻的严格边界保留意见，边界是可以经过慎重权衡而改变的。更主要的是，南人的文本实验形式上在做文艺的事情，内里却在惦记着哲学家的命题。它把对文哲的仿拟视为理所当然，看成是与上帝对话的台阶，它似乎并不在乎新闻媒体的惯常界定。

南人的文本实验拒绝接受新闻应该怎样、不该怎样的劝告，它想要烘托的是价值，或者直接表达思想。为此，实验将国情看作是无边际的、冗长的人生剧作，南人的抱负是提供相称的剧本。他们在视野和智力所及的范围内，寻找新的阐释系统。不限于文艺，文艺不仅是手段，也不止是某一次试验所需的话语体系，南人把它们当成是一股势力。一群殚精竭虑、为新闻所累的人，想超越新闻。

## 问题在于难以和解

南人的考验主要来自三个方面：不一定认可实验的读者群，松散且喜怒无常的评论群体，以及挑动实验的编辑记者。

无论从视角还是范围，实验都带有很强的主观色彩。理论上讲，文字可以做到零度介入，但感情的痕迹仍然隐现在文本的角落中。在某种程度上，精心策划的写作方式是一种阅读考验。读者能否进入文本世界，取决与他们对自己及他人痛苦的理解，问题就是：如果南人认为人们身处信仰的荒原，那如何与他们对话，带领他们离开荒原？又：一本杂志是否有必要这样做？

不寻常的报道实验通常是与读者为敌，矛盾在于：既要争取他们的信任，还要向他们暗示：你看，这就是你们的处境，所以你们是卑微的。而且，南人对培养某个集体的“我们”不感兴趣，也就不会指出解脱的良方。长此以往，读者也会演化成南人实验的一部分。读者从旧经验中养成了借助新闻看世界的习惯，南人实验的比新闻复杂的多。沿用旧眼光看，得到的反而更少。

少林隐僧

嵩山少林之所以能名冠天下、贵为祖庭，其核心原因就在于少林历经千年传续的独门绝学：禅武医。现在，一位“正宗传人”重出江湖南人的文本实验看似是游戏，但不乏敬畏。可两者的区分不甚明显，旁观者的解读也不一定能区分，有时会含糊到令人头昏的份上。南人的文本实验显露出对新闻流行文体的低等评价，不想被烦到。对某些人来说，这会被理解为破坏新闻界应该遵守的原则。因此，文本实验很容易会被当作对新闻的冒犯，会被认为在危害新闻的纯粹性，因而是不可饶恕的、值得警惕的。

此番意味，集中在少林隐僧和李一道长的报道争议上。评论者自认为不是一般的读者层次，无法容忍南人对这两个人物的态度。虽然记者与责编对次要事实的核实有瑕疵，但抨击南人的评论者未能察觉固有思维的误区，将"报道"等同于"认同"，强行将社会现象与南人表现画上等号。评论者向南人发泄怒火，源于对宗教现状的一般看法，确有理由不满，但错误地设置了标靶。

在针对宏大原则的批判声中，南人特别希望呈现的所谓灵修现象，没有受到严肃思考和认真对待。南人淹没在汹涌的咒骂声中，它对特定社会情境的示意与示警被忽略了。即使那些以敬仰南人为批评前提的人们，也没能有效甄别。相较于南人揭示的、暧昧的灵修现实，众人"惋惜"南人的"堕落"尤其让人忍俊不禁。喧哗成为进入严肃命题的困扰，掩盖了问题本身。

紧随南人报道，微博和报纸上出现了一系列质疑和揭丑新闻。李一道长的特异功能、以及他立于世间的动机受到全面怀疑。国人见惯了怪力乱神，警惕地审查一切造神举动，这些质疑完全可以独立成行，也应该存在。但在有意无意间，南人被不恰当地置于吹捧者的位置，被错怪为此类造神运动的缘起。南人陷入麻烦，意味深长的是，它所遭受的误解，原本就在实验的寓意清单上。

像人物、现象、状态这些都是南人竭力利用的工具，一般情况下，舆论对它们都有固定的观点和看法，人们甚至可以用单一的解释框架去理解所有人、物和情景，而不必理会理解准确是否。评论者认为南人实验赋予了他们讨伐的权利，可以佐证那些非此即彼的道德结论。真实情况却是，南人实验苛求具体的个别，它仍然受新闻特质的约束，实验也受广义上的文艺驱动，并且可以从新闻与文艺的角度去理解。但是，南人的实验不受善与恶之类空泛的大词所驱动，大而无当的善恶之辩无法阐释。

犹如读者和评论者的不解所影射的那样，南人实验的用心不一定被吸收，经常被误会。实验者在很多方面无法与外界达成和解，这应该会形成向内的压力。除此而外，操作者没有现成的范本可以借鉴，每件文本都是唯一的机会，实验者抵达无人之境时的所得并不必然形成标准，最多能为后续的写作提供支离破碎的经验，实验的可持续性成为问题，令他们惶惑的对手正是自己。

## 文本实验就像是搏斗

南人的影响力无可否认，然而，单就它的实验目标而言，又似乎在做不可能完成的事情。圆满，离杂志尚远。它怎样才能在每场文本的战斗中胜出？这近似无解的设问，不仅在于杂志的未来形态难以确定，也在于这个问题超出了新闻学的现有知识，进入文化的、乃至于政治的范畴。南人近似狂热地追寻具体个别的复杂性，为了眺望将来的需要，或者可将问题分层，新闻的归新闻，实验的归实验。

譬如很多人都参与评说的道长报道。从采编来说，补上核实程序并不难。能用新闻手段解决的问题就不是问题。很容易就发现，众生的愤慨不在这里，它指向的是与杂志无关的方面，在信仰受污染、无力观照内心的情况下，作为人的角色无能。读者以“谴责”杂志的方式发泄了对自己及他人的失望，有些自暴自弃。这类群体的反应，来自于以新闻看世界的所养成的条件反射。即使南人想要做得多一些，破除新闻的魔咒，也不得不遇到墙的阻隔，实验想圆满并不易。

不管围绕道长的喧嚣有多大声，南人都不该对此负责。理应报以关切的倒是，对道长一事的愤怒并未导向本该进行的反思，焦点牢牢盘桓在揭丑的狂欢上，将南人原本的苦心全然遮蔽了。即使道长最后

真的被舆论彻底否决，他仍不过是不忿的消费品，人心失掉了一次察看自己的机会，甚至还会加深一种刻板印象：你瞧，世界就是由小丑组成的。审丑完毕，随即心满意足地原地踏步。

本文最初要承担的任务是回答一个问题，那就是：如何避免类似道长报道这样的纷扰？写到这里，其实很清楚地知道，这很可能不是一个真问题。报道本身略有微瑕，但不存在足以动摇根基的失实，它仍然是一个可以成立的报道。加上此前的文章，南人显露了滚滚红尘中的儒释道三教。至于纷扰，真应了惠能大师的偈语：菩提本无树，明镜亦非台。本来无一物，何处惹尘埃。

就像前述提到的，南人的文本实验分占两端，一是抽象的观念，一是具体的个别。若要提什么意见，恐怕可以说只想到用新闻手法来平衡两端，并非值得赞赏的，因为这会削弱实验的冲击力。所谓平衡，且让读者用心智去完成就可以了。"抽象的"还可以更集中，"个别的"应该更广泛。如果文本的不定形可看作是优势，是一种南人的资本，那么，但请稳定地输出挑衅的气质。

还记得南人的创刊号，其封面人物是张曼玉，真面目似现还隐，花瓶摇曳生姿，演绎成别人不可模仿的、符号式的面具。那时，挑选这样的封面首发也引起议论。大千世界，意蕴复杂，非沉淀不足以体会。南人现在有更阔绰的空间展现此地的人类，无处表白的告解，意义从具体渗透到抽象，传统、历史、苦难与抱负都会成为弦外之音。以惨淡心态求取信仰者的圆满，把实验进行到底。

南人的每一次文本实验都像是一场搏斗，那就继续吧。

（作者系南方都市报评论员）

# 简化讨论是有害的
## ——李一报道分析

□杨瑞春

杨瑞春



李一道长的事情在继续发酵。落笔之时,《南方都市报》和《南方周末》的报道已经相继出来。但无论李一本人最后会被冠以什么结论，其实并不影响我对《南方人物周刊》“李一非常道”这组报道的评判。

### 新闻界并非完美的真理代言人

新闻是历史的草稿，当事情过去，回头来看这草稿的质地时，我觉得需要有一个前提，首先世界是复杂的，未必非黑即白；另外，承认人类认识世界的能力是有限的，面对一个事件和事物，要求媒体去承担认知的全知全能甚至先验的角色，是过苛之举。媒体需要承担的责任是有边界的。

我一直认为《南方人物周刊》是一家具备职业自觉的媒体，与其认为李一的报道是一家媒体的失误，不如把它看作是新闻界的共同的风险：辨识事物的真实面目何其难也，稍不留神，定性就有可能失真，判断就有可能失误。

我正在看《为什么民主需要不可爱的新闻界》这本书，里面有一段这样的表述：“新闻界并非完美的真理代言人……人们一方面冒着被愚弄的风险和自己的信源沟通，从相信他们的观点来理解世界，另一方面则不得不冒着过分怀疑的风险，时刻警醒和怀疑自己信源的可靠性和主观倾向性，

这样，记者在相信和怀疑之间身心俱疲”。

那些在李一这件事情上嘲弄《南方人物周刊》的媒体，反躬自问，有多少次也曾经犯下同样的错误？如果不是新闻界有这样那样的错误，怎会有这么多的所谓“大师”当年曾经被捧上神坛？比如张悟本，比如唐骏，有多少媒体曾经做过报道，但有哪家在事发之后真正反省自己当年为其贴金的报道？好在一个自由而负责任的新闻界，具有自我纠错的能力，在这次李一的报道中，这种自我纠错机制甚至发生在同一个报业集团内部，而且对其进行的专业反思也可以发生在这里。

从事新闻工作的年头越长，越能感觉到所谓“完美调查”的可遇而不可求。以水门事件的调查为例，它花去了2年多的时间，需要记者的强烈好奇心和质疑权威的勇气、领导者的决心、报社的担当、法律对于新闻自由的保护，甚至可能细到薪酬体制对于长线选题的鼓励。如果在任何一个点上有所闪失，都不会达到最后的水落石出。

## 应给予探讨空间

简化讨论是有害的，直到今天，我依然认为，《南方人物周刊》的操作不能被简单地盖棺定论。甚至可以说，在那个时间段，《南方人物周刊》的报道呈现了一定的怀疑精神，即使今天看来这种怀疑精神是不够的，我们也要想清楚是为什么。

任何操作的判定都要联系当时的语境，但时光转换，人们善忘，这点经常被忽略。从操作本身突破的难度来看，我并不认为《南方周末》关于李一的报道就比《南方人物周刊》难多少，因为在《南方人物周刊》发出报道的时候，视野范围内，没有什么关于李一的很明确的质疑。李一也没有在公众范围内的名气。而在《南方周末》发出报道的时候，记者的努力方向是非常清晰的，是要做一个关于李一“真相”的调查。

让我们探讨一下《南方人物周刊》操作的过程吧。

首先是新闻价值的问题，在关于《南方人物周刊》的指责中，最强大的声音是这组报道是在吹捧、炒作李一。作为一个媒体的从业者，我甚至认为，能够迅速关注并报道“清修”现象，说明南方人物周刊是一家嗅觉非常敏锐的杂志。在一个信仰缺失的国家，这种现象的产生，而且尤其是在所谓精英人群中产生，无疑是一个意味深长的征象。

其次是操作方向的问题，我想，这个选题如果以上述为方向展开，则李一的缙云山可能就只是清修的案例之一，事实上其他寺庙提供的禅修，包括一些灵性课程在都市的流行，都可以被纳入到关注的范围，而西方和港台很多年前就流行的清修现象，可以作为参照系，进入到选题之中，以此为方向，则其他的宗教人士的采访在所难免。那样，对李一本人即使有采访，也会更多集中在

对清修本身的理解。

如果以李一为主要方向的话，编辑部人员对其的警觉一般说来会大大高于现在呈现的状态。不过，如果要直接针对李一做一个类似南周的调查的话，对于编辑部来说其实可能有些“不划算”，因为那时李一还不出名，做一个这样的调查显得有些无厘头，关注度就会成为问题。

因此，感觉《南方人物周刊》在做这组报道的时候是纠结的，也许是“人物周刊”的定位导致的自我约束，虽然从文章来看，对“灵修现象”的笔墨更多些，但他们最终从封面设计和标题上更多凸显了李一本身。

文章最后呈现是这样的：第一篇文章《李一：道，可道，非常道》，其实更多探讨的是一些成功人士上缙云山清修的故事，文章一共6个小标题，除了前面两个小标题是在介绍李一和缙云山的由来，其他4部分都是在介绍清修人士的故事。第二篇《我没有明天，也没有昨天——对话李一道长》，前半部分也都是从一个道长的角度来谈修行现象，以及中国目前信仰缺失的现象。第三篇《李一是一位道医，也是术士》是武汉大学的哲学教授对清修现象和李一本人的评论。

实际上，任何一个方向，如果南方人物周刊在最初能够想清楚，并一以贯之的话，都可能避免今天的局面——什么都想做，但什么都没有做彻底。

从操作的层面看，《南方人物周刊》的记者有一些硬伤，比如对杨锦麟所谓李一弟子身份的使用，并没有经过其本人的求证，但是从操作来说最核心的部分不在这里，而是对李一所做的判断。

我不赞同网络上尤其是微博上对这组文章一边倒的批评，因为对李一评判的中立立场在报道中还是非常鲜明的，比如在对李一专访的文章中，说到一位清修过的人士“对李一的评价留有余地。‘我觉得道长是位智者，但不够坦然。可能我的态度是武断的，因为他没有时间让我真正走近。’”

再比如此处：众“仙友”结课后，对李一至少存在四种态度。

有人是崇拜心。他们奉李一为神仙。他们仰视，并且敬畏。马云就觉得，“几百年才会出一位李一道长。若假以时日，他完全可以比肩南怀瑾和星云大师。”

有人是痴狂心。他们觉得道长更像是个明星。首先，他的身边本来就不乏明星；其次，他出镜、出书，走到哪里，总要围上一群索要合影或者签名的粉丝。

有人是质疑心。道教，自古修的是“无为”，念的是“常清静”。现在的缙云山风生水起、如火如荼，李一意欲何为？

有人是唾弃心。李一是不是一个高级的张悟本？天价学费的背后，是不是又一出借宗教敛钱财的闹剧？

在“四种态度”中，除了第一种态度，其他三种态度都是对李一的负面评价。

再比如，在对武大教授宫哲兵的采访中说到：“我现在总体（对李一）保持一种审慎存疑的态度。但是我不是说不相信能够出现一位奇人，能给一些疾病的治疗、生命的养护、心灵的慰藉、精神的救赎带来神奇的效果，我绝不排斥。我觉得，不要去轻易否定一个人，也不要去轻易相信一个人。我想，这个产品最终如果不具有让人满意的效果，很多人感觉是无功而返的时候，那么他也就会如历史上那么多神医一样，回归人间。”

这篇采访的标题明确地带有对李一的否定意味——《李一是一位道医，也是术士》。

所以综上而言，《南方人物周刊》对李一的警觉，其实在文章中还是处处展现的。另外，还可以看到，对于之前别的媒体曾经报道的，让樊馨蔓惊叹的，李一所展示的水下生存和通电诊疗的“神迹”，编辑部选择了隐去，这说明编辑部对这些还是有一定的警觉。

从以上种种，我认为，《南方人物周刊》对李一的报道实际上将他定位为一个“非确定人物”或者说一个“争议性人物”。现在大家质问为什么编辑记者“缺乏科学素养”，但在有

测试版
新浪微博
t.sina.com.cn

林楚方的微博 http://t.sina.com.cn/linchufang

南方系媒体之间的竞争，甚至比和外面的媒体竞争都激烈。看你的观点，你不会理解南都为什么会“打横炮”，因为你脑子里全是阴谋思维，也没有媒体在某些方面是独立的概念，对南都来说，不是因为你是本报系的，就不批评你。南方系是由一个个独立的人组成，不是一个概念

@李牧V：个人观点：《南方人物周刊》强势宣传宗教人物，违背职业操守，误导公众。在中国特色新闻事业背景下，事情到这个程度，应由其上级南方报业党组展开全面调查并向公众有所交待。现在是南方系的《南方都市报》出面“揭批”，横炮打得山响，文章倾向同样强烈，除了徒显南方系的混乱与无耻，没有任何意义。

原文转发(181) | 原文评论(88)

7月28日 12:46 来自新浪微博　　转发(15) | 收藏 | 评论(16)

评论　　举报

发评论　　同时发一条微博

全部 | 我关注的人 | 陌生人　　共16条

江老师 你跟脑残解释有用吗？ //@林楚方:南方系媒体之间的竞争，甚至比和外面的媒体竞争都激烈。看你的观点，你不会理解南都为什么会“打横炮”，因为你脑子里全是阴谋思维，也没有媒体在某些方面是独立的概念，对南都来说，不是因为你是本报系的，就不批评你。南方系是由一个个独立的人组成，不是一个概念(7月28日 13:11)
回复

pminfayan 顶。(7月28日 13:09)
回复

墨一白V 转发此微博:不护短，很好！ //@林楚方:南方系媒体之间的竞争，甚至比和外面的媒体竞争都激烈。看你的观点，你不会理解南都为什么会“打横炮”，因为你脑子里全是阴谋思维，也没有媒体在某些方面是独立的概念，对南都来说，不是因为你是本报系的，就不批评你。南方系是由一个个独立的人组成，不是一个概(7月28日 12:58)
回复

晋皓然 唉，又见那厮五毛言论，想屏不行，给又转到眼里来了。林兄，关注你也是一种错么？(7月28日 12:50)
回复

藤井树小姐V 其实哪都这样，集团内部的竞争往往更惨烈！(7月28日 12:50)
回复

连清川V 楚方，恕我无知，有这么严重了么？(7月28日 12:48)
回复

彭晓芸V 业务无禁区是南方的传统 //@林楚方:南方系媒体之间的竞争，甚至比和外面的媒体竞争都激烈。看你的观点，你不会理解南都为什么会“打横炮”，因为你脑子里全是阴谋思维，也没有媒体在某些方面是独立的概念，对南都来说，不是因为你是本报系的，就不批评你。南方系是由一个个独立的人组成，不是一个概念(7月31日 15:26)
回复

陈无诤 可疑的阴谋论者，真唏嘘 //@林楚方:南方系媒体之间的竞争，甚至比和外面的媒体竞争都激烈。看你的观点，你不会理解南都为什么会“打横炮”，因为你脑子里全是阴谋思维，也没有媒体在某些方面是独立的概念，对南都来说，不是因为你是本报系的，就不批评你。南方系是由一个个独立的人组成，不是一个概念(7月31日 00:04)
回复

旺喜来了哟 李牧这傻逼也来凑连岳。切(7月29日 22:15)
回复

科学界人士的强烈质疑之前，要让《南方人物周刊》去做这样一个判断，事实上也需要极大的勇气，因为首先道教是中国合法的宗教，并非邪教，而李一是中国道教协会的副会长，在宗教界被赋予这样的地位，首先意味着他所受的尊重和认可，另外，李一兼任华中师范大学历史文化学院教授和马来西亚吉隆坡中医学院教授（**编按：据南方周末8月5日报道，华中师范大学历史文化学院没有任何书面聘书给李一，北京大学哲学系也没有一个叫李一的兼职教授，复旦大学和剑桥大学情况类似北大**），之前在凤凰卫视等媒体的出现，确实给了他更大的可信度，而一些推崇他的弟子本身也都是智商足够的人士，即使宫哲兵这样的道教研究者，也未能很明确地下结论说李一是一个“骗子”。在这种情况下，否定李一对于《南方人物周刊》来说也意味着很大的风险。因此，宫哲兵所说的“不要去轻易否定一个人，也不要去轻易相信一个人”便成为编辑部最终选择的态度。何况，在报道方向不明晰，“清修”现象是报道重点的情况下，“李一”的疑点，就有意无意地被略过了。但这确实说明编辑部对“科学常识”的信念不够坚定，或者说，按照更高的职业要求，这种忽略是质疑精神不够的体现，这是值得南方人物周刊的编辑记者深刻反思的。

在微博上发起的对《南方人物周刊》本期报道的指责，我一直在等待有专业人士的有见地的评论。但非常令我惊讶的是，即使是新闻从业人员，微博上也多是一面倒的感情色彩强烈的讽诮之语。而《南方人物周刊》自己并没有站出来为自己说话，一直保持着沉默。因为曾经历过类似的争议，我理解舆论漩涡之中，主角的缄默也许是无奈而最有益的行为。因为你在此时无论发表什么言论，都有可能被曲解，引起更大的波澜。

但当我在微博上提出自己的见解的时候，也收到一些媒体同仁的回复，比如有南都的编辑王星在我微博上的留言就认为，“报道是平衡的，主要是封面的选择和处理有很大的诱导和误导”。另外宋志标也认为，“很多讨论者混淆了要讨论的东西，将南人报道与对怪力乱神的批判混为一谈。杂志要报道某种现象，但是很多人对该现象有批判激情，就连带杂志也批判了。”

我觉得当一方的言论极其强大的时候，至少要给予类似的探讨空间。

《南方传媒研究》能够把它作为专业案例，列入到讨论的范围，这是南方报业的精神所在。也是外人所不能了解南方的地方，就像他们看到《南方都市报》和《南方人物周刊》关于李一有不同的声音，就认定内部打“横炮”，说明南方报业“失控”了。他们岂知南方报业秉持的宽容、多元？！

## 宗教领域的报道是一个探索

还有一点非常想说一说，就是宗教报道一般来说在媒体选题里是个禁忌，伊斯兰教当然不说了，基督教也是一般媒体不愿碰的。佛教见诸媒体视野相对多一些，如对少林寺的报道，大家已经见怪不怪。当然，对少林寺及其方丈释永信的报道，一般关心的是其涉及俗世的那一部分，比如文化遗产的保护、寺庙的现代化管理等等。真正切入宗教核心，或者说关于宗教和科学分野的那部分，一般媒体是不愿触及的。《南方人物周刊》这次引发的麻烦，多少也是因为这个。其实所有的宗教，其逻辑和科学逻辑都是完全不同的，而媒体一般涉及到这些，大多采取不宣扬、不否定的态度。比如，对涉及到藏传佛教转世灵童认定的问题，即便是更官方的媒体，也都是将其作为客观事实作以陈述。道教这种本土宗教在媒体报道中很少被涉及，首先是其呈现衰落之势，另外这一宗教本身就有一些更容易让信奉科学的人士不能认同的特点，容易被认为是“装神弄鬼”。如果按照某种标准，在大众媒体上报道这些人，需要先将将这些人统统斥为骗子才对。这将是报道这个领域的非常难以处理的问题。

无论如何，我认为《南方人物周刊》在宗教领域的报道是一个探索，我最不愿看到的是，因为这样的探索的缺憾，让媒体反而把这个领域当做了禁区。别人给新闻界设的禁区已经够多，新闻界还需要给自己设下新的禁区吗？

（作者系中国新闻周刊执行主编）

# 巫术时代：媒体人面临着祛魅的变革
## ——以涉宗教题材报道为例

□彭晓芸

彭晓芸



如果以为可以借这次由《南方人物周刊》杂志的几篇涉宗教题材的报道引发的争论来谈“媒体与宗教”、“宗教报道规范”，那就是对中国社会的宗教问题之真实现状以及对此次媒体报道舆论风波的实质的评估过于超前了。

### 宗教报道请先遵循职业规范常识

国家宗教事务局局长王作安今年以来在不同场合提出，对待宗教事务，应该“媒体脱敏”。这一风向标很清晰，也就是媒体可以涉入宗教报道。但是，怎么报道的问题，对中国媒体界或传播学界，是一个新的课题。检索中国期刊网，除了寥寥几篇不痛不痒的关于宗教报道如何“和谐”的文章，技术层面上，是一片空白。

翻阅国外的诸如《媒体与宗教》(Journal of Media and Religion)、《大众传媒伦理学》(Journal of Mass Media Ethics)等专门学术杂志，发现关于宗教报道的讨论，已经建立在一个基本的共识之上：即对伪宗教、巫术、异端邪教、宗教腐败、宗教丑闻的零容忍，讨论的主题主要是同性婚姻、堕胎等伦理问题与宗教的关系，以及关于宗教报道中记者是否有个人宗教信仰的倾向性，关于基督教题材在美国的比例是否太大而压抑了其他宗教，包括一些案例研究，如世俗媒体对于佛教的深入报道呈现了怎样的信号等等。

另外，国外还有诸如宗教新闻写作协会（Religion Newswriters Association）这样的非政府组织，专门为从事宗教写作的人提供有关平衡性，准确性和洞察力的宗教新闻写作技巧的指引，记者可以申请奖学金，前往接受宗教知识、神学理论、报道规范等方面的培训，还有各种免费的短期培训项目。

由于国情的差异，西方社会的媒体分为世俗媒体和宗教媒体，有由宗教力量办的各种代表某一个宗教信仰的灵性媒体(spirituality media)。世俗媒体，也就是我们一般所说的大众媒体，也有宗教新闻，有的有宗教版面，但报道一般集中在新闻动态，尤其是有关丑闻的揭露，美国历史上众多的教会丑闻，如贪污或性骚扰、淫乱等，多是由大众媒体首先调查发现和披露的。而关于教义阐释和宗教的传道布道，多是由专门的宗教媒体去完成。

《南方人物周刊》近年来多有涉足宗教题材报道，从一份人物杂志的题材多样性上来说，也无可厚非。但是，近期的几篇报道（如“少林隐僧”、“李一非常道”）涉及的问题则更多在于脱离了一般新闻写作规范，而不是真正关乎宗教报道该怎么做的问题，因为，在美国或台湾等地，宗教报道怎么做的细节，指的是记者的宗教专业知识是否足够，记者的宗教信仰立场是否隐匿，如何中立的问题，但文本呈现方面，有学者通过对美国《时代》周刊的宗教报道数十年的数据跟踪发现，其实与社会新闻、科技报道、娱乐报道、体育报

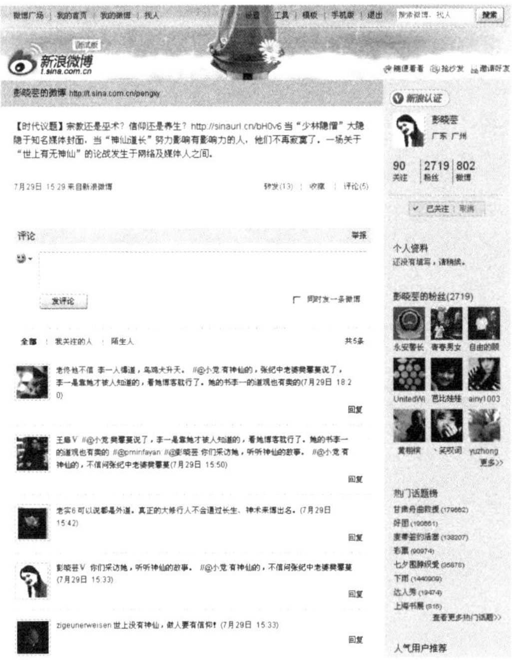


道等等新闻，不存在范式上的巨大差异。

无论是《少林隐僧》，还是《李一非常道》，都是在采写规范上，跨出新闻写作的一般规范，完全以一种另创一套的姿态来呈现，譬如《少林隐僧》引起最大争议的语言、叙事风格问题，其中大量主观和臆想的词汇被记者作为新闻报道的主体：

“此人会使少林最高武学‘心意把’，但是他绝不轻易展示，因为一旦使将出来，便是‘取人性命，替天行道’之时。据称此人已重出江湖，中华民族复兴指日可待。”

“一番拳式变幻后，口发嗯声，再换右脚前落，左脚跟步，下蹲成弯套弯步，最终两拳呈锄头势，双双劈下，犹如农夫锄地，大吼一声，丹田之气与自然贯通，意到气到、气到力到，令观者如肝胆俱裂，不寒而栗。”

而《李一非常道》在文字上有所收敛，从平衡报道的角度来说，文章结尾处发出一定的怀疑的声音，但最大的败笔在于违背了新闻操作的基本职业操守，采用单一信息源进行全知全能的叙事，如把马云、杨锦麟、王菲、李亚鹏、刘春等名人“是李一的弟子”作为一种事实呈现，却并未向这些当事人求证。这让人想起李普曼在《公众舆论》中谈及的一则老掉牙的例子，他说："一家报纸曾经6次报道说列宁死了，它得到的唯一消息就是一则列宁死了的报道，而消息来源又屡被证明不可靠，这无论如何都是没有道理、无可辩解、不可原谅的。在这种情况下，新闻不是'列宁死了'，而是'赫尔辛基说列宁死了'。报纸应当负责任地寻找可靠的新闻来源，这样才不至于让列宁多死好几次；如果说有个问题对编辑们而言责任最为重大，那就是对消息来源之可靠性的判断。"

为什么说"弟子说"这一信息没有核实是一个致命伤呢？随着接下来的几位名人纷纷辟谣说自己不是弟子，是"被弟子"了，可以了解到，名人作为"宗教"人物的"名片"和"广告牌"，为其背书的巨大社会影响及其可能的后果有多么严重。如果不是后来有诸多媒体进行了一种纠错式的报道，那么，不排除这样一种可能性：很多看了报道的公众，在名人的巨大影响力之下，也信了这个"神仙"道长。以李一的"聪明"和对名人的"绑架"、"利用"来看，名人接近李一，倒也无伤大雅，至少李一不敢"拐骗"名人，甚至还主动不收钱，但是一般民众则不一样了，无权无势的人上山，会有什么样的遭遇，从目前报道披露的情况来看，不敢让人乐观。

如果一则报道有这样潜在的危险和误导，媒体人仍然熟视无睹或者认为这只是多元文化的呈现，那么目前争议的核心就变成了：我们如何回到逻辑起点上寻求共识的迫切性大于获得共识之后该怎么办的问题。

时代周报
THE TIME WEEKLY
还原李一
非常道，不足道
A06-A07
在敌之手，华为何为

REVIEW 评论 A09
中国富人的主流信仰是巫术？
中国精英阶层的信仰困局

## 回到逻辑起点谋求共识

回到中国的问题，我们存在的分歧和问题是，对于什么是宗教，不少人认知不清，对于揭露伪宗教和巫术，乃至涉嫌诈骗的骗子与宗教的关系，还有很多人逻辑上产生混乱的错觉，认为对于诸如李一这样的人的揭露报道，是不是就“妖魔化”了这个“道长”，是不是就“玷污”了宗教，甚至有的还忧虑是不是就容易被利用来“镇压”宗教。

这除了犯逻辑错误，把一个像A却不是A的A’当作A，认为打击A’就是打击了A，而且还把“误把A’当作A”和“发现A’不是A”这两个截然对立的方向等同起来，认为无论发现什么，能够发现首先就是敏锐，譬如就有人在媒体发表言论认为：

*“在一万名粉丝夹道欢迎偶像、两个老板追求同一个女演员都能成为新闻热点的时候，为满足几亿中国人灵性需求而产生的灵性产品市场的生产与消费状况，却几乎得不到一个字的呈现。当部分市场化新闻媒体敏感到这一动向并探索性地报道，却被讽刺为‘满天神佛’。这类意见在骨子里其实仍未学会在一个开放社会下看待媒体应扮演的角色，仍未学会像一个职业的信息披露者那样跳出自我、尊重现实。”*

*“李一争议彻底暴露了当下许多人的灵商几乎为零。”*

*“灵商所形成的，是价值判断。直白说，他情我愿，与你何干？”*

**——《感谢李一：当神仙遇上杀手》**

所谓灵商，是一个来自英语世界的词汇，即“Spiritual Intelligence Quotient”，简写成SQ，意指心灵智力，即灵感智商，就是对事物本质的灵感、顿悟能力和直觉思维能力。实际上，灵商是指一种智力潜能，属于潜意识的能量范畴。就此文的语境推论，该作者用这一词的意思大概是说，你们普通人不懂体悟神仙的魅力，实在是灵商太低了，和神仙的距离太远了。不过他混淆了宗教的超验与巫术的骗术的区别，如果体悟骗术是一种灵商的话，这灵商想必不要也罢。

另外一重意思则是说，有灵商的人，你情我愿，就算被骗了，被诈了，与尔等何干？且不说断定“许多人灵商几乎为零”可以视为是一种有宗教信仰的人对无宗教信仰的人侮辱，不符合宗教言论的几条互不歧视原则，就后面这个“自愿”说，“自愿果真就是道德的吗？”这一点，其实道德哲学理论里面，但凡涉及对“道德相对主义”的批驳，均已有过清晰的论证。桑德尔通过对罗尔斯的新社会契约论的批判指出，并非所有基于自由意志的、自愿的就是道德的。批判文化相对论的伦理学家则举出非洲小国多哥对女性实施割礼、爱斯基摩人杀死健康女婴的例子，指出自愿原则和文化差异说是多么地荒谬和不人道！

上述这篇题为“感谢李一：当神仙遇上杀手”的文章发表于《南方人物周刊》“李一非常道”报道引发争议，《南方都市报》、《南方周末》、《时代周报》纷纷进行了另外一种视角的披露和报道之后，也就是说，作者看过两种几乎基调完全不一样的报道，而他的结论是：

“另有一派人士，企图通过断定一个事物的来源是卑下的，来打消其精神价值。他们通过狠挖身世以图粉碎道长的神话，在网上爆料称李一原是“李二娃”，从小打架斗殴，高中辍学，学了一身胸口碎大石的武艺，因为傍上某位市领导而成功转型为道教人士，利用关系四处敛财云云。上述行状已被某周报记者通过调查证实。”

由此可见，在逻辑起点上的混淆不清，并非《南方人物周刊》记者编辑等少数人的“一时糊涂”，而是有着深刻的社会背景和认知基础，换言之，就是我们的文化系统和基本思维方式早已陷入这样一种似是而非的状态当中，从逻辑上讲，就是我们中国人至今仍然不会思维。

在这一纷纷扰扰的关于“神仙”的争论过程中，国人犯的要么是诉诸无知（appeal to ignorance / argumentum exsilentio）的逻辑错误，即以诉诸无知作为某些证据（例如：你不信不懂神仙，你没有灵商，但你

道，可道，非常道

他有弟子3万，其中包括马云、王菲、李亚鹏、杨锦麟、梁冬等人

24 25

不能说神仙不存在，神仙没有价值），要么就是隐藏证据（half truths / suppressed evidence），即故意欺骗的陈述，隐藏一些事实，而那是构成准确描述所必需的。这里作者把披露出来的李一的欺骗和敛财单独剥离，把一个事物的真相切割成为若干部分，以此来肯定李一的价值。这与西方国家对宗教出现伪宗教、类巫术状态和财务丑闻的零容忍完全不同，中国人对既定事实的价值判断出现了明显的分歧，可称之为试图为不可辩论的价值观辩论。什么叫不可辩论的价值观辩论呢，譬如，为杀人辩论，为欺骗辩论，认为这在总体上促进了某事某物的发展，诸如杀人导致政权合法性危机意识萌发，有助于社会转型等等，到了李一问题这里，这个"神仙"则成了"好的灵性产品了"，有其不可抹杀的"价值"：

"好的灵性产品，是直觉的洞察力、思想的体系化与道德的有益性的结合，其核心功能是为人生提供意义，解决存在的虚无感。像鱼像锅又像仙的李一，无论他在术的层面上是真是假，无论他是否能帮助人们活得更便捷，人们首要判断的是其是否具有生产意义、提供价值的能力。"

而另外一种显得与众不同的论调则是忧虑对李一的揭露影响宗教自由，国家层面收紧宗教政策，这犯的也是我们在这个体制下的一个常见的焦虑病，一种叫做"滑坡谬误"（slippery slope）的逻辑错误，即认为一个步骤或行动的改变，可引致不良的后果。（例如：如果我们容许医生帮助安乐死，那么最后，政府会控制我们如何死。）

上述这些谬误所呈现的，是与我们的社会基石密切相关的，即我们时代的精神状况呈现为一个病症时代及其社会成员的精神迷失，大众的信仰匮乏与理性精神的缺失同时存在，而这一社会思潮背后共同的原因，则是中国社会依然徘徊在一个"巫术"时代，巫的盛行，并不仅仅在于宗教和准宗教领域，而是渗透在我们的思维方式之中。

## 巫术时代的认知残障

一个必要的背景是，中国社会是一个在诸多方面存在着文化断裂的载体，无论是对传统的接续还是对西方文化的接受，我们都处于一种半吊子状态，不得不说，这是一个尴尬的历史时期。

已有宗教研究学者指出：宗教的高度管制将不会导致宗教的衰亡，而是会导致宗教现象的复杂化——引致三种宗教市场的出现。

现任美国普度大学（Purdue University）中国宗教与社会研究中心主任

的社会学副教授杨凤岗为分析当代中国（一个与欧美国家在宗教传统和宗教管制上存在巨大差异的国家）的宗教现实，提出了一个三色市场模型：红市（官方批准的宗教），黑市（官方禁止的宗教）和灰市（合法性/非法性地位处于一种模棱两可状态的宗教）。

在杨凤岗看来，除了宗教嗜好者以外，普通人群的宗教需求也不能被长久压抑。人们会有意无意地创造宗教表达和消费宗教产品。例如，在中国的文革时期（1966 - 1976），当所有的宗教组织都被查禁，非正式的宗教活动又遭到压制，中国大众的宗教热情找到了一个看似不大可能的宣泄途径——对毛主席的个人崇拜，或广义上的“政治宗教”（political religion）。在毛之后，气功取代了毛崇拜（Maoism），成为中国人宗教热情的一种无意识宣泄。



可以这样理解杨凤岗的这个研究结论，即对神性的追求，是人的一种正当的伦理需要。但是问题的关键在于，如何区别和界定各式各样的市场供应。譬如，在李一到底是宗教还是巫术，是神仙还是骗子的问题上，国内无论从媒体人到公众，均有不同认知。这本来是一个几乎不需要辩论的命题，但是在中国人这里，由于社会的断裂，理性认知的隔膜，这成为了一个需要辨识和争论的议题。

其实不难判断，从重庆道教协会副会长直接升任中国道教协会副会

A06-07 SPECIAL REPORT

缙云山疑云： 李一是谁

“师友”自述：

“一步一步你就被套进去了”

曾经的“大师”们

长的李一，深谙中国谋生之道，从一个民间杂耍跻身宗教红市，某种程度上取得了身份地位的合法性。但是，且慢论断，按照杨凤岗设计的这个严密的分析框架，我们很快可以判断，李一恰恰就属于那个暧昧的灰市。杨凤岗将灰市分为两大类来叙述：(1)外显的宗教性现象和(2)内隐的宗教性现象。外显的宗教性现象包括，合法宗教组织和个体的非法宗教活动，政府机关或官员所支持的合法性/非法性边界模棱两可的宗教组织和活动；内隐的宗教性现象包括以文化和健康科学为表现形式的宗教。显然，李一的诸多涉嫌欺诈的行为，就是合法宗教组织的非法宗教活动，同时也不排除他获得了一定的权力资源的支持，这有待进一步深度报道挖掘。

这是从组织架构和身份的合法性来解剖李一，那么从其宣扬的内容来看，也不难断定，这就是巫术。李一宣扬的"采天地能量"的辟谷"传奇"，所用的伎俩也是这类渲染人体与气、天地万物无限交融的概念。

至于那些认为其他正规宗教也宣扬神性和神的存在，由此来断定李一被渲染为神仙具有宗教色彩和合法性的人，则是完全混淆了宗教的神性和巫术的神的差别。具有超验关怀的制度化的宗教所指的神是超验的，不是世俗的个人，而过分注重个人现实功利的巫术则热衷于造神，而敛财无数以及绑架名人为其背书的李一，恰恰是极度功利化的巫术的典型表现。

## 媒体人的观念藩篱

如是一个问题，被反复纠缠，以及如此迫切需要厘清，原因就在于，实际上，在85%声称具有某种宗教信仰的中国人中，信仰民间巫术的，为数不少，而且，这个问题一直混淆着，信众懵懵懂懂之中被长期蒙蔽。

公众容易被蒙蔽，那么，作为所谓精英的媒体人仍然存在认知障碍，则反映了我们当前的社会思潮的一种停滞状态。文革切断了文化的血脉以及对外学术、思想交流的跟进，改革开放的补偿，实际上除了1980年代呈现的昙花一现的开放，并未获得一种具有持久生命力的根本性价值观变革。按照观念史的理论，即一种邪恶或滞后的意识形态作为制度被解构之后，作为其组成要素的观念碎片则游离出来，继续在后续时代中发挥重要作用。某种意义上，观念碎片比完整的意识形态更为重要和牢固，可以直接影响着我们的日常生活。

对于媒体人来说，接续1980年代文艺思潮的，是一群有着文艺情结和新闻理想的文人在办报，在日益复杂的社会状况面前，媒体人的文艺情结和经验主义正在暴露着越来越多的局限，已经到了非要祛魅和摆脱这种路径依赖的变革时刻了。除了自我对职业的神圣化导致新闻专业主义的推进缓慢，知识结构和方法论的陈旧则表现了中国媒体人一个高度一致的困局：大量的重复言说在对抗新闻管制和体制性缺陷，大量中文系或新闻专业出身的媒体人，对全球化背景下人文工作者应有的社科知识、实证精神的崭新要求显得适应不良。这种现象在传统媒体人身上尤为突出，从几大门户网站（如腾讯、网易）的话题性栏目往往比传统媒体敏锐，价值观更为符合时代所需要的变革诉求等等现象可以窥见传统媒体人的滞后和尴尬。

恰如马克斯·韦伯曾经指出的，从总体上来说，中国“仍停留在纯经验的水平上”，“正统儒教除了对纯粹的古物研究或者纯粹的实用项目感到兴趣以外，其他概无兴趣”，“中国缺乏中世纪后期的以及完全与科学相结合的欧洲资本主义工业企业的理性形式”。近代以降，中国传统的实用理性主义邂逅了西方的实证主义，但长期以来亦步亦趋，艰难融合，且在这个过程中，总是遭遇经验主义的回潮，很多人文学者包括媒体人总是无法摆脱文化癔症和主体意识想象的控制，很多被1980年代的王小波（注：王小波早论述过“生命科学与骗术”）一语道破的社会议题，到了今天，居然需要从头说起，不能不说，庸俗的21世纪正在养育着一种粗鄙化的文化景观和社会思潮。

A10 时代议题 TIME TOPIC

是宗教还是巫术？是信仰还是养生？（下）

欧阳肃通：这不是宗教是巫术

PART 不是没信仰，是信仰功利化

PART 信仰成为投资和关系学

PART 对待宗教需要正本清源

美国“道长”的金钱财富观

众论“神仙道长”

邓晓芒：中国人在信仰上不愿意升华

张鸣：清理国故，不要造神

## 宗教力量渗入媒体的边界

假如上述认知障碍能够得以清除、媒体人自身能够祛魅去神圣化的话，那么，媒体和宗教（制度化的宗教，而不是巫术）的关系及彼此可能坚守的边界，才是可能被提及和探讨的。

国务院颁布的《宗教事务条例》于 2005 年 3 月 1 日开始施行，条例的第 21 条规定："经登记为宗教活动场所的寺院、宫观、清真寺、教堂（以下称寺观教堂）按照国家有关规定可以编印宗教内部资料性出版物。"可见，专门的宗教刊物在中国仅限于内部资料，而不能跟大众媒体一样进入世俗社会流通。当然，现在的情况已经有所改观，譬如有一些宗教网站的存在，某种程度上说，这也是公开媒体，如中国道教协会的网站，如基督教的多个网站，刊物方面，《中国民族报》在 2005 年率先创办了《宗教周刊》，这几乎是全国唯一一个有专门的宗教版面的刊物，而凤凰卫视则有大量的宗教类节目，主要是宣扬佛教。

大众媒体开辟专门的传教版面或节目，而不仅仅是宗教新闻报道，这在传媒学上，理论上来说是一个高风险的尝试，某种程度上存在着不可调和的对公信力的损伤。这一点，台湾媒体的实践已经证明可能是弊大于利的双输。台湾佛教史专家、台湾大学历史研究所博士江灿腾在接受媒体采访时曾经指出，"台湾也有不少宗教师或宗教团体，不但购买节目时段和提供特定的宗教节目内容，并且聘任原属大众媒体的权威从业员来参与主持或规划节目，于是大众媒体的公信力，便因此沦为替特定宗教节目内容背书。而此一媒体的操控，又因大量广告的财物利益营收和特定人际关系的牵连，使得台湾某些大众媒体的拥有者或经营者，在报道特定的宗教新闻事件时，不是投鼠忌器，就是徇私扭曲，妨碍社会大众获得正确宗教信息的应有权利。这不但违反追求公正、完整和正确的新闻伦理，也降低大众媒体的社会公信力，实非一个开放的现代社会所应为之报道方式。"

至于宗教势力渗入媒体甚至支持媒体人、写作者，也存在不可回避的问题。譬如台湾的星云法师宣布成立第一届"星云真善美新闻贡献奖"，每一奖项奖金高达 100 万新台币，每年奖金共 500 万元。并称已预备好 20 年经费。他同时指出有感优良媒体在现代社会的辛苦，"想为媒体做点事"。在江灿腾看来，星云此举，其社会意义并不大："此次得奖人之一南方朔，应该拒领此奖。我如此认为的理由是，如果是争议性很大的团体或个人，都不适合设立此种奖项，因为它摆明了，就是为其将来可能遭到社会舆论大批判而预为因应，试图预建遮盖内情的媒体保护伞。”

可见，在宗教发展相对较为成熟的社会，就算是宗教研究的学者，也有非常清晰的公私界定，对于媒体力量也有清醒的认知。因此，我们一方面不能阻止大陆媒体开始尝试宗教报道，尤其是报道宗教动态、揭露宗教腐败或丑闻的常规新闻不仅不该阻止，还值得鼓励，那种认为媒体不能介入宗教报道，甚至连丑闻也不能报，企图让宗教超脱于世俗道德、法律审判之外的想法，几乎不值一驳，公众自行判断即可分晓。至于能否设立传教栏目，每一个媒体根据自己的定位作出选择，这考验着媒体人的认知和智慧，以及对媒体独立性是否有着执着的追求。

（作者系时代周报评论部主编）

# 白粉和面粉

□杨继斌

杨继斌

一个倒霉蛋，他的房子被拆迁了，大儿子因为问题疫苗死了，二女儿因为三鹿奶粉死了，家里的几亩地被村长占了。于是他带着老婆去教堂寻求安慰，结果老婆也跟着神父私奔了。

彼时这个崩溃的人打算跳海。在山崖上他听到海浪有力而细腻的呐喊：你——你——这个大——傻逼啊。这个意识到自己傻的倒霉蛋便放弃了跳海的念头。

电影《海上钢琴师》提到过的这个故事，告诉我们三个道理。第一，我们所生存的这个世界大多数时候是呈现为操蛋的、没有安全感的；第二，信仰是每一个倒霉蛋最后的堡垒。第三，如果连这个堡垒都是豆腐渣——神父把你老婆都拐走了——那就太让人绝望了。

其实是马克思的观点，“宗教是精神鸦片”。好吧，一个伤痕累累的人决定去找小混混买白粉吸一口，结果买到了面粉。

李一便是这样一口面粉。这也就是我为什么要盯着李一的过往，告诉读者，李一并非一个“没有过去”的人。他的过往中，充满着各种匪夷所思的瞒天过海：

比如绍龙观，原本就是没有任何宗教身份的李一，为了赖账、转移资产所要的花枪。如果不是因为绍龙观是宗教活动场所，早被公安机关拍卖了；再比如，声称自己入道多年的李一，06 年才由上海城隍庙的陈莲笙完授他一度牒（通俗讲即道士从业资格证）——按照相关规定，他应该是向重庆市道教协会提出申请的。当然，还包括“手掌煎鱼”、“水下闭气”、“钢针穿臂”、“生吞灯泡”等“神迹”。

以调查性报道的方式，把这些东西呈现出来，并不是说，一个“有历史的”人，就不能修成有道之士。（佛家还说放下屠刀立地成佛呢。）也不是说一个有从业资格证的道士才能清修，（这和某些地方政府因为记者没有带新闻出版署的《记者证》，就把记者赶到派出所，是一样的逻辑）。只是因为，几乎所有的宗教，都把“诚实”作为最基本的戒条。但至少在对待自己这一点上，李一不是一个诚实的人。

南方周末

松花江再陷化工污染梦魇

李一『成仙』



在具体的操作中，我避免去谈论李一所宣讲的具体道教的理念。子不语怪力乱神。这也是维特根斯坦所要求的“必须保持沉默”的东西。我谈的不是道教的真假，而是李一的真假。宗教的“信”，意味着信徒要让渡自己的一部分理性，做灵的皈依。古往今来，人们对宗教界人士的道德期待，普遍高于社会平均水平的，原因恰在于此。

回到宗教是精神毒品的说法，针对李一的报道，我们固然可以探讨，为什么现在中国这么多富人寻找“鸦片”？好吧，我们去查看明星巨贾们藏着掖着的内心，去查看在一个被理性分解的数码世界里人类最后的信仰自留地，查看一个被神神叨叨的唯物主义教育教化了半个世纪的庞大民族的细小灵性。这都没有问题。我对此种做新闻的野心非常仰慕。

李一“成仙”

“被执行人”李一

但在此之前，我们必须告诉读者，李一销售的不是白粉，而是面粉啊。

不过，回到我开头讲到的那个“神父拐走老婆”的故事。似乎并不是每一个人都在意宗教从业者的道德状况。在李一的报道见报后，有一个曾在绍龙观清修过的仙友打电话给我，他说，他并不关心道长的人品，因为“觉得师傅教的养身方法，的确很有效啊”。

（作者系南方周末记者）

# 南都为什么报道李一

□王星

王星

为什么做李一？这个问题南方人物周刊的同事们估计会常被问起，而南都网眼栏目的几个家伙也常被问起。实际上，在决定做李一的那天下午，我自己也在问这个问题。

7月26日星期一，在南都513深度新闻办公室里，网眼内部讨论争论了很久，我们想不清楚南方人物周刊为什么要做李一。张书舟和谭人玮都建议我们应该正视网络对李一报道的质疑，应该做网眼，而我起初并不同意。

**我的顾虑是：**

1. 从南方人物周刊的报道来看，主要是写一种生活方式，李一基本上是在做富人生意，企业家、明星们愿意花几万块去那儿饿着修身静思，那也是市场经济，自由选择。我们没啥好说的。

2. 南方人物周刊的封面让人失望，但报道本身还是成立的，不像之前那期《少林隐僧》里有很多武侠小说式的东西，这次对李一的报道作为新闻算是合格的。

3. 李一有宗教人士身份，敏感。

**谭人玮、张书舟说服我的理由是：**

1. 李一不但做富人生意，也做穷人生意，虽然此前的报道都不知为何没提收费问题，但在其网站上就有明摆着的价格。而且，很多人去缙云山就是为了看病。富人们怎么花钱我们不管，但是通过媒体这样报道后就不同了。本来这个时代就崇尚财富与名望，“为什么马云、王菲、张纪中拜他为师？”这样的封面导语借助南方报业和南方人物周刊的公信力可能误导公众。

2. 虽然封面报道本身主要是在谈企业家生活状态、道家养生的东西，并未提及李一备受争议的“绝技”、“神迹”，但这种取舍本身可能存在问题——媒体掌握的信息和资源足以支撑对一个人的全面了解，但因选题方向等原因只呈现其中一部分，这客观上会导致信息不对称下的“不公”——未呈现的部分其实可能影响受众的判断。



3. 虽然李一有宗教人士身份，但李一是李一，道教是道教，我们报道完全可以只说李一，就好像质疑一个官员不等于质疑政府。

在讨论中，我的认识也逐步清晰——李一是个公众人物，几年来他出席各种活动（包括商业活动），做客凤凰卫视多个节目和湖南卫视（其中《锵锵三人行》、《天天向上》一般被认为是娱乐性质节目）等电视节目，接受新闻杂志采访，并成为封面人物……他已经是一个公众人物，而公众人物应该接受媒体监督。

好，那就报。

南方都市报 网眼 A17

道士李一水下憋气2小时被质疑

多家媒体大幅报道据称弟子3万的道士李一，引发网络强烈质疑

南都记者 张书舟 实习生 付繁然

来自重庆缙云山绍龙观的道长李一最近成了网络上的风云人物，因为他颇有仙风道骨，大讲道家养生乃至国学，据称弟子3万，其中很多都是企业家、明星大腕。某新闻杂志在最新出版的一期将他做上封面，上面写着“为什么马云、王菲、张纪中拜他为师”。

他上过凤凰卫视和湖南卫视，出过《李一养生智慧》的DVD，他看病的方式之一是把220伏的电流导入自己身体，然后“酌量”传给病人“检查身体”……

如果以上这一切都还不能让一贯情绪保持稳定的网友们震惊，那么他1997年在电视节目里表演水下憋气2小时22分钟的传奇经历却成功让网络为之一震。

迄今为止此项吉尼斯世界纪录为19分钟21秒，李一的“胎息”142分钟是世界纪录的7倍，有网友因此质疑：“这位道士已经超出了哺乳类的境界，进入了爬行动物的王国？”

被公证的“142分钟”

吉尼斯纪录19分21秒

李一：三个机构找我上的憋气节目

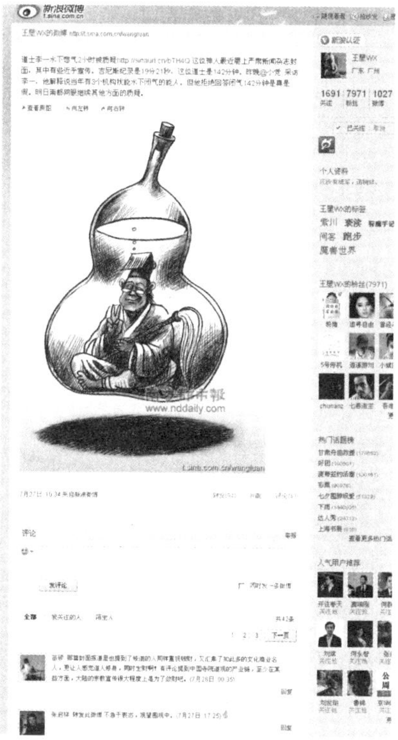


讨论时我们也曾聊到我们来报道这个事件会不会有点尴尬，毕竟报道的由头就是兄弟媒体《南方人物周刊》的封面。但也只是随便聊了一下，并没有成为我们决定是否报道的考虑因素。

如果一定要说有关系，那我个人有一个想法是：南方人物周刊这次的封面报道确实不妥，引发很多质疑，如果要有媒体来质疑，那就由我们自己来吧。

**我们确定了几条报道原则：**

1. 只报道可以被证实或证伪的硬东西，而不涉及与道家、养生等有关的内容。

2. 只报道确实有争议、确实可能误导公众的内容。

3. 必须有李一本人的回应。采写必须扎实。

A16



道士李一驾驭220伏电治癌症？

央视编导书中称该道士可以用电来给病人检查身体，曾经治好高位截瘫病人

南都记者 张书舟 实习生付璨然 李孜

第一天，我们做了《道士李一水下憋气两小时被质疑》，而吉尼斯世界纪录也不过19分21秒。这是李一自己都要在电视节目里主动提起的辉煌经历，是他拍的道家养生DVD里的两大法宝之一（另一个法宝就是马云的现身说法、力荐李一）。

第二天，我们做了《道士李一驾驭220伏电治疗癌症？》，我们了解到有太多人曾接受这种通电看病，至今都是邵龙观普遍使用的项目，只不过你如果报的不是几万元的班，那给你通电的就不会是李一本人而已。稿子里没说的是，这实际上就是上世纪八九十年代风行一时的江湖骗术“电气功”的变种。

第三天，我们的连续报道被停了。原

本接下来还会有一系列报道，都是硬新闻，我们希望就让事实说话，不下任何判断，但即便如此还是没能继续。

张书舟从缙云山上下来，很郁闷。邵龙观提供各项服务，算命、看风水、通电看病，有些项目还对学生半价。观里的人一说就是李一道长如何神奇，“上过凤凰卫视！”——凤凰卫视成了他们宣传的幌子，媒体为李一做了背书。

李一事件报道我们只做了两天，只做了两个问题，引发了一些讨论，其中包括一些对我们报道的质疑。

1．很多事情都不是科学能够解释的。

这一点我们同意，确实不好用科学来衡量或验证宗教，但我们认为可以用科学来验证公开表演（水下憋气 142 分钟为电视台公开表演）、公开营业（通电看病是至今绍龙观都在运营的收费项目）的事实。

2．你们两家啥关系啊，难道不是一家人吗？是不是闹矛盾了。

我在微博上回复说：我们同属南方报业，一个大院办公，我喜欢看南方人物周刊——但这些都和我们报道一条新闻没有关系。

（作者系南方都市报网眼版编辑）

# 《李一非常道》网友观点 PK

**连岳**：建议南方人物周刊重新审视一下自己的选题方向，先有专栏长年传教不说，近来翻开，不是神僧，就是仙道，是有点看不下去了。

**方圆**：南方人物周刊那篇文章俺看了，虽然不甚喜欢，但也没觉得有什么太出格的。

**柴静**：最近有的新闻杂志简直吓我一跳，满天神佛，写得神乎其技。我认识一位喇嘛，几年前一起吃饭，一些人说起各种神迹，他笑着听不评论。我问他怎么看。他说“我不能说这些东西肯定不存在，我只是说我从没见过。只不过真正的僧人只是象妈妈一样，讲最普通的人生道理。”

**王星 WX**：其实，南方人物周刊那篇报道本身算是客观呈现，也没有提任何“神迹”，但封面处理却有诱惑、引导之嫌。记者估计也很郁闷。

**公子歌**：今年“五一”期间，我在重庆见了李一道长。第一次见他，是在博鳌亚洲论坛。最近一次，是在《南方人物周刊》上。对于这本我另眼相看的媒体，由于李一道长的出现，我大吃一惊。我不知道，这本杂志在帮李一的忙，还是在帮倒忙。传媒界有很多弱智的人，别相信媒体！肩不铁，担不了道义。手不妙，也著不了文章。

**芦歌**：通讯社消息一般都干巴巴的，而刊物的报道往往就丰满的多，这就像是快餐和大餐的区别，不过滋味孰好孰坏主要看厨子了。我看了南方人物周刊最近一期对道士李一的专访，就觉得这位大厨火候把握得恰到好处。

**晓昱扬帆**：看到缙云山李一道长的专题，我无意去质疑和反对什么修行现象，无论名人也好，普通人也罢，只要找到了某种身心向好的方式都可喜可贺，也是一种很个人的体验。但不知为何，看到李道长在记者面前滴水不露的回答，却无法触动，不禁反省，俺要么是不可救药，要么就是已得“道”，认清自己啦？

**杨锦麟**：今天和南方人物周刊的同行讨论过所谓弟子的说法，我们都认为，一份严肃的时事政论刊物，应该要有新闻事实查核的环节，不能为了节省成本而忽略，记者和编辑对于新闻事实的最后把关和验证，也要有对自己，对自己服务的媒体平台，对报道对象负责任的态度，可惜多半的媒体，在新闻商业炒作之下，往往忽略了

**小佳妈妈**：昨天买的《南方人物周刊》封面人物是李一道士，我怎么从哪个角度看都觉得这张照片里李一的眼神放出一种阴沉的光。为什么要选这张作为封面呢？只看外貌的话这个人给我的第一感觉非常不好。



**传媒老王**：美国《纽约客》的记者完成一次采访，可以花上一到两个月的时间，之后还会专门派出一个团队来调查所采访的一切是否属实。而我们的杂志呢？所里你就不要抱怨《南方人物周刊》写的李道长啦。

**睿王**：我觉得选题本身没有什么不能做的。南方人物关注的选题，无非是时代人物，这人不够时代吗，不够人物吗？

**shuwua**：《南方人物周刊》买来看了。它也不是一味吹捧的，还请武汉大学的一位教授表示了怀疑。但是刊物本身的调查功夫没有到家。作为一个选题，既然社会存在无可厚非。作为一个读者，我觉得我看完报道以后觉得马云容易糊弄，没我想像得那么聪明。哈哈！

# 专题「iPad与纸媒」

专题「iPad与纸媒」

# iPad 是什么

□范东升

范东升

iPad 来了。苹果公司于2010年1月底宣布推出平板电脑 iPad，苹果首席执行官乔布斯称之为“真正神奇和革命性的产品”。该产品于2010年4月初在美国上市，4月底推出其3G机型。iPad 创出了惊人的市场奇迹，28天内总销量便突破100万台，打破了智能手机 iPhone 上市74天销出100万台的历史纪录，80天内 iPad 在美国市场销量达到300万台，且一直供不应求。在纽约曼哈顿苹果公司总部的地下营业厅里总是排着长龙，不得不实行“每张信用卡只卖两台”以限量销售。自6月开始，iPad 开始进入英、澳、加、法、德、意、日、瑞士和爱尔兰等市场。7月24日 iPad 进入香港及其它8个国家和地区，在港销售火爆。据 iSuppli 调查公司预测，全球 iPad 的销量2010年将达到710万台，2012年可达1400万台，2012年将达到2010万台。iPad 虽暂时尚未进入中国大陆市场，但已经在新闻出版界和消费者中激起很大兴趣和拥有的欲望。

iPad缘何如此热络？iPad的问世对于传媒界的未来究竟意味着什么？为了解释 iPad “是什么”，不妨先试答 iPad “不是什么”。

## iPad 不是电子书

出版界许多人士把 iPad 看作是一种新型的“电子书”，即电子阅读器

(e-reader)。但笔者认为 iPad 不是电子书。

美国奈特－里德报业公司曾经在 1990 年代中期研制一种使用电池的“平板报纸”，这个项目是早期报业对类似“电子阅读器”设备的前瞻性研究计划，可惜后来不幸流产。最早应用于商业化报纸的电子阅读器，是由荷兰 iRex 公司研制的 iLiad 电子阅读器，2006 年 2 月由比利时《De Tijd》日报发行试用。在美国报业危机期间，对印刷媒体衰落的恐慌感，加速了电子阅读器的技术开发与应用。在 2008 年报业危机中以及在此之前曾出现的各类电子阅读器，拥有无纸化、大容量、互动性、无线上网、自动下载、内置字典等一系列功能和优点，因此被认为有可能成为“报纸的救星”。《纽约时报》出版人小阿瑟·苏兹伯格说:“十多年来我们就已经知道，有一天电子阅读器可以像印刷的报纸一样，为读者提供满意的阅读体验。”2009 年赫斯特报业集团自行研制了一种 Skiff 阅读器，这是美国报业自主开发的唯一一种阅读器。这种阅读器具有宽大的触摸式显示屏，机体很薄且可弯曲，像素高，带彩色，有动画，内容无线下载，可随时更新。默多克的新闻集团 2010 年 6 月买下 Skiff 的数字发布平台。

在美国，近年市场占有率最大的电子阅读器是亚马逊的 Kindle 系列产品。2007 年 11 月，亚马逊推出第一款 Kindle 电子阅读器，随即售罄，2008 年 4 月再度上市。2009 年 2 月，亚马逊推出了第二款阅读器 Kindle 2。在报界人士密切关注中，09 年 6 月该公司又在市场推出 Kindle DX 电子阅读器，这款阅读器可存储 3500 本书，尤其是其大显示屏看来似乎适于阅读

插图 邝飚

报纸版面，因而一度引起报界人士热议，被认为最接近于报纸的替代品。该款阅读器 2009 年售价 489 美元。《华盛顿邮报》电子杂志《Slate》科技专栏作家法哈德·曼约奥指出，如果一位读者购买一台 Kindle DX，并订阅一年电子版的《纽约时报》，费用共约 650 美元，而《纽约时报》纸质版的全年全价订阅费是 770 美元。因此两相比较，Kindle 可以说是物美价廉。

不过Kindle存在一些比较明显的缺点，因而阅读体验远不如阅读报纸。正如专栏作家法哈德·曼约奥指出的：Kindle 的新闻是列单式排列的，缺乏报纸版面的视觉设计，报纸一向所珍视和擅长的版面编辑手段都无从体现，新闻价值轻重无序，资料检索耗时不便，它的大显示屏在这个意义上实际上是一种浪费。而且内容只在每天午夜才更新一次，不符合移动网络时代新闻即时更新的潮流。因此曼约奥称 Kindle 只是"报纸的一个不完美的对手"，"它甚至不如智能手机"。Kindle 的这些缺点也几乎是众多其它已经上市的"电子书"的共同缺点。多数电子阅读器的制作理念和所呈现的内容还是基于"只读文化"，即仍是为了阅读文字图片，只是以电子油墨取代印刷油墨，将平面印刷制品的内容（甚至只是不含设计的纯文字信息）转移到显示屏上 。

而 iPad 却使以往所有类型的阅读器相形见绌，其设计理念、功能及用途明显超越了复制平面内容的阅读器。iPad 是对"融合媒体"概念最鲜活的诠释。iPad 像其它阅读器一样可用于读书读报，但它的阅读方式是既传统又新颖的，即一方面可以丝毫不差地完美复制印刷品，另一方面又能以更精美的质量与更丰富的方式，将文字、图片、音响、影像和动漫等形式融为一体，给用户带来全新的阅读体验。同时 iPad 的功能远不止于"阅读"，它还可以来用来搜网页，听音乐，看电影，发邮件，写文章，查资料，玩游戏。iPad 的程序库（App Store）打破了由某家媒体机构或运营商操控媒体消费内容及形式的传统方式，以开放方式运作，可以不断添加大量新的应用程序，以满足用户形形色色的需求，实现了服务功能的高度定制化。例如 iPad 虽然未预设手机通讯功能，但用户可以通过下载使用 Skype 程序，同样进行网络即时通讯和拨打网络电话。从性价比看，iPad 的普通机型在美国售价为 499 美元，仅比 Kindle DX 高 10 美元，但信息存储量却多于后者 4 倍。

由于 iPad 具有显著的技术优越性而有"Kindle Killer（杀手）"之称，成为各类电子阅读器的致命竞争者，根据 7 月的一份市场调查报告，iPad 三个多月已售出 327 万台，已经超过 Kindle 两年多来达到的 300 万台的销量。那些刚刚进入市场不久或正在计划进入市场的一些电子阅读器，突然面临有“先兆流产”的危险。

在 iPad 面前，“电子书”这个仍然主要反映平面媒体理念的新产品已显得有些过时了。在日前北京举行的 2010 年全国数字出版年会上，国内盛大文学、华文天下等数字出版界人士已经明确提出“电子书 2.0”的概念，这个概念实际上吸纳了 iPad 在技术和运营方面的创新理念，如开放、互动以及 App Store 等。但是如果电子书 2.0 就相当于 iPad，那电子书也就不是原来意义上的电子书了。



Kindle 真的会被 iPad 淘汰吗？看来还不至于。Kindle 的销量在 iPad 上市后虽然受到影响，但是利用其庞大的图书资源库以及降价等措施，销量还在继续增加，电子书今后在传统图书的读者群中应该还会保留自己独有的市场。

## iPad 不是笔记本电脑

iPad 的功能与笔记本电脑相比如何？在执行多任务等许多功能方面，其实它还不如一般的笔记本。但是 iPad 是属于移动网络终端一族，这是它的主要特性。iPad 具备多点触控式全彩色界面，9.7 英寸高分辨率 LED 显示屏，重量仅为 1.5 磅，厚度只有 0.5 英寸，接近于一本书或一本杂志的份量与尺寸，电池持续使用时间可多达 10 小时。与之相比，许多笔记本还是显得笨重，仍需要背在肩上摆在桌上，待机时间较短，难以真正成为普通用户的随身之物。iPad 终于使高科技电脑可在手上轻松把玩，轻巧携带，至此“便携式”三字方名至实归 。

iPad 精巧的操作设计是富于人性化的，个中三昧是使技术服务于人，而不是强迫人去适应技术。使用 iPad 不仅给工作和学习带来更大便利，而本身也成为一种乐趣。与笔记本电脑相比，

iPad 突出的特点之一是使用户的操作变得十分轻松与简单，无论是稚幼孩童还是耄耋长者，不需要经过复杂的培训和学习都能轻易掌握。在其多点触控界面上，只需用手指轻轻点触，便可以实现所有选择与操作，“虚拟键盘”把人们从传统键盘和鼠标的累赘中也解放出来了。

iPad 的便携性和简捷性大大降低了电脑操作技能与使用的门槛，为其迅速实现市场普及和大众化铺平了道路。国外专家将手机称为电视和 PC 之后的“第三屏”，而将正在迅速普及的平板电脑称为“第四屏”。在可以预见的未来若干年内，在全球范围内将有越来越多的普通人使用 iPad 这类“第四屏”作为优选的媒体终端。

智能手机和平板电脑等移动网络终端的普及，为创建新的媒体消费和经营模式提供了条件。从发展趋势看，未来移动终端使用的主要特点将包括：便携式使用，组合式功能，定制化内容，“交叉补贴”式收费，即时滚动内容更新，社区式传播，目标性广告，定向定位，个性化消费等。其中移动终端所具备的“可定位性”将成为新媒体经营模式的要素，如使用 iPad 版的“谷歌地图”和“谷歌地球”等程序，不仅可以获得详尽的地理资料，还兼具卫星定位和交通导航功能，使用户的媒体消费及其他市场消费行为与用户个人的地理方位紧密联系起来，从而为目标性广告及其他潜在的新商业模式创造了条件。乔布斯曾经把 PC 电脑与 iPad 的区别比作拖拉机和私人轿车的区别。我们不妨也使用这个比喻：拖拉机和轿车虽然本质上都是车辆，但是功能不可相比，前者主要用于田间耕作与运输，不可能作为现代市民家庭使用的代步工具。设想一下，一位在某超市购物的顾客，在随身携带的 iPad 或 iPhone 上可能收到这家超市以及附近商店的购物信息以及购物券，并收到当地媒体关于本社区的新闻资料，甚至获悉恰在本地区出行的其他社区网友的行踪。这种精确的定位性服务只有在移动终端广泛普及的基础上才成为可能。

## iPad 不是大号 iPhone

也有人认为，iPad 只是大号的智能手机 iPhone，两者功能基本相似。前者有的，后者都有，而后者还更优越一些，如可以拨打电话，可用手机拍摄等。但是，从传统报刊读者以及出版人的眼光看来，iPhone 或其它品牌的智能手机尽管体积轻巧便于携带，其狭小的屏幕却同时是一种严重的物理性空间局限，信息的显示不够清晰，输入不够方便，尤其是无法展示报纸杂志版面丰富的内涵与设计技巧，更加严重的是报刊所赖以生存的各种广告形式也被迫削足适履，大受限制。手机很难满足传统印刷品读者的阅读习惯和审美偏好，因此无法真正成为平面媒体的替代品，也无法维系传统报刊业与广告业的世纪联姻。

而 iPad 对传统报刊业和广告业带来的是利好消息：iPad 不仅可以像制作报纸杂志一样进行版面和图片的设计，还可以运用更加丰富的“iPad 版语言”，显示动画、幻灯片、视频和网页，展现更加优质美妙的视听效果。当人们慨叹互联网摧毁了报业依靠广告的传统经营模式时，平面媒体 iPad 版的开发却带来了新形态广告的机会。如《纽约时报》的首发 iPad 版两个月的广告被大通银行买断，FedEx 快递公司买断了路透社 iPad 版 3 个月的广告，《华尔街日报》iPad 版在 4 个月内有可口可乐、FedEx 等 6 家大公司各支付 40 万美元登广告。

iPad 能在多大程度上替代纸张成为广告经营的新载体，目前尚为未知之数，但 iPad 是展示平面印刷广告效果的最佳使用终端，这一点无疑对传统报刊业具有强烈的吸引力。

## iPad 不是奢侈品

据日本讲谈社近藤大介先生介绍，iPad 在 6 月进入日本市场后销路不佳，至目前只销出 10 万台，主要原因是售价太贵了。他说如果 iPad 降价，肯定会爆发式普及。可以预料，iPad 如果有朝一日进入中国，定价也一定相当高，可能会相当于普通工薪阶层若干个月的工资。那么 iPad 对于国人是否可望而不可及?

其实 iPad 原本不是奢侈品。iPad 普通机型 499 美元的售价，在美国只相当于普通工薪阶层 1/3 到 1/2 的税后月薪。与所有的电子产品一样，随着市场的进一步普及，iPad 的售价只能是随之不断下降。

按经济学"购买力平价"的理论，一般认为实际上 1 美元在美国市场的购买力，大体上相当于 1 元人民币在中国市场的购买力。无论这种计算是否准确，iPad 在美国市场上肯定不属于富裕阶层享用的奢侈品，而事实上正在迅速地走进千家万户。可以肯定地说，一旦出现真正适合中国市场的智能手机和平板电脑品牌，也同样会在短暂的时间内快速普及，人人可以拥有 iPhone 或 iPad 这类先进移动终端的时代已不遥远。



## iPad 是什么？

那么 iPad 究竟是什么？ iPad 是目前世界上最先进的新型移动媒体终端，它不仅提供了人们获取信息的新的通路与展台，而且改变了内容传播、媒体运营及服务的思路与方式，从创造新型终端着手，打开了互联网长期以来缺乏有效赢利模式的死结。iPad 可以比作在全球网络平台上建立的一座媒体品牌连锁超市。与街边的货摊相比，超市意味着不同的商业理念、不同的规模、档次、环境、条件和方式，进入超市的产品也必须遵循新的交易规则，以新的尺度去衡量产品的价值。2001 年 1 月苹果公司开发出 iTunes 软件程序，用户最初主要是通过使用该软件，下载和欣赏歌曲音乐。随着 iTunes 版本的不断升级，该软件的功能也不断扩大，在 iPad 上的程序库中，几乎可以向用户提供所有形式的媒体产品。苹果公司自 2008 年 7 月开始，在 iTues 软件中建立 App Store 程序库，向全球第三方软件开发商开放，经过苹果公司的审核，App Store 程序库一直在不断添加来自不同开发商的新的应用程序。在 iPad 程序库中，有成千上万种收费或免费的应用程序可供用户选择，内容涵盖新闻、娱乐、理财、教育、科技、文化、时尚、历史、体育、卫生与生活知识等各个领域，可谓应有尽有。这种极富创意的做法意味着 iPad 可以几乎无限地扩展其服务项目与功能，而用户可以根据自身的需要，通过 iTues 软件定制下载相应的应用程序。至 2010 年 6 月初，App Store 至少有 22.5 万个第三方开发商正式提供的应用程序，总共用户下载数量达到 50 亿次，苹果公司此项年收入超过 10 亿美元，苹果与开发商三七分成。在 iPad 2010 年 4 月上市两个月后的时间里，用户从中下载的应用程序多达 3500 万个，从 iBook 程序中下载的电子书多达 500 万本，平均每位用户定制下载 17 种程序。所以有国外专家说，在智能手机与平板电脑普及的情况下,人们已经日益生活在一个“程序世界”里。

与往日混乱不堪的互联网“垃圾场”不同,iPad 创建了一个富有吸引力而规范化的媒体交易平台和消费市场,建立了一种规则清晰而可持续发展的新媒体运营模式。由于每一种媒体产品在这个统一的交易场所里是自主定价的,因此任何媒体产品在这里“待价而沽”,其市场价值可以得到公平的体现。在互联网的冷酷打击下变得似乎已一钱不值的平面媒体,其 iPad 版内容却可以重新定价,这无疑为平面媒体的数字化转型提供了再造之机。因而全球诸多主流媒体趋之若鹜开发 iPad 版。令人诧异的是,按说 iPad 版省去了纸质版印刷和发行的费用,定价似应低于印刷版,但实际上一些出版物的 iPad 版定价却等于甚至高于纸质版。如 Bonnier 公司出版的《大众科学》(Popular Science)纸质版每期售价一年杂志网上订购价是 12 美元,但是 iPad 版的定价是 29.93 美元,印刷版每期售价 0.83 美元,iPad 版每期是 2.5 美元。为什么?按照《时代》周刊杂志的总裁 Ann Moore 的说法,“事情变得越来越清楚,消费者愿意支付受到信任的高质量的内容。”为什么在 iPad 上的内容会有更高的质量?无非是 iPad 版出版人相信,iPad 版的制作有更丰富的编辑技术表现手段,可以给用户更满意的阅读体验,当然成本也更高,所以应该收取更高的费用。至于消费者对某家媒体的 iPad 版是否买账,查一下 App Store 中的下载量便一目了然了。

美国发行量最大的报纸《今日美国》也不过是 200 多万份,而 iPad 在上市三个月内用户就达到了 300 万,而且每一台 iPad 可以同时看到几十种甚至更多报刊。iPad 等移动终端“第四屏”的出现,对传统报刊的意义是不言而喻的。但 iPad 版开发也有风险,需要十分谨慎。传统报纸试水 iPad,各自做法不同。《纽约时报》只是将每日纸报的精髓编成 6 部分组成的《编辑精选》,意在导读《时报》,并夹带广告。《华尔街日报》则将其内容和盘端出,但与其网络版一样照章收费。如果开发 iPad 版只是为了“全媒体运营”而没有长远经营战略的考虑,恐怕将存在很大的风险。试想:如果某种品牌产品进入一家超市却完全免费派送,将会导致何种结果?除非是用作样品做临时推广或是作为其它产品的附加赠品等,否则非但不能树立品牌扩展市场,反而注定会自贬身价。如果出版物的 iPad 版仅仅为了“无处不在”而盲目实行免费下载,今后恐怕就是覆水难收了。面对 iPad 的历史机遇,务须三思而后行。

(作者系汕头大学长江新闻与传播学院常务副院长)

# iPad 模式是传统报业的掘墓人还是救世主？

□王卫新

王卫新



苹果 CEO 乔布斯的偏执举世皆知，2010 年，他交付了 iPad 这个革命性产品。传媒巨头默多克关于“iPad 将领导内容消费的革命”的论断，让传统新闻业的命运前途的讨论再次升温，不过，这一次，主角是 iPad。那么，iPad 到底是传统报业的掘墓人还是救世主？我们传统报业如何因应这种变革，利用好 iPad 可能带来的商业机遇？

作为新民晚报的新媒体试验田，新民网一直紧密跟踪国外最新的 TMT 技术和商业趋势，iPad 推出后，我们进行了理论和实证评估，现将主要认识向各位业界同仁做个汇报。

## 一、苹果 iPad 到底是个什么东西？

单纯就 IT 信息架构定义来说，iPad 就是一台触控计算机，除了华美的界面和良好的人机交互体验外，最重要的是，它基于苹果已有的 App Store 应用商店，给内容商（CP）提供了一个完整的商业模式，从分发、评估到收费，传统媒体所需要做的就是，提供适销对路的内容产品，放在 App Store 上卖给 iPad 用户，然后与乔布斯分成美元。

## 二、迁移到 iPad 模式的风险、收益与对策

如果说 google 初步绞杀了报业，那么 iPad 模式如果成功，苹果必然是彻底控制传媒业的恐龙，iPhone+iPad+iTunes+App Store，这种软硬兼施的策略，将绑定越来越多的终端用户。它的控制力已经覆盖了新闻、音乐、电影等所有主流媒体产品，与用户进行价值交换的通路一旦掌握在别人手中，传媒业将面临什么，你肯定清楚。所以，iPad 模式对报业等传统媒体来说，一定意义上就是鸦片，能忘记暂时的痛苦，并获得快感，但长期服用可能彻底失去生命。



另外，中国的官方管制也是必须要考量的因素，如果 iPad 模式做大，国内用户群与媒体的交易和媒体价值交换通过苹果来进行，中国政府不可能无动于衷。故全面迁移到 iPad 模式风险是巨大的，无论是产业链风险还是政治风险，远期都很难规避。

报业全面迁移到 iPad 模式不明智，中短期利用苹果，是不是一条值得考虑的路呢？我的看法：值得尝试，可做部分迁移的实验。

**这种对策的收益是：**

1. 传统印刷业务必将成为历史文物，这个趋势在加速，即使在某些行业、某些地区报业又恢复增长，从长期看，大量印刷和分发越来越没有价值，尤其是报业赖以生存的广告主大量把预算向新媒体倾斜的时候。iPad 模式提供了一个折中的平台，让传统媒体在保持广告收益对价关系的基础上，获得喘息时间用来调整，向未来的在线 CP 模式演进。

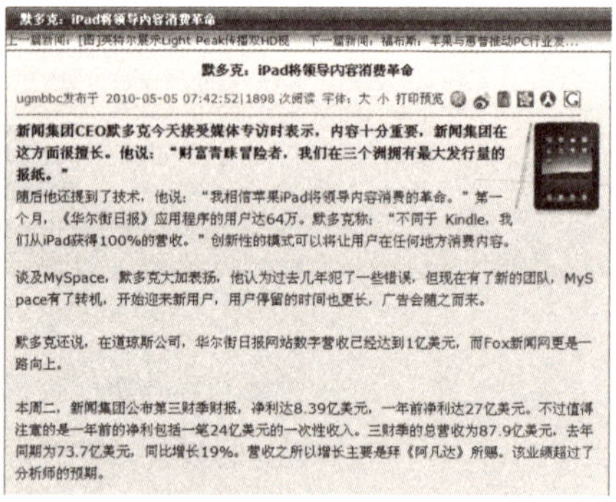

默多克：iPad将领导内容消费革命

上一篇新闻：[图]英特尔展示Light Peak传播双HD视　下一篇新闻：福布斯：苹果与惠普推动PC行业发…

**默多克：iPad将领导内容消费革命**

ugmbbc发布于 2010-05-05 07:42:52|1898 次阅读 字体：大 小 打印预览

**新闻集团CEO默多克今天接受媒体专访时表示，内容十分重要，新闻集团在这方面很擅长。他说："财富青睐冒险者，我们在三个洲拥有最大发行量的报纸。"**

随后他还提到了技术，他说："我相信苹果iPad将领导内容消费的革命。"第一个月，《华尔街日报》应用程序的用户达64万。默多克称："不同于 Kindle，我们从iPad获得100%的营收。"创新性的模式可以将让用户在任何地方消费内容。

谈及MySpace，默多克大加表扬，他认为过去几年犯了一些错误，但现在有了新的团队，MySpace有了转机，开始迎来新用户，用户停留的时间也更长，广告会随之而来。

默多克还说，在道琼斯公司，华尔街日报网站数字营收已经达到1亿美元，而Fox新闻网更是一路向上。

本周二，新闻集团公布第三财季财报，净利达8.39亿美元，一年前净利达27亿美元。不过值得注意的是一年前的净利包括一笔24亿美元的一次性收入。三财季的总营收为87.9亿美元，去年同期为73.7亿美元，同比增长19%。营收之所以增长主要是拜《阿凡达》所赐。该业绩超过了分析师的预期。

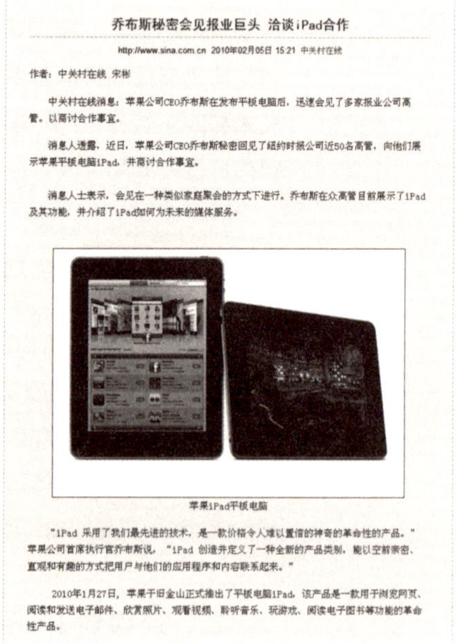

**乔布斯秘密会见报业巨头 洽谈iPad合作**

http://www.sina.com.cn 2010年02月05日 15:21 中关村在线

作者：中关村在线 宋彬

中关村在线消息：苹果公司CEO乔布斯在发布平板电脑后，迅速会见了多家报业公司高管。以商讨合作事宜。

消息人透露，近日，苹果公司CEO乔布斯秘密回见了纽约时报公司近50名高管，向他们展示苹果平板电脑iPad，并商讨合作事宜。

消息人士表示，会见在一种类似家庭聚会的方式下进行。乔布斯在众高管目前展示了iPad及其功能，并介绍了iPad如何为未来的媒体服务。

苹果iPad平板电脑

"iPad 采用了我们最先进的技术，是一款价格令人难以置信的神奇的革命性的产品。"苹果公司首席执行官乔布斯说，"iPad 创造并定义了一种全新的产品类别，能以空前亲密、直观和有趣的方式把用户与他们的应用程序和内容联系起来。"

2010年1月27日，苹果于旧金山正式推出了平板电脑iPad，该产品是一款用于浏览网页、阅读和发送电子邮件、欣赏照片、观看视频、聆听音乐、玩游戏、阅读电子图书等功能的革命性产品。

2. 传统报业是一种弱技术、弱管理行业，非独中国大陆如此，全球都差不多。如果不借助外部的技术、商业解决方案提供商，报业根本没有能力搭建一整套先进的系统，如果立足自己单干，无疑将错过产业窗口期，而苹果有足够的技术研发实力和长期商业承诺。

3. 牵制商业门户的掠夺。在中国大陆，新浪等几大商业新闻门户垄断主要在线新闻市场，而报业自己的新媒体相对处于弱势，这是一个历史和体制造就的格局。对于报业来说，廉价甚至免费提供大量内容，却无法得到回报，无疑是一个痛苦的现实。但靠传统媒体自身联合，打破这种局面，提高议价能力是机会渺茫的，iPad 模式提供了一个更佳的选择：直接向用户交付打包内容，而不是拆零交给门户。报业藉此可增加对门户的制衡能力。



## 三、避免 iPad 模式可能带来的明显误区

目前全球媒体巨头虽然对 iPad 模式表示了关注，但在具体产品推出上，路线依然较为保守。这可以理解为一种策略选择，但容易给技术跟随为主的中国以误导。

**误区 1：传统媒体的中控、编控、人控还有优势和竞争价值**

传统媒体，尤其是报业，是典型的中心控制（中控），其内容价值趣味完全通过受薪于媒体组织的编辑来控制（编控），整个内容生产和交付流程基本由人工控制（人控）。而互联网的核心价值是开放和共享，数字媒体产业的发展趋势是去中心化控制，这是一个尖锐的矛盾，理论上说在基于 IP 协议的互联网搞中心控制都是徒劳的，这一点，从国内发展报网互动的努力以失败而告终，即可明证。iPad 模式无疑可以大幅提高内容分发的效率，但绝对不可以再走广播式路线，像国内一些媒体把报纸杂志内容不加任何商业界定，直接放到 iPad 上，依然是延续了“三控”思维，是在开历史的倒车。

**误区 2：有苹果帮助，不用再研究技术和商业**

乔布斯并没有发誓要挽救报业，iPad 也许能帮助报业赢得喘息期，但未来报业是高技术行业，技术和商业演进的步伐只会加快，不会减慢。作为决策者和管理者，报业负责人只有一个选择：加速补课，更新商业认识。

## 四、寻找 iPad 模式的现实解决方案

**1. 行销先行**

首先应考虑营收问题，上 iPad 版，我要不要收费？收多少？市场怎么定位？要不要搞增值服务？广告客户怎么迁移？这些应一把手带团队，亲自研究，形成方案。

**2. 对组织架构进行适应性调整**

如果实验规模不大，可以组成一个精干团队，内容生产、市场开发、技术实现，10 个人左右就可以了，直接以公司化方式运作，同时尽量用全新团队，向市场找人才，而不要在内部拼凑。当然，独立运作是最重要的。

**3. 对内容生产进行适应性调整**

如果是财经类报纸或者专业杂志，相对比较容易迁移。如果是都市报，综合类日报，在迁移到 iPad 模式之前，一定要对现有内容生产进行评估，进行适应性调整。地方性报纸的内容生产能力普遍不足，且新闻时事内容的重复阅读价值小，很难在 iPad 上成为一个用户黏度很大的产品，必须根据目标市场定位，做相应调整。

**4. 构建能掌控用户的平台**

苹果目前并不是太贪，在 iPad 模式下，除了支付你不能染指，你还可以做很多，如构建自己的用户平台。我本人推荐以 Twitter 模式构建平台，原因有以下：a.Twitter 伸缩性强，可以缩短采集前端到分发后端的信息流程；b. 前后端一体化，可减少运作成本，同时解决了手机端的问题；c.Twitter 完全重新定义了信息的封装模式和人际传播模式，这东西在强调国情的国家有较大的替代效应，蕴含巨大的商业价值；d. 数据结构需要极大的开放性，才能适应趋势，这一点 Twitter 做得非常好；e. 可以藉此

全面转向以用户定制为主的模式，为收费和增值服务打下基础；f.Twitter本身也是社交媒体，可以大量占据用户的注意力、占据用户时间，其开放API应用可能延伸出多种商业模式，更紧密的链接利益各方。

**5. 发展本地支付和交易**

如果以Twitter为蓝本，在iPad模式下构建移动互联网用户平台，那么中国内地各家报业集团长期在地经营的优势就可以得到应用，如同城物流、呼叫中心，结合在线支付系统，发展电子商务，其竞争力远大于一般B2C公司。这一点，文新报业集团、南方报业都在做尝试，文新报业集团的呼叫中心还取得了相当的经济收益。

从远景来说，报业是被动变革，核心驱动力还是技术的蓬勃发展，twitter、facebook等新模式一旦获得全面商业突破，再加上云计算体系，美国将再次洗牌全球互联网产业格局。届时现有门户等模式可能被赶到角落，如果报业深谋远虑，应及时投入资源保持对iPad模式等全球最先进的技术和商业跟踪，以图未来变局中能掌握主动。

（作者系新民网主编、新民网有限公司董事长）

# 付费阅读，值得吗？

□吴蔚

吴蔚

2010 年 6 月 2 日，华尔街日报集团主办的第八届数字大会（D8）上，默多克公布了新闻集团属下媒体制作的 iPad 应用（iPad App）的成绩单：每月定价 17.29 美元《华尔街日报》App 发布后第二个月，付费订户有 1 万人；每月定价 9.99 英镑的伦敦《泰晤士报》App 发布 3 天获得 5000 名付费订户；每月定价 4.99 美元的《澳大利亚人》App 发布 3 天获得 4500 名付费订户。

按照他公布的数字，《华尔街日报》每年能从 iPad 平台上获得超过 200 万美元收入，而《泰晤士报》3 天收入 5 万英镑，很容易换算出每年超过 500 万英镑的收入。

这是默多克眼中“内容是有价值的”理论的最佳体现。

在 D8 上，默多克问台下众多 IT 行业的头面人物：“我们看见你们这些科技先锋，协助我们以符合人们特定需求的手段，将我们的内容传递给更多的读者。但你们明白，你们还是需要内容的。毕竟，没有音乐的 iPod 是什么？没有流行电视剧的高清晰电视是什么？没有新闻和书籍的电子阅读器是什么？”

问题是，就在此前一个月，新闻集团就很兴奋地公布了《华尔街日报》iPad App 的首月付费订户——6.4 万。按照当时折算，当月收入超过 110 万美元，全年收入有望超过 1300 万美元。只过去了一个月，《华尔街日报》

在 iPad 上的付费用户数就降至不足首月 1/6。

作为新闻行业中最知名和最成功的商人，默多克擅长在合适的时机截取出最有利的数字片断来证明自己战略的英明。就在 D8 前一周，新闻集团全面启动“付费阅读”战略，旗下印刷媒体从《泰晤士报》开始，均建立被业界称为“付费墙”(pay wall)的数字屏障，用户只有付费注册才能阅读其网站上的内容。这一战略导致《泰晤士报》网站流量锐减，“付费阅读”战略遭遇挫折。默多克急需有效数字来支撑自己对市场的判断，iPad 就成为这根救命稻草。



### 从 120 万的大众，到 1.5 万的小众

5 月 25 日，《泰晤士报》网站正式启动收费策略，用户必须注册成为网站用户，才能阅读内容。为配合这一战略，《泰晤士报》的周末版《星期日泰晤士》网站从主网独立出来，单独成为一个收费阅读网站。两个网站采用不同的设计风格，提供差异定位的内容。《泰晤士报》网站对视觉系统进行大改版，取消传统的新闻门户式铺排版式，整体版式风格更像一份印刷报纸，而《星期日泰晤士》网站则采取更像杂志的视觉版式。

尽管之前已经进行了 1 年多“《泰晤士报》要收费啦!”的高调吹风，但等到收费战略启动时，《泰晤士报》的推进方式并不激进。

从 5 月 25 日开始的 8 周内，用户无需真正付费，只需要注册，进行“试用”。8 周试用到期后，用户可以选择以 1 英镑的价格阅读 1 天，或者以 2 英镑的打包价格阅读一周。这一明显倾向让用户选择打包价格的定价，相比印刷版的报纸来说，具有一定价格优势——《泰晤士报》印刷版周一至周五每份售价 1 英镑，周六 1.5 英镑，周日 2 英镑。

在收费前，《泰晤士报》网站每日独立访问者稳定在 120 万以上，以 4% 以上的市场占有率位列英国新闻类网站第四位(前 3 位均为 BBC 旗下网站)，报纸类第一位。

收费战略启动后，即便是无需马上付费，用户仍然选择马上离开《泰晤士报》的网站。独立第三方监测机构 Hitwise 的数据显示，从 5 月 25 日开始，《泰晤士报》网站在英国新闻类网站中的市场份额开始下滑，一周内持续下跌，到默多克演讲时，跌至 3.5%，并且保持稳健的下跌势头，一个月内跌至 2.67%，至正式收费前，市场份额只有 1.37%，彻底退出英国新闻类网站前 10 位。

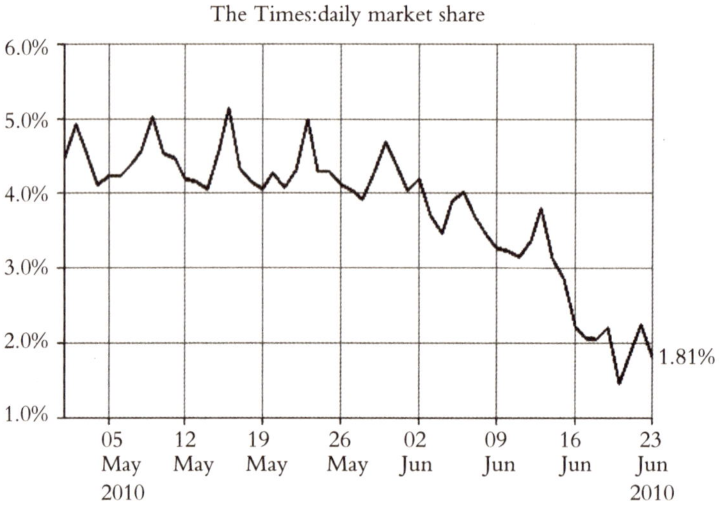


Source:Experian Hitwise UK



Hitwise 的数据还显示，与《泰晤士报》存在竞争关系的英国其他报纸网站，在《泰晤士报》试行收费后，获得来自《泰晤士报》网站的用户出现较明显增长。这说明更多读者选择其他媒体作为《泰晤士报》的替代品。

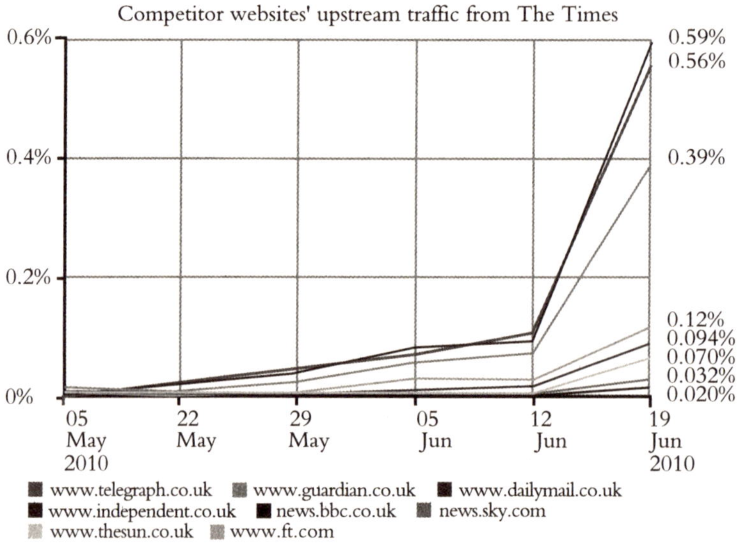


Source:Experian Hitwise UK

而且,《泰晤士报》网站并未由于收费而获得更高的用户访问质量。根据独立第三方监测机构 Alexa 的数据，平均每位用户访问《泰晤士报》网站阅读的页面数，从收费前的 2.6 页降至收费后的 1.8 页；平均每位用户在《泰晤士报》网站上停留的时间,从收费前的 4 分钟降至收费后的 2.2 分钟；用户跳出率从收费前的不足 60%，升至收费后的 75% 以上。这反映出付费用户们并未因为支付了费用而更仔细地阅读更多内容，反而显得更加挑剔和不耐烦。

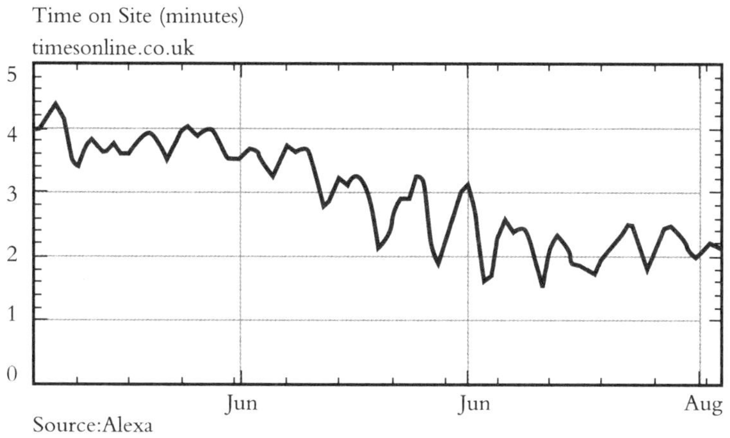




由 3 名前《泰晤士报》负责传媒研究的编辑记者创办的独立研究机构 Beehivecity 提供的数据令这项收费战略的前景更加不容乐观：在 8 周的试用期里,有 15 万人成为《泰晤士报》网站的注册用户,但其中只有约 1.5 万人在试用期结束后选择真正付费。

而且，收费战略甚至未能像之前很多人预期的那样，一定程度上提升印刷报纸的销量。根据 Beehivecity 提供的 2010 年 6 月的发行数据显示，网站收费后,印刷版报纸发行量进一步下滑。相比 2009 年 6 月的数据,《泰晤士报》的平均发行量从 590900 份减少近 9 万份，至 503642 份;《星期日泰晤士》的平均发行量从 1191726 份减少 10 万多份，至 1085724 份。

从服务 120 万人的大众媒体网站，到只有 1.5 万用户的小众网站，网站与印刷版报纸用户双双下滑，用户停留时间更短、阅读篇数更少……为了 1.5 万付费用户每年约 150 万英镑的“订阅费”,这些代价真的值得吗?

## 默多克的阿莱西亚

默多克并非始终如一的“付费阅读”支持者。

2007 年，默多克成功收购道琼斯公司并因此获得华尔街日报的控制权之后，曾多次表示考虑将至今最成功的付费新闻网站 wsj.com 免费化。

《华尔街日报》网站自 1996 年上线以来，一直采用收费模式，并且一直是全球付费用户最多的网站。但自从 1997 年以来，付费用户在 100 万这个数字上停滞不前。

默多克接手之后，考虑将网站免费化，以提升流量，争取获得更高的广告收入。他曾这样描述取消收费的影响："取消收费会令我们损失 5000 万至 1 亿美元吗？我不这么认为。如果这是个好网站，你会得到更高的其他收入。"他当时的账是这么算的：即便每年需要支付 100 美元左右的费用，仍然有 100 万的用户愿意选择《华尔街日报》，那么取消收费后，网站访问人数可以从 100 万上升到 1000-1500 万，这个庞大的高品质用户群，将创造其他新闻网站难以匹敌的广告价值，足以弥补取消收费造成的 3000 万美元的损失。



但是，到 2009 年初，默多克的口径发生了 180 度大转折。

2009 年 4 月，默多克在美国国家有线电视和通信协会年度展会上，公开抨击 Google 窃取了传统媒体的内容并因此获利，"我们该允许 Google 盗取我们的版权内容吗？如果你拥有像《纽约时报》和《华尔街日报》这样的品牌，就不应该允许 Google 这样做。我们完全可以拒绝 Google！"

随后，默多克宣布启动收费战略，并亲自为这项战略起名"阿莱西亚计划"（Project Alesia）——公元前 52 年，凯撒率领罗马军团在阿莱西亚战胜人数 5 倍于己的高卢军队，这是凯撒一生中最重要的战役。

通过广泛查阅资料，除了这个代表这荣耀的名字之外，默多克并未对"阿莱西亚计划"的可行性和操作计划有过详细的公开论述，出现得最多的是"内容是有价值的"、"IT 公司们需要我们的内容"之类宽泛的价值理念表述。这场战役更像是针对以 Google 为代表的数字传播渠道的一场意气之争。

## 防君子不防小人

拒绝 Google，与付费阅读之间有什么逻辑关联？

要真正实现付费阅读，必须在用户与内容全文之间建立一堵墙（默多克称之为收费墙，Paywall），用户不可直接接触到全文。

但 Google 会收录互联网上几乎全部有价值的网页，而且必须收录全文。只有这样，用户才能通过输入关键词找到对自己有用的内容。

这成为困扰所有收费网站的难题——让 Google 收录全文，意味着内容外泄，用户理论上可以免费接触到内容；不让 Google 收录全文，通过搜索导入的用户流量会大幅下降。

世界上主流媒体网站，通常由搜索引擎导入的流量占网站总流量的30-40%，即便是采取收费模式的《华尔街日报》网站，来自 Google 的流量也占 27%。

纽约时报在 2005-2007 年间，曾经对网站重要内容实行付费阅读策略，但为了照顾来自 Google 的流量导入，实行的是“防君子不防小人”的办法。

具体来说，如果你在纽约时报网站上检索，结果是需要付费阅读的文章，网站只会显示前面小部分内容，就必须先用付费账号进行登录才能读到全文。但是，如果将文章的标题作为关键词在 Google 上搜索，根据 Google 提供的链接，你就能直接访问到那篇文章。

《华尔街日报》网站对这个流程进行了一定优化，用户用上面的办法仍然无法直接访问文章。但是，如果点击 Google 搜索结果中的“网页快照”，照样能看到全文。

要想真正实现收费阅读，拒绝 Google 就成为必不可少的工作。



## 别看收费来势汹汹，防守策略而已

但默多克为何会从 2007 年底、2008 年初的“免费派”变成 2009 年的“收费派”？

我认为，2008 年底的全球金融海啸是其中一个关键因素。

我收集了美国商务部经济分析局（BEA）的 GDP 数据，以及美国报业联合会（NAA）的报业发行与广告收入数据，对 1969 年至 2004 年的上述数据进行合并分析，发现了一个有趣的规律：

在绝大部分年份里，报业广告收入增长率与 GDP 增长率变化方向一致，而报业发行收入则与 GDP 增长率变化方向相反。

这一规律，与 170 年来报业经营模式是一致的。

1830 年，《一美分报》（The Cent）在美国费城诞生，当时美国报纸的普遍售价是 6 美分一份。紧接着，以《纽约太阳报》为首，英美掀起了一股“便士报运动”。便士报出现后，报社不再追求从发行收入中覆盖出版报纸的全部成本，转而确立以广告为主发行为辅的收入结构。便士报改变了之前报纸只属于富人的局面，使报纸成为当时最大的信息传播介质，真正进入“大众传播”时代。

这之后 170 年里，世界上绝大多数报纸都是以这种模式经营：报纸

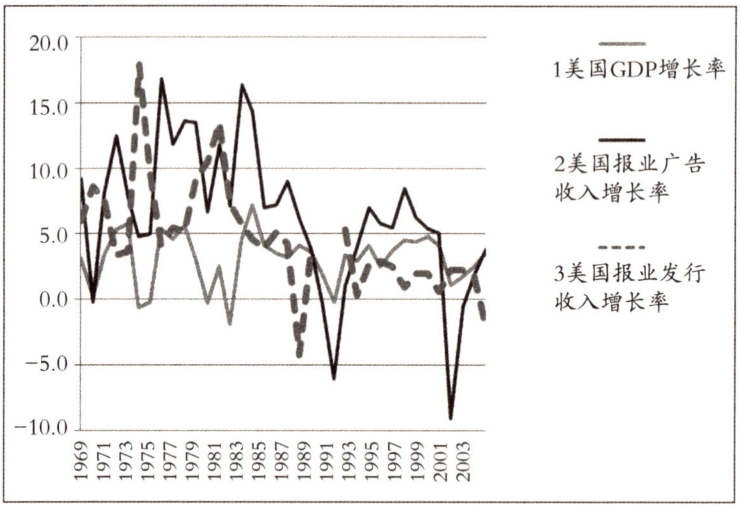




内容质量与售价的关系不大，高质量的报纸与低质量的报纸价格相近，内容只会影响报纸的销量，而销量又决定了报纸的影响力及其广告价值，广告价值决定了媒体的盈利能力。

经济环境好，广告收入相应增长，报纸的利润率高；经济环境差，广告疲软，从读者那里收的钱比重上升，旱涝保收。

因此，别看默多克掀起的付费阅读风潮来势汹汹，其实不过是报纸受金融海啸影响以及在新媒体方面创新乏力而采取的防守策略。

## 回到付费的避风港

纸媒在新媒体发展战略上始终首鼠两端：他们总是比 IT 行业反应迟钝一两年，当 IT 人做出优秀产品，在市场上取得成功后，知名的报纸斥巨资跟进，希望能复制别人的成功，当他们带着巨额投入和传统媒体人的思维惯性在陌生领域里横冲直撞几年后，总是又回到“付费阅读”这个避风港。

《纽约时报》网站在“付费阅读”上的几经反复就很有代表性。

1996 年，当互联网刚刚兴起是，《纽约时报》很快跟进，建立了自己的电子版网站。这个网站最初是收费的，但是大约半年后，当他们发现只有 4000 名付费用户时，第一次取消了付费。

这次取消收费做得并不彻底，当时的做法是对美国用户免费，但仍然要向国际用户收费。很快，他们发现这种做法制约了《纽约时报》扩大国际影响力，终于决定对全球用户一视同仁，全部免费。

到 1999 年，《纽约时报》网站已发展为全球流量最大的新闻网站之一。时报集团决定对网站建设进行大投入。但这种大投入之后不久，网络泡沫破灭，全球网站均面对盈利乏力的问题。

时报网站撑到 2005 年，再次决定收费，推出以“时报之选”（Times Select）为代表的一批收费项目。“时报之选”用两年时间培养了 20 万付费用户，每年获得 1000 万美元以上的付费收入。

同样在这两年，Web2.0 蓬勃兴起，互联网经济的第二波高峰来临，网络广告市场终于爆发。到 2007 年，《纽约时报》决定取消“时报之选”的收费，扩大用户群，全力争取网络广告大发展。



从那时至今，互联网经济的重心，已经由门户网站的呈现式广告为主，转移为以搜索广告、视频广告、SNS 广告等更精准的广告形式为主。

2009 开始，纽约时报呼应默多克，加入到谴责 Google 的行列中，并在今年初宣布将于 2011 年重新开始收费。

## 没有了 iPad，报纸是什么？

在 15 年的“收费 - 免费 - 收费”反复中，欧美报纸的新媒体最大的损失是用户，像印刷报纸读者那样具有忠诚度的用户。每次推出收费阅读，都会造成一批认可报纸品牌但却没有明确购买意愿的读者流失；每次取消收费阅读，都会将已凝聚并养成特定使用习惯的忠实用户降为普通用户。

反观在本次收费风潮中被欧美报纸们视为“公敌”的 Google，从 1998 年至今，一直坚持免费原则，吸引更广大的用户，培养用户使用习惯和忠诚度，并在此基础上开发出 Adsense/Awords 在线广告平台等一系列创新产品，并创造出令欧美报业羡慕乃至愤恨的收益。

苹果公司走的则是另一条路：通过新颖的 iPod，硬生生地培养起最初一批核心用户使用 iTunes 软件的习惯，并在此基础上，以小额支付购买单首音乐的收费模式创新，将用户的支付习惯粘着在 iTunes 上。当这一切就绪之后，iTunes 的平台效应发挥出巨大威力，iPhone、iPad 相继推出，音乐、软件、有声读物、新闻、游戏、书籍……几乎一切可被纳入广义“内容”范畴的东西，均可以在 iTunes 平台上交易，iTunes 事实上已经成为全球最大的内容发行平台。Google 提供的是一个开放的、松散的平台，对报业几乎没有制约力。而 iTunes 平台则完全掌握在苹果手中，什么样的内容能上、以什么表现形式上，苹果几乎都要插一杠子，而且所有在这个平台上的内容产品，都必须经过苹果的审核，牢牢把握着内容传播的命脉。

iTunes 平台以“内容收费”为核心搭建，苹果还很显诚意地提供了让内容商占大头的七三分账原则，就迅速取得众多报纸的好感；Google 向广告主而不是用户个人收费，分账比例也不向内容商提供。

结果就是，Google 被报业当作敌人抵制，苹果却成为报业的好朋友，iPad 甚至被不少人称为“平面媒体的拯救者”。

当默多克得意地宣称旗下媒体的 iPad App 又拥有多少用户的时候，《华尔街日报》iPad 收入在第二个月就锐减 85 万美元，而同时 iPad 的销量却稳步从 100 万台上升到 200 万台。



或许，默多克向 IT 界提的问题可以这样回答：

如果没有《华尔街日报》，iPad 仍然是创造了销售奇迹的 iPad，仍然是令《纽约时报》、《金融时报》、《泰晤士报》以及全球数以百计的一流媒体趋之若鹜的 iPad；如果没有 iPad，《泰晤士报》轰轰烈烈的收费战略，就只有守着那 1.5 万位付费用户数钱的份。

他们的不同遭遇，再一次证明了欧美报业的思维惯性有多强，“收费情结”有多重。

（作者系南方周末网络编辑部主任）

# iPad 是传统媒体救星吗？

□方三文

方三文

前些天跟一帮人在微博里面争论一个话题，就是 iPad 能不能挽救传统媒体。

首先要声明的是，传统媒体到底需不需要被挽救，我并不知道。因为最近了解到的报纸和电视台这些“传统媒体”，经营业绩都相当不错。所谓的危机或者挽救，也许只是某些人的过度焦虑症?

但如果一定要被挽救的话，救星肯定不是 iPad，按我的分析，iPad 不但不会是传统媒体的救星，而可能是最后的克星。

我们来回顾一下互联网是如何冲击传统媒体的。以前说过互联网在传播速度、互动性方面的优势，但我觉得都没有说到点上。我觉得互联网最大的优势是创新了碎片化信息的组织方式，这个组织方式是符合用户需求的，而它恰好与传统媒体的信息组织方式又是有致命冲突的。

传统媒体本质上是一个打包的信息综合体，它将多个作者生产的媒体内容组合起来，尽量使这个组合有比较清晰的定位和相对固定的型态，并且使这个定位和型态符用目标读者的需求。

所以传统媒体的价值核心在于媒体的定位和型态，而不是一篇篇独立的稿子，稿子只是组成这个定位和型态的零件。擅长写稿的记者经常会抱怨自己的价值没有得到足够的尊重，实际这是结构性的问题。媒体里面最有价值的肯定是确定定位和型态的工作，也就是大家讨厌的“领导”所做的工作。

这也就可以理解，为什么传统媒体的领导们，对于 iPad 有知遇之感，他们可以说是一直竭尽全力保持媒体的完整型态。之前，他们曾经把希望寄托在电子纸上，希望有一张象报纸一样的电子纸，能保持体现定位和型态的版面元素；现在他们又希望 iPad 的大屏幕，能把这些元素保持下来。

但是能吗？

这事不应该问苹果，应该问读者。他们真的对媒体型态有这么深的依赖吗？

首先来看门户网站对传统媒体构成的第一波冲击。门户网站的主要业务模式是转载，也就是对传统媒体的内容进行了碎片化的肢解重组。用户为什么逐步依靠门户网站获取新闻而不是报纸？因为门户网站上有足够多碎片化的单条信息，供他自己选择（自定义）阅读，而不是接受一个组装好的包。同样的链接，放在媒体自己的网站上就没人点，放在门户网站上就有人点，这是为什么呢？道理也比较简单，网络既然是点菜模式，用户就希望可供选择的菜越多越好，如果在可供选择的数量上无法满足用户的需求，媒体自办的网站就很难与门户网站竞争。这同时也告诉我们，用户更喜欢自己点菜吃而不是吃套餐。

转载模式也有一个问题，就是在碎片化组合以后，原作者或者媒

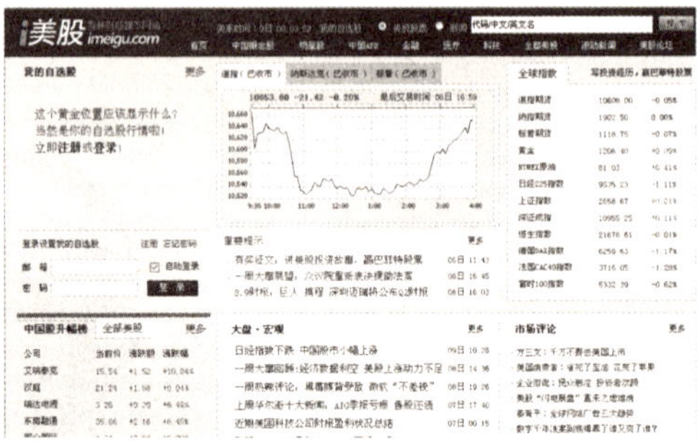


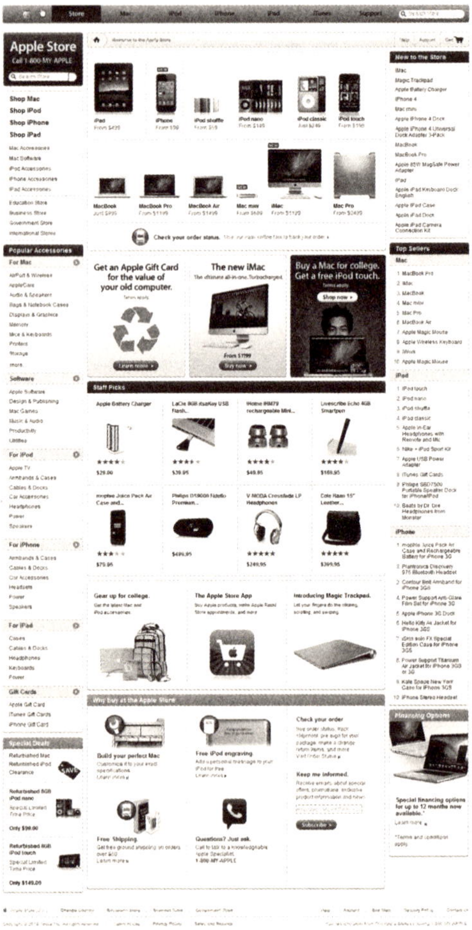

体的署名权著作权收益权得不到尊重。也许，用户对署名权著作权不是那么在意，但是如果拥有署名权收益权的作者很不满意，那这个模式迟早要搞不下去。所以还是得有一个方式，对作者有足够多的返哺和激励。如果一定要返哺和激励，那么用户会更愿意激励谁呢？有一篇文章很好看，你更愿意付钱给作者，还是付钱给发表这文章的媒体（机构）呢？我反正是更愿意付钱给作者。甚至，我买很多杂志报纸，就因为里面有我喜欢的一个作者的专栏，所以买的时候我都经常想，为什么要为这 1500 字，付 10 万字的钱呢？如果这作者直接在网上卖他的文章，一篇收我一块钱，我肯定愿意在网上单买他的。

回头再看作者为什么不在网上单卖自己的文章。首先有些采访工作，不是单个的作者能完成的，这是作者要依赖媒体的一个原因。但更多的媒体内容生产工作，作者对媒体是没有任何依赖的。那么，作者对媒体的依赖，更多就是对媒体这个渠道的依赖：媒体独特的定位和型态凝聚了一定量的读者，个人比较难建立自己的渠道。但现在不一样了，因为新一代的互联网运营商建立了完善的交易平台，包括作品展示平台、检索办法和付费渠道。比如，你可以在起点中文网上写作，读者付费，收入你跟网站分成，你拿 7 网站拿 3，这样不是很爽吗？为什么还要依赖于另一个媒体平台呢？如果起点中文网太低端，那么你可以在苹果的 App Store 上面卖呀，试试，一篇文章收一块，如果你是一线明星作家，收入绝对要高于你给任何媒体写稿，或者出书。

所以这才是 iPad，或者说，不是 iPad，而是 App Store 模式，给传统媒体带来的第二波冲击。在门户网站的时代，运营商只接通了内容和消费者，把渠道碎片化了；在移动互联网时代，运营商将这个世界上海量的知识产权生产者（作者）和消费者直接对接起来，将供应商也碎片化了。在这种情况下，其他的平台，比如传统媒体，会遭遇平台替换的危机。所以 iPad 绝不会是传统媒体的救星，而会是传统媒体最致命的克星，至少比门户网站更加凶悍。

回到投资的角度，谁会在这个过程中受益呢？最大的受益者是生产者和消费者，毕竟传播的效率高了，而且中间平台只拿走了 30%，比传统出版的 70% 低多了。从企业层面，能够建立平台的企业，会是最大的受益者。

（作者系原网易副总编辑，现为雪球财经和 i 美股网创始人）

# 即便失去纸，报还会存在

□段钢

段钢



前些时候，一位同学来找我，让帮出出主意，说原来的北京松下显像管有限公司已搬走，他想将该公司的工业仓房开发出来做点什么。我非常惊讶，追问那原来的松下彩管呢？他说，已经停产了，不仅是松下，原来八大彩色显像管厂基本都停产了，市场上全是LED液晶显示屏谁还需要彩管啊？！

再来看看刚刚过去的胶片时代，柯达给我们留下了美好的记忆。可就在去年年初英国《泰晤士报》报道，美国伊士曼柯达公司宣布，拥有74年历史的柯达彩色胶片将于今年年底全部停产。

这些鲜活事例在最近二十几年屡屡发生，猛然间，你会发现科技发展如此迅猛，令我们应接不暇，无论谁都无法预测，被科技推搡着向前行进的我们下一部会迈向哪里。

当互联网尤其是移动互联网，成为我们生活中不可或缺的一部分的时候，传统媒体却面临如彩管，如胶片一般的命运诅咒。

## 一、微博引发的话题

不久前，在新浪微博上创新工厂创始合伙人汪华发布了这样一条微博，引起了大家激烈的讨论，微博围绕苹果新推出的iPad展开。汪华说：

“一夜间所有纸媒都视 iPad 为救世主。但 iPad 也改变不了他们灭亡的命运。他们转向 iPad 的时候，还是秉持着精英或编辑内容路线，自上而下传播，订阅广告商业模式，孤岛的使用体验，话语权的把控，原封不动老一套拷贝。他们忘了如何在本质上败给 UGC,SNS,Twitter 的。iPad 的误导让他们不思改变，丢失变革机会。”

此话一出便引起众多博友的唇枪舌战，易凯资本首席执行官王冉这样反驳道：“纸媒的商业模式是广告 + 付费，未来电子纸媒的商业模式能离得开这两样吗？如果你执意停留在纸媒时代，iPad 当然不能拯救什么，但它给愿意迎新的纸媒人提供了一条通向未来的隧道。终端很重要，因为终端诱发习惯，习惯产生模式。”

而创新工场 CEO 李开复也在微博上回应了他的观点——他认为 iPad 虽好，但它给了传统媒体一个错误的导向。互联网带来的潮流和变革，才是传统媒体应该关注的。没有一个设备可以长期阻挡互联网的潮流。李开复同时指出互联网时代更需要优秀的记者和编辑，但是纸媒的商业模式将灭亡，不能期待 ipad 或任何设备成为救命稻草。

不管怎样，媒介终究是媒介，依然是以内容为王的，就像针对汪华的这条微博戴小京所给出的回应一样，也许可以打这样一个比喻：当一个人给你指路的时候，你会得到你想得到的信息；但当十个人同时给你指路，你便会无所适从。于是你还想知道谁才是真正以指路为职业的。

于是，让我们回归到最本质的理论基点，新闻是一种职业。也许最终报纸丧失的是纸，而报，永远存在。就象液晶显示屏代替了彩色显象管，但电视依然存在一样。

## 二、iPad 带来了什么

美国学者 H·弗来德里克曾经作过这样一个推算：如果以公元元年人们掌握的信息量为单位 1，那么信息量的第一次倍增，花费了 1500 年；第二次倍增，花费了 250 年；第三次倍增，花费了 150 年；进入 20 世纪后的第四次信息量倍增，所需的时间进一步缩短为 50 年。其后，倍增速度骤然加快，在 50 年代，10 年内就实现了倍增;接着在 60 年代和 70 年代，时间周期进一步缩短为 7 年和 5 年。寻根究底，媒介的全面数字化倾向成为了人们在最短时间内掌握海量信息的始作俑者。



而作为传统媒体代表之一的报纸，传媒大亨默多克曾预言："报纸最终会衰弱，但报业不会，它会向数字化转型。"作为一种传媒形态，报是不会消亡的，作为传播介质的纸很可能会变为数字形式。

报业对于自我转型的种种努力，暂时性遏制住"报纸消亡论"的阴影在整个行业内部的加速弥漫，与此同时，电子阅读器的出现似乎又一次让传统媒体的捍卫者看到新的希望与寄托。

最初是 Amazon 黑莓版 Kindle，紧接着是不按常理出牌的苹果 CEO 乔布斯在一月份将那件蛰伏数年的 iPad 公布于世。一时之间众声喧哗，备受争议的一点并不在这款上网本的用户体验上，也不在它推出的多点触控板 iWork 办公软件套装，而在于它的电子阅读器——因为如果使用者想在 iPad 上看电子书，电子报纸或杂志，就必须使用苹果的 iBook 应用程序，这款应用程序中包含了连接 iBookstore marketplace 的功能，但是这款软件并没有预装在 iPad 上，而必须从苹果 App Store 付费下载并安装（这也只是 App Store140 多万个应用程序中的一个）。但是即使这样也不可以马上进行阅读，另外一个必须的条件是使用者想要阅览的这些电子书、报、杂志也都必须提供 iPad 匹配的格式并放于 iBookstore，是使用者可以"再一次"付费下载使用，Kindle 也是如此。

于是乎，欢呼声又一次响起，以 iPad 和 Kindle 为代表的电子阅读器将挽救受互联网冲击而日益萎靡的报业与印刷业。甚至有博友在新浪微博上激动的称之为一次传统媒体重新洗牌的机会。其实这种言论也并非空穴来风，因为在 iPad 上市前，苹果公司就与许多报纸和出版机构签订了一系列合作协议。

## 三、报纸的本质

其实不管是亚马逊的 Kindle 还是苹果的 iPad 都是整个传播模式中的一个平台，负责将内容从传者手中传递到受众那里，我们注意到即使苹果与再多的出版商和报业签订合作协议，内容生产的源头与流向依然没有改变，依然是简单的 who 到 whom 的 5W 传播模式。而作为专业从事信息采集、选择、加工、复制和传播的组织，报业所积累的品牌价值与所具有的公信力才是自媒体时代竞争的立足点。

报纸为了生存可以变，可以广泛接受融合自媒体时代的新闻表述方式。但对于自身已有的优势，例如在新闻真实性、新闻价值观判断等方面的优势，报纸必须有清晰的认识。这些是报纸在新时代的立足之本，一旦失去，自身存在的价值必将受到威胁，“报纸消亡论”也就不可避免。

在网络时代的今天，面对网络大量业余记者、海量非专业权威信息的冲击，更凸显新闻专业精神的重要价值。作为“把关人”的编辑将海量的信息以有价值的新闻形式呈现给读者，才是报的本质。这也曾是现代报业发展的重要基石，所以我们可以很肯定的说，无论科技如何进步，技术如何变迁，信息的传播永远朝着其终极性目标发展，即迅速、即时、直观、全面、深刻。而只要报纸作为精神产品的媒体精神内核永远不改变，就一定不会被时代所淘汰。

（作者单位：北京青年报）

# 用报格和人格营造“记者家园”
## ——从“网上追逃”事件说起

□范以锦

范以锦

随着新的传播技术的发展和政府信息公开条例的实施，国家不断推进媒体的开放。为适应新的形势，国家高层提出要善待媒体、善用媒体、善管媒体，而且也反复强调加强媒体的舆论监督。但是有些地方政府依然不能适应这种新的变化，尤其是在对待舆论监督方面更是持一种抵制的态度。连续发生的无理打压媒体人的事件，就反映了这些人的心态，乃至新闻出版总署不得不再次重申保障记者的合法采访权利，支持媒体记者进行正常的舆论监督。尽管有些错案在舆论的压力下和一定层面的领导的干预下，得以解决，但今后还会不会发生无理打压记者的事，我们还很难持乐观的态度。本文对别人的态度暂且不论，这里要探讨的是我们媒体单位、媒体领导者，面对无理打压该持什么样的态度。我们能否以良好的报格和人格营造“记者家园”，使记者安居乐业？这是许多媒体人关心的问题。我这里说的“打压”，绝不是指正常的媒体管理。管理毫无疑问是需要的，任何国家都有对媒体管理的问题。我这里说的是不正常的管理，也就是违背国家关于“善待媒体、善用媒体、善管媒体”精神的不当管理，甚至对媒体的非法打压。

### “网上追逃”事件中的媒体抗争，折射出媒体人对安全感的忧愤

报格与人格是紧密相连的，有良好的人格，才能形成良好的报格；而人格和报格形成的良好氛围，是激发记者创造力的重要生态。有了这种生态，记者就有了一个安居乐业的家园。

最近，在“刑拘仇子明”事件中，经济观察报表态及时鲜明，与早些时候某些报社发生类似的事件形成了强烈的反差。

仇子明的“网上追逃”令已撤销，浙江遂昌警方也登门道歉。尽管对与此相关的凯恩“毁誉门”事件，媒体间还有不同争议，包括对媒体是否保持客观中立的立场进行了探讨。但，在仇子明被“网上追逃”这个问题上，无论仇子明所在的经济观察报的抗争，还是众多兄弟媒体的声援，都折射出媒体人对安全感的忧愤。媒体人明白，记者如果失去了安全感，将意味着什么？无正当理由打压记者的事已不断发生，而竟然发展到“网上追逃”，而且就凭当时警方掌握的这点理由不充分的材料，就要刑拘记者，今后还会有多少类似事件发生。因此，“仇子明的今天也许就是我们的明天”。无论是经济观察报的抗争还是兄弟媒体的声援，其实就是维护我们每位新闻工作者的正当权益。

我们先回顾一下事发的经过。

7月27日经济观察报记者仇子明获悉，因报道上市公司凯恩股份关联交易内幕，已被凯恩公司所在地浙江丽水遂昌县公安局以“涉嫌损害公司商业信誉”罪名，认定为刑拘在逃人员，早在几天前就已通过公安内网上向全国发出通缉令。仇子明即向报社通报。经济观察报做了初步调查了解分析后，于第二天在经济观察网发布公告——

本报获知，本报记者仇子明被浙江省丽水市遂昌县公安局以“涉嫌损害公司商业信誉”为名，列为刑拘在逃人员，进行网上通缉。针对此事件，本报现发表声明如下：

一、本报记者仇子明因对浙江凯恩特种材料股份有限公司的正常新闻报道而被网上通缉，本报深感震惊，对记者仇子明及其家属的状况深感担忧。作为负责任的媒体，本报一向秉持理性、建设性的报道理念，我们相信客观公正的报道原则应为仇子明和所有记者所遵循；

二、作为公众公司，凯恩股份负有准确、完整和充分信息披露的义务，公众享有知情权，媒体有合法正当的舆论监督权力。在报道过程中，相关当事人和记者多次受到利诱、威胁。对于有人试图借助公权力压制舆论监督，威胁新闻工作者人身安全，我们表示强烈谴责；



三、当地公安机关作为掌握公权力的机构，应该审慎合法行使公权力，维护公民权利；

四、本报正在向国家新闻出版署、中国记协等机构申诉，反映相关情况，并呼吁新闻出版署、中国记协采取维权行动，维护新闻工作者的正当采访和报道权，保护新闻工作者的人身安全；

五、本报感谢公众和媒体同仁对本报和本报记者的关心和支持，并将利用一切合法手段捍卫媒体和新闻工作者正当采访报道权，共同维护良好的舆论监督环境。

事情的发生来得突然，要及时表态，并不是没有难度。但凡是对记者负责任的媒体难度再大，也要认真依据当时掌握的情况，进行认真分析，

报网互动

报道上市公司内幕被跨省通缉

记者微博留言：有本事抓我

尽快作出判断。从当时的情况来看，经济观察报的抗争和全国舆论的声援都是正确的。因为，警方对仇子明进行拘捕的证据明显缺乏，或者说根本不成为依据。退一步来说，即使报道失实，也属民事范围，当事单位可以打官司，法庭上见。后来，警方向经济观察报和仇子明道歉，同时又对外公开表明此案还要查下去。笔者以为，即使将来查出“充分证据“，也不能因此认为警方前期的做法是对的，同样也不能否定媒体的抗争和声援。媒体并不是办案人员，媒体只能依据自己目前所掌握的事实作出判断，该出手时就出手。事情在不断变化中，以后出现什么新情况，可随后追踪表明态度。如果不是经济观察报的强硬态度和全国媒体的声援，仇子明也许真的就被刑拘了。事实上，这些年媒体因舆论监督而被某些地方政府动用刑事手段打压的事常有所闻，有些在舆论的抗争下，不得不收手。但有些未被曝光的，也许只能听天由命了。从经济观察报等案例中，可以看到，当我们的记者在受到不应有的遭遇时，作为“娘家”的所在单位媒体的态度是多么的重要，这也体现了一张报纸的报格，也反映了传媒领导者的骨气和人格。



## 没有骨气的媒体必然不会去保护记者的合法权益

对比之下，有些媒体就显得太没有骨气了。

比如，有的记者进行正当的舆论监督，被抓了，所在单位不仅没有采取措施，还一味辟谣。综观这些年的一些案例，我们可以看到许多不正常的情况：有的记者本来没有问题，媒体单位却不去抗争。有的记者的确出了问题，做了违法乱纪的事情，所在单位不去分析问题发生的原因，却赶紧声明“这是临时聘用的记者”。既然已实行了聘任制度,就是聘用的记者，还要加上“临时”二字，太不厚道了，目的就是推卸责任。

本来发生了问题，单位是要认真检查制度上的漏洞，承担一定的领导责任，岂能以“临时聘用的记者”一推了之。其实，“临时”也罢、“正式”也罢，都是你的员工了，该承担的责任还得承担。有的为了维护自身新闻单位的形象，明明是聘用的记者，硬要说成是“临时聘用的工作人员，因为没有发给正式记者证”。这种说法也站不住脚。

现在的记者证都是由新闻出版总署颁发的，发之前各地每年会对未领到记者证、实际上已在采编岗位工作的人员进行培训和考试，合格后再经过层层审定上报，往往超过一年的时间才能拿到记者证。很多新进入新闻单位的采编人员是没有记者证的，那些因工作忙错过了培训时间的也拿不到记者证。因此，不能因为没有拿到记者证就不认定是记者。只要单位已安排他们从事采编活动就不能说不是记者。

有的媒体在全国各地设办事处或记者站，实际上以记者为名去拉广告，也从事一定的采编活动，还自行发了临时记者证，这是明显的违规行为。单位本来已给了他们记者的身份，单位违规单位负责任。但一旦这类“记者”发生问题之后又一推了之，说他们不是记者。

2007年，发生了一起某报驻外地记者站聘用记者被打死的惨案。他持有本单位发给他的记者证（此证当然不合法），这次他与以往一样以记者身份到无证采矿的煤矿采访，被矿上的人打伤，送至医院后，因抢救无效死亡。当地有人放出风声说他没有符合规定的记者证应为假记者。别人这么说不奇怪，但该记者所在单位也竟然说，他是该社试用人员，主要任务是收集新闻线索，没有从事新闻采访资格，所以“不是记者”。该单位负责人应该明白，既然发给了临时记者证，尽管是不合法的证，但事实上已将他作为聘用记者使用了，为什么不去认真抗争维护记者的权益？因为当时传出这位记者有敲诈行为，其实人已死了，凭单方面口供是无法认定其有敲诈行为的，即使有，人给打死了，单位也该理直气壮表明态度。这一事件并不复杂，耐人寻味的是事发后的社会百态，有人对自身形象维护大于对生命过早凋谢的哀伤，对假记者的兴趣远远大于对不法经营者的追究。

经济观察报的记者是到办报的外地



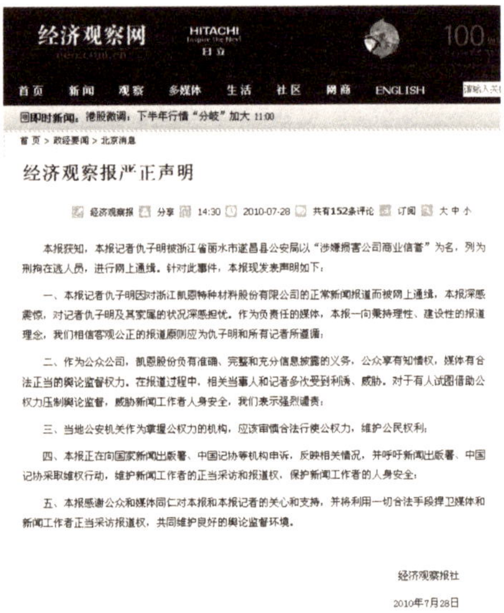

经济观察网 HITACHI 日立

首页 新闻 观察 多媒体 生活 社区 网商 ENGLISH

即时新闻：港股微调：下半年行情“分岐”加大 11:00

首页 > 政经要闻 > 北京消息

经济观察报严正声明

经济观察报 分享 14:30 2010-07-28 共有152条评论 订阅 大 中 小

本报获知，本报记者仇子明被浙江省丽水市遂昌县公安局以“涉嫌损害公司商业信誉”为名，列为刑拘在逃人员，进行网上通缉。针对此事件，本报现发表声明如下：

一、本报记者仇子明因对浙江凯恩特种材料股份有限公司的正常新闻报道而被网上通缉，本报深感震惊，对记者仇子明及其家属的状况深感担忧。作为负责任的媒体，本报一向秉持理性、建设性的报道理念，我们相信客观公正的报道原则应为仇子明和所有记者所遵循；

二、作为公众公司，凯恩股份负有准确、完整和充分信息披露的义务，公众享有知情权，媒体有合法正当的舆论监督权力。在报道过程中，相关当事人和记者多次受到利诱、威胁。对于有人试图借助公权力压制舆论监督，威胁新闻工作者人身安全，我们表示强烈谴责；

三、当地公安机关作为掌握公权力的机构，应该审慎合法行使公权力，维护公民权利；

四、本报正在向国家新闻出版署、中国记协等机构申诉，反映相关情况，并呼吁新闻出版署、中国记协采取维权行动，维护新闻工作者的正当采访和报道权，保护新闻工作者的人身安全；

五、本报感谢公众和媒体同仁对本报和本报记者的关心和支持，并将利用一切合法手段捍卫媒体和新闻工作者正当采访报道权，共同维护良好的舆论监督环境。

经济观察报社

2010年7月28日

采访的，自然不同于当地媒体报道当地的事，但我们依然要赞赏他们的表现。因为，同样是外地媒体，这样的事过去也发生过，有的报纸就不如他们如此采取积极主动的措施。

客观地说，本地媒体监督本地的事是最难的，记者受到打压时也比较难办，但我认为依然有报人的底线。记者如果受到无理打压，媒体处理的办法一般有四种：抗争；保持沉默；无可奈何“执行”假话，但决不渲染假话和主动制造假话;积极主动配合，帮忙制造假话。地方媒体在地方党委、政府领导下工作，人事任免权也在当地，媒体负责人肯定有难处。不得已的情况下可以保持沉默，有时“沉默”也是金。有时地方政府还会发布假新闻，并要当地所属的媒体执行，连标题都不能改。在这种情况下，媒体可以如实反映情况，但如果依然被要求执行，一般来说是很难顶得住的，只能无可奈何地“执行”假话了，但这里有坚决执行还是消极执行的问题，比如版面位置的处理，标题的大小，是突出处理还是淡化处理。有的一眼就可看出是无可奈何的，有的却可以看出是积极配合，非常默契的配合。最令人不可思议的是，老在捉摸上头的意图，人家说一句假话，他发挥十句，这种为取悦于官场的不正当的游戏规则，已突破了报格、人格的最起码底线。



## 抗争，并非意味激烈对抗

抗争，难度当然很大，但也并非完全做不到，抗争并非一定是采取激烈的方式。

从我在报业多年的经历来看，不乏各种类型抗争成功的案例。有些是正面冲突的抗争。比如，2003 年我所在的报业的一家系列报的总经理被抓，我们认为是错误的，以报业集团的名义，第一时间给当时的省纪委书记（目前此人因涉嫌犯罪已在押）写信，为总经理辩护。后来，也是这个权势人物要将这家报纸的负责人开除党籍，我们认为检察机关已经认定这位负责人所谓“罪行”证据不足，因而将他释放了。既然证据不足怎能又以此理由来对其作党纪处分？我们没法执行。最后，他也无可奈何，只得由他自己亲自出面布置越级做出开除的决定，然后派人到南方报业来宣布。这家报纸另有负责人被判刑，按这位权势人物他们事前研究，《南方日报》、《南方都市报》要见报，我们通知各报一律不能见报。第二天有人打来电话催问“为什么不见报？”我们回答：“这是错案，我们不能见报。见报等于我们承认了他们的错误判决。”但还是被要求见报，我们依然不从，第三天又有人追问。我们说：“省里意见也不统一，也有人支持我们。”最后终于顶过去了，始终没有见报。当然，实事求是讲，这样的“顶”难度是非常大的，在一般的情况下也很难做到。这一回，我们认为他们实在是欺人太甚了，我们已到了忍无可忍的程度，也就是说触犯了我们难以承受的底线，不得不这样做了。

但，很多时候是不用采取这种激烈的方式的，也并非无所作为。作为媒体实事求是向上反映出情况，促使上头改变看法，也是一种平和的“抗争”。有一回某领导（此人后来也因犯罪被判刑），看了一份材料就断定某人违反外事纪律，提出调动其工作岗位，如果碰到这样的批示，有的媒体就有可能马上执行。但我细看并分析了材料，怎么也看不出他违反了外事纪律。后来我找到这份报告的起草人，弄清楚了当事人和一个经常违反外事纪律的人很要好，并非他本人违反了纪律，报告材料被误读了。心中有数了，我们就没有执行这个批示，并准备上头追问时作出解释。后来这位领导不再追问了，事情也就过去了。实事求是，对一家媒体、对媒体负责人来说是最起码的素养。但有的人往往一听到风就是雨，该解释的不解释，该担当的不担当。其实，由于各方面的原因领导的批示也并非完全的正确，也并非不听取意见，不要自己先把自己唬住了。有一回，因有关方面过问，上级一位领导提出要把某杂志的主要负责人免职调离，我向这位领导反映，认为撤职的理由不充分，且这位同志责任心和创新能力很强，如果把他调离会给这家杂志的发展带来严重的影响。如果上级领导觉得还不放心，可派集团一位班子成员进去加强领导。这位领导认真听了我的陈述之后，觉得我的说法有道理，还是采纳了我们的意见。有时抗争也是需要智慧的。

媒体是一个高风险行业，一不小心就会出事。我历来主张，对那些职业道德败坏，比如利用采编职权敲诈勒索者一定要严肃查处，而对于那些忠于职守，坚持改革发展的媒体人要多一些宽容，这并不意味着对违反宣传纪律的问题不处理，但一定要适度。有些事情你认为错的，其实不一定错；有的今天认为是错；明天可能是对的。所以，处理人一定要慎重，要经得起历史的检验。南方报业发生了一个莫名其妙的案件，时任省委副书记的蔡东士一直持质疑的态度，他在一份材料上批示“此案要经得起时间和历史的检验”，我赞赏他的鲜明的态度，今天已证明他的判断是对的。

（作者系广东省新闻工作者协会主席，暨南大学新闻与传播学院院长、博士生导师）

# 七月的“通知”

□何三畏

何三畏

**通知**

1. 您的文章《检举网管失职一例》已被管理员转移到回收站。给您带来的不便，深表歉意。2010-07-29 20:01

2. 您的文章《武汉“6•23 事件”的危险警讯》中因含有不适当内容，已被设置为私密博文。2010-07-24 14:39

3. 您的文章《三峡下游人民请放心》中因含有不适当内容，已被设置为私密博文。2010-07-23 03:24

4. 您的文章《[转贴王克勤]疫苗受害家长在卫生部门口被打骨折》中因含有不适当内容，已被设置为私密博文。2010-07-21 13:38

5. 您的文章《谷歌撤离中国大陆搜索引擎市场》已被管理员删除。给您带来的不便，深表歉意。2010-07-17 17:41

6. 您的文章《谷歌撤离中国大陆搜索引擎市场》已被管理员删除。给您带来的不便，深表歉意。2010-07-17 17:41

7. 您的文章《问题 整改 严格问责》已被管理员删除。给您带来的不便，深表歉意。2010-07-16 13:19

一

比较三种处罚的意思，无论如何，它们都应该叫“删除”，都是取消你的发表权。

许多新浪博客用户有一"怕",就是看到电脑管理系统发出的"通知"。因为"通知"往往没有好事情,无非是告诉你哪一篇帖子又被"管理员""删除"了,"转移到回收站"了,或者被"私密"了。

很明显,这是网站对网络写作者的"处罚"。"删除",就是让你的文章突然在博客里一点影子都不留下;"转移到回收站",其它人在网页上看不到文章了,但作者本人登录后,还可以在"回收站"看到文章的标题(也只能看到标题,要看内容,得恢复到发表框,但既然已经被删,谁敢"擅自恢复"呢!);被"私密"后的文章,在登录状态下能看到。

比较三种处罚,无论如何,它们都应该叫"删除",都是取消你的发表权。



博客作者被告知,握有这种不可思议的处决权的权柄的主人,叫"管理员"。不过,你却永远不知道它是谁,不知道它在哪里,也不知道到哪里去打听它的行迹。它是你根本够不着、瞧不着跟它讨论任何问题的一种神秘的"员"。

可以略为区别一下"通知"的三种格式中表达的三种"礼数",虽然它们区别并不大。从"删除"、"私密"到"回收站",分别是"您的文章《……》已被管理员删除。给您带来的不便,深表歉意。""您的文章《……》中因含有不适当内容,已被设置为私密博文。""您的文章《……》已被管理员转移到回收站。给您带来的不便,深表歉意。"

在"删除"和"回收"的情况下,它承认"给您带来不便"(顺便说一下,作为一种统一打发所有被删除者的经典文书格式,语言应该讲究一点,我觉得"给您带来的不便"里的"的"字,应属多余或者不当),并且获得"致歉"。可是,在"私密"你的时候,则不表"歉意"。难道管理员觉得,这没有给你带来"不便"?

决定"私密"你,是交待了"原因"的。即你的文章"含有不适当内容"。这个"不适当"虽然是管理员单方面的"一审判决"即告执行,但毕竟有一句判词,而"删除"和"转移到回收站",则没有判词,不宣布你的罪状,就立即执行。但它知道这样做会给作者带来"不便",或者说知道这样做是错误的,所以,有"深表歉意"之说。

可是,既知错,又不得不做,做了又不得不致歉,那么,如果不是疯了,就是有不得已的也不可告人的原因。这也是人们"谅解"管理员的前提和基础。在这里,人们把"不得已"设置为网络共同的敌人,并且是不可抗拒的不可追问的强敌。

可是,无论如何,以上这三句话,都是这个世界上最粗鄙的语言。随着人类的进步,这样的语言应该被作为古董的。

## 二

**对于笔者来说，最想不通的情况是，时隔这么久再来删，这样来回审查，一而再地反复清除，凭什么确定有这个必要性？**

2010年7月31日上午，笔者点开新浪博客的“通知”，看到的最新情况是复制在文首的那一条：“您的文章《检举网管失职一例》已被管理员转移到回收站。给您带来的不便，深表歉意。”

我已经不知道《检举网管失职一例》是什么时候贴上去的，也已忘记我“举报”的是什么样的“一例”了。估计是我被弄得太烦，苦无所诉，正话反说的一个帖子。但我坚决相信，它绝对不可能是什么大不了的，否则也不可能放这么久都平安无事。不可思议的是，当我想把它暂时恢复过来，查看一下是什么内容，再删到回收站——“擅自”恢复了一定要必须要记住删除，否则，当有故意挑衅“管理员”的嫌疑——可是，“回收站”里根本没有！

这是为什么呢？机器统一发射的关键词扫荡应该不会出现这样的错误吧？那么，是否表明这一次是一种零星的手工作业？对于笔者来说，最想不通的情况是，时隔这么久再来删，这样来回审查，一而再地反复清除，凭什么确定有这个必要性？

然后，我就决定把最近20天来的“通知”贴出来。从这里你会看到，“管理员”是多么的脾气乖张，喜怒无常，无章可循——

第1条“通知”前面说了。

第2条“您的文章《武汉“6•23事件”的危险警讯》中因含有不适当内容，已被设

MySpace首页 > 聚友社区 > 天下纵横 > 百姓杂谈 > 新浪网博客管理员删博文能给个说法吗？

新浪网博客管理员删博文能给个说法吗？

回帖 8 阅读 474

[个人空间] [给我留言] 发表 2009-05-31 10:59

昵称：八九
等级：小学生

个人文集
- [论坛] 阴谋与迷惑
- [论坛] 新浪网博客管理员删博文能给个说法吗？
- [论坛] “祸从口出”与“沉默就是黄金”并附后记
- [论坛] 语文老师为何“述而不作”？
- [论坛] “高唐网案”（董伟案）透视点滴

新浪网博客管理员删博文能给个说法吗？

2009年5月25日当我打开我的博客的时候，突然出现了一条新消息：

“您的文章《“祸从口出”与“沉默就是黄金”》已被管理员删除。给您带来的不便，深表歉意。2009-05-25 14:05”

奇怪，在我的博客上，没有我的密码，管理员怎么能删去我的博文呢？又想，人家既已“深表歉意”，也许是操作失误吧，要不然为什么要道歉呢？于是我就恢复了文章，不再提这件事了。

26日，我又打开了博客，一条血色的通知赫然在目：“您的文章《“祸从口出”与“沉默就是黄金”》已被管理员转移到回收站。给您带来的不便，深表歉意。2009-05-26 18:16”

哇噻！又给删去了！一方面“深表歉意”，一方面蛮横的删我的博文！真是个笑面虎啊！我这篇小小的博文，不知撞击了管理员的那根神经，竟使的管理员不共戴天？但党给的我言论自由的权利，就这样被管理员蛮横的剥夺，与我倒无所谓，这是给共产党脸上抹黑，我岂能容忍？于是我又恢复了这篇文章。

使我感到震怒的是，5月29日当我又打开博客的时候，一条红色的通知如一柄滴着血的长剑，刺人眼目：“您的文章《“祸从口出”与“沉默就是黄金”》已被管理员转移到回收站。给您带来的不便，深表歉意。2009-05-29 17:30”

“管理员为什么要“深表歉意”？当然是因为删了我的博文，自知做错了事，所以才向博主表示深深的道歉。既然知道自己错了，就应当改正，为什么还要明知故犯呢？为什么一边向我认错一边还要一而再，再而三地删我的博文呢？口是心非言行不一。我不禁想起了鳄鱼。鳄鱼一边饕餮着人的肉体，一边对人的痛苦的哀号流洒着怜悯的眼泪，口中还要温柔的念叨：“对不起啊，我给你带来了痛苦和不幸，我向你深表歉意！”——请不要误会，我对管理员是很尊敬的，决无中伤之意，我只是根据上面的三次通知，据实分析罢了。

在网络使用服务协议中规定了用户在使用新浪网络服务过程中，必须遵循的八条原则，如有违反，管理员可以采取直接措施。我的文章违反了八条原则中的任何一条了吗？没有！我的这篇文章，曾发到多个论坛：新华论坛、msn论坛、搜狐社区，还有新浪杂谈。这些论坛都没有删除我的这篇文章，至今还贴在那里。为什么我把文章收入博客之后，管理员一定要闯入我的博客删掉我的博文呢？管理员能指出我的文章错在哪里吗？如果有错，我可以改，何必一棍子打死？我的文章违反了国家的法律法规了吗？在法律的框架之内，政府允许公民有言论自由，管理员先生，为什么一定要封杀我的文章取缔我的言论自由呢？请管理员先生不要根据自己的好恶随便剥夺一个公民言论自由的权利！

删除我的一篇博文，算不了什么，在先生的一怒之下，即使封杀我的博客，也没什么了不起，天塌不下来草木照样生长，地球照样转动。不过这其中折射出了什么问题却很值得考虑：中国公民的民主自由能得到保障吗？言论自由能实现吗？手中有一点权力就要滥用公权损害民众不受监督，这样的情况何时才能得到遏制呢？

我想，管理员的行为很可能产生蝴蝶效应！ 2009、5、30日

[举报]

置为私密博文。”“私密”的是笔者是7月21日发表在东方早报上的《“错打”之下，谁能免于恐惧》的原稿。这篇文章不仅当时在网络上平安无恙，而且写本文的此刻，也还能在每一个搜索引擎中搜到到网页，并能打开。

第3条“您的文章《三峡下游人民请放心》中因含有不适当内容，已被设置为私密博文。2010-07-23 03:24”“私密”的是转贴2003年6月1日全国几乎所有的媒体都发表过的新华社通讯《三峡大坝固若金汤，可以抵挡万年一遇洪水》的长篇通讯，标题为本人所加。

第4条“您的文章《[转贴王克勤]疫苗受害家长在卫生部门口被打骨折》中因含有不适当内容，已被设置为私密博文。”转自王克勤搜狐博客，相关内容在王先生博客里，是一个平安存活着的专题，其中多数是被推荐的。王克勤的腾讯博客相同容，也被推荐。



第5和第6条，是同一个重复的通知，时间发生在同一秒，不知道为什么。“您的文章《谷歌撤离中国大陆搜索引擎市场》已被管理员删除。给您带来的不便，深表歉意。”这是删除，在本人的博客回收站已经找不到痕迹。但是，百度这个标题，能看到，那是我的博客在2010年3月22日日转发的一条中性的消息。在今年三月，删除这类消息很严厉的，但这一条也保留了下来。可是，在将近四个月之后，又删除一次。

第7条“您的文章《问题 整改 严格问责》已被管理员删除。给您带来的不便，深表歉意。2010-07-16 13:19”这里删除的也是一条正宗的新华社消息，本博转帖，无一字增减，无一字评论，只是取了文章中的八个字做标题。2010年7月8日，多数媒体转发这一消息的标题中，也含有这八个字。例如京华时报是《国务院部署审计查出问题整改 强调严格问责责任人员》。但这样的帖子，也在一个星期后被删。

## 三

**在更多的情况下，网络公司也许只是被“授予”了删帖权，而在贯彻的过程，网络的“自由裁量权”却在不断地自行加大。**

从这些删帖行为中看不出它有任何拿得上桌面的标准和理性的思路，以致无法对它进行客观的分析，只能在假设网络公司内部的某种管理状态，再结合特殊国情的前提下，来作一些猜想。

谷歌又回到北京做广告搜索了，这事要“低调”，所以，此前官方发的任何消息，都要删除。《问题 整改 严格问责》报道的是温总理要求对国家审计署报告中提到的“问题”，进行“整改”，并且要“严格问责”，

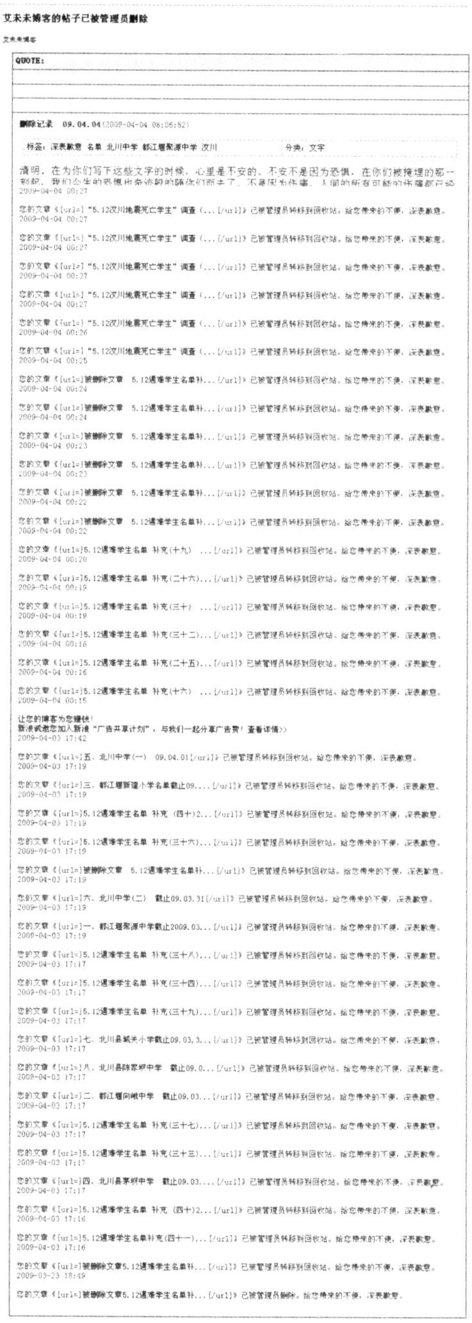
艾未未博客的帖子已被管理员删除

艾未未博客

QUOTE:

删除记录 09.04.04(2009-04-04 08:06:52)

标签：深表歉意 名单 北川中学 都江堰聚源中学 汶川　分类：文字

清明，在为你们写下这些文字的时候，心里是不安的，不安不是因为恐惧，在你们被掩埋的那一刻起，我们今生的恐惧也奔赴般的随你们而去了，不是因为伤害，人间的所有可能的伤痛都已经
2009-04-04 00:27

您的文章《[url=]"5.12汶川地震死亡学生"调查（...[/url]》已被管理员转移到回收站。给您带来的不便，深表歉意。
2009-04-04 00:27

您的文章《[url=]"5.12汶川地震死亡学生"调查（...[/url]》已被管理员转移到回收站。给您带来的不便，深表歉意。
2009-04-04 00:27

您的文章《[url=]"5.12汶川地震死亡学生"调查（...[/url]》已被管理员转移到回收站。给您带来的不便，深表歉意。
2009-04-04 00:27

您的文章《[url=]"5.12汶川地震死亡学生"调查（...[/url]》已被管理员转移到回收站。给您带来的不便，深表歉意。
2009-04-04 00:26

您的文章《[url=]"5.12汶川地震死亡学生"调查（...[/url]》已被管理员转移到回收站。给您带来的不便，深表歉意。
2009-04-04 00:25

您的文章《[url=]"5.12汶川地震死亡学生"调查（...[/url]》已被管理员转移到回收站。给您带来的不便，深表歉意。
2009-04-04 00:24

您的文章《[url=]被删除文章 5.12遇难学生名单补...[/url]》已被管理员转移到回收站。给您带来的不便，深表歉意。
2009-04-04 00:24

您的文章《[url=]被删除文章 5.12遇难学生名单补...[/url]》已被管理员转移到回收站。给您带来的不便，深表歉意。
2009-04-04 00:23

您的文章《[url=]被删除文章 5.12遇难学生名单补...[/url]》已被管理员转移到回收站。给您带来的不便，深表歉意。
2009-04-04 00:23

您的文章《[url=]被删除文章 5.12遇难学生名单补...[/url]》已被管理员转移到回收站。给您带来的不便，深表歉意。
2009-04-04 00:22

您的文章《[url=]被删除文章 5.12遇难学生名单补...[/url]》已被管理员转移到回收站。给您带来的不便，深表歉意。
2009-04-04 00:22

您的文章《[url=]被删除文章 5.12遇难学生名单补...[/url]》已被管理员转移到回收站。给您带来的不便，深表歉意。
2009-04-04 00:20

您的文章《[url=]5.12遇难学生名单 补充(十九) ...[/url]》已被管理员转移到回收站。给您带来的不便，深表歉意。
2009-04-04 00:19

您的文章《[url=]5.12遇难学生名单 补充(二十六)...[/url]》已被管理员转移到回收站。给您带来的不便，深表歉意。
2009-04-04 00:19

您的文章《[url=]5.12遇难学生名单 补充(三十) ...[/url]》已被管理员转移到回收站。给您带来的不便，深表歉意。
2009-04-04 00:16

您的文章《[url=]5.12遇难学生名单 补充(三十二)...[/url]》已被管理员转移到回收站。给您带来的不便，深表歉意。
2009-04-04 00:16

您的文章《[url=]5.12遇难学生名单 补充(二十五)...[/url]》已被管理员转移到回收站。给您带来的不便，深表歉意。
2009-04-04 00:15

您的文章《[url=]5.12遇难学生名单 补充(十六) ...[/url]》已被管理员转移到回收站。给您带来的不便，深表歉意。

让您的博客为您赚钱！
新浪诚邀您加入新浪"广告共享计划"，与我们一起分享广告费！查看详情>>
2009-04-03 17:42

您的文章《[url=]五、北川中学(一) 09.04.01[/url]》已被管理员转移到回收站。给您带来的不便，深表歉意。
2009-04-03 17:19

您的文章《[url=]三、都江堰新建小学名单截止09....[/url]》已被管理员转移到回收站。给您带来的不便，深表歉意。
2009-04-03 17:19

您的文章《[url=]5.12遇难学生名单 补充 (四十)2...[/url]》已被管理员转移到回收站。给您带来的不便，深表歉意。
2009-04-03 17:19

您的文章《[url=]5.12遇难学生名单 补充(三十六)...[/url]》已被管理员转移到回收站。给您带来的不便，深表歉意。
2009-04-03 17:19

您的文章《[url=]被删除文章 5.12遇难学生名单补...[/url]》已被管理员转移到回收站。给您带来的不便，深表歉意。
2009-04-03 17:19

您的文章《[url=]六、北川中学(二) 截止09.03.31[/url]》已被管理员转移到回收站。给您带来的不便，深表歉意。
2009-04-03 17:19

您的文章《[url=]一、都江堰聚源中学截止2009.03...[/url]》已被管理员转移到回收站。给您带来的不便，深表歉意。
2009-04-03 17:19

您的文章《[url=]5.12遇难学生名单 补充(三十八)...[/url]》已被管理员转移到回收站。给您带来的不便，深表歉意。
2009-04-03 17:17

您的文章《[url=]5.12遇难学生名单 补充(三十四)...[/url]》已被管理员转移到回收站。给您带来的不便，深表歉意。
2009-04-03 17:17

您的文章《[url=]5.12遇难学生名单 补充(三十九)...[/url]》已被管理员转移到回收站。给您带来的不便，深表歉意。
2009-04-03 17:17

您的文章《[url=]七、北川县城关小学截止09.03.3...[/url]》已被管理员转移到回收站。给您带来的不便，深表歉意。
2009-04-03 17:17

您的文章《[url=]八、北川县陈家坝中学 截止09.0...[/url]》已被管理员转移到回收站。给您带来的不便，深表歉意。
2009-04-03 17:17

您的文章《[url=]二、都江堰向峨中学 截止09.03...[/url]》已被管理员转移到回收站。给您带来的不便，深表歉意。
2009-04-03 17:17

您的文章《[url=]5.12遇难学生名单 补充(三十七)...[/url]》已被管理员转移到回收站。给您带来的不便，深表歉意。
2009-04-03 17:17

您的文章《[url=]5.12遇难学生名单 补充(三十三)...[/url]》已被管理员转移到回收站。给您带来的不便，深表歉意。
2009-04-03 17:17

您的文章《[url=]四、北川县茅坝中学 截止09.03....[/url]》已被管理员转移到回收站。给您带来的不便，深表歉意。
2009-04-03 17:17

您的文章《[url=]5.12遇难学生名单 补充 (四十)2...[/url]》已被管理员转移到回收站。给您带来的不便，深表歉意。
2009-04-03 17:16

您的文章《[url=]5.12遇难学生名单补充(四十一)...[/url]》已被管理员转移到回收站。给您带来的不便，深表歉意。
2009-04-03 17:16

您的文章《[url=]被删除文章5.12遇难学生名单补...[/url]》已被管理员转移到回收站。给您带来的不便，深表歉意。
2009-03-23 18:49

您的文章《[url=]被删除文章5.12遇难学生名单补...[/url]》已被管理员删除。给您带来的不便，深表歉意。

删除这个帖子的时候，纸媒也已经避谈其事，那么它删也应该有它的道理！可是，为什么只骚扰博客，不删新闻网页上的同一消息呢？

同一篇文章的网络命运真是不可预知，其可能的情况有：在同一网络的新闻网页和论坛上平安无事，在博客里可能被删；在一个网络的博客里放得稳，在另一处网络的博客里可能被删；在同一个网络的某一个人的博客里可能放得稳，在另一个人的博客里可能被删。成都唐福珍自焚事件期间，笔者把已经有电子版的毛泽东选集第五卷的一篇批评邓小平先生处理拆迁事务的文章贴出来，加了标题《毛五选，论拆迁》。这是笔者多年前就认真学习过的妙文。可是立即就被管理员删除。但与此同时，同一个网络的博客频道却在推荐另一个人的博客上的同一篇文章。

还有许多莫名其妙的删帖。例如，邓玉娇事件期间，某两位教授发表了抨击媒体的报道"错误倾向"和声援邓贵大先生的文章，在某些官方网站上走红，可是，批评这些教授的文章，却在博客上被删。这是什么意思呢？如果用关键词扫荡，当然也要扫到该教授的大作。这是否说明，网络定点攻击或定点保护某个具体的人的具体的文章，是管理员的一种工作方法？

博客管理就是这样一件无法无天的事情。可以理解的是，在多数情况下，这是奉命行事。但是，同样可以理解的是，在更多的情况下，网络公司也许只是被“授予”了删帖权，而在贯彻的过程，网络的“自由裁量权”却在不断地自行加大。此外，某些相关部门可能也获得了直接进入网络后台操作的技术权限（据此，本文所称的“管理员”，应该并不只是网络公司的工作人员）。于是，网络就这样进入了“想删什么就删什么”的恐怖的“自由王国”。

### 四

**有关管理部门不是一再试图让人民实名上网吗？我想，我一直亮在阳光下，你怎么好意思永远暗中袭击我？**



不妨表白一下，笔者是新浪博客的老用户。几年前，新闻博客在成都来发动博客群众，曾经帮着张罗。昨天（2010 年 7 月 30）晚上，新闻博客和微博又在成都请客，我又去了。我想说的是，就像武汉市的陈玉莲女士可以给省政法委直接打电话一下，笔者也有令一般“博客上访户”羡慕的“投诉渠道”。

任何一个网络都有无数苦大仇深的博客用户。我想，跟博客管理者沟通一下应该是有意思的。饭局坐定，我就开始投诉。但新浪的两位朋友，带友好而腼腆的微笑，端坐如仪，默不作声，令人同情。有人打圆场说，“管理者也不容易”。这个道理笔者自然也懂，但同时也相信他们要比博客作者更“容易”。另在一类朋友，如在坐的冉云飞，就嘲笑这是“活该”，谁叫你在国内的网络特别是新浪开博？他就只用外网。

这里谈的是一个令人丧气的低级问题。我是憋了好久，才没有忍住来写这一篇低级文章。同时就复制了本文前面的“通知”，加了个标题，叫《七月的“通知”》，也贴在博客上了。可是，当天下午，就收到这样的“通知”：“您的文章《七月的通知》已被管理员转移到回收站。给您带来的不便，深表歉意。2010-07-31 17:00”。我又把这条“通知”，加了个标题《通知的通知》帖上博客，第二天，当我再次整理这篇稿子的时候，又收到“通知”：“您的文章《通知的通知》中因含有不适当内容，已被设置为私密博文。2010-08-01 13:48”

晕倒！

真是一种“毁人不倦”的强大力量。这个游戏的赢家，只能是“管理员”。它不仅让人尊严尽失，也给社会制造了矛盾，破坏了和谐社会的建设，阻碍了文明的进步。但笔者相信，互联网终究会带给热爱自由的人们一片新的世界。

实名博客就表示作者愿意为自己的所有言论负责任。但你现在既不让我负责，也让我无法起诉对我的骚扰和破坏行为。我希望有一天，“管理员”会直接起诉我的言论违法，而不是暗地里剥夺我的发表权。有关管理部门不是一再试图让人民实名上网吗？我想，我一直亮在阳光下，你怎么好意思永远暗中袭击我？总有一天，你会觉悟到你是在犯法。而在这个过程中，有空我就写一篇文章启发你们的良知。

（作者系南方人物周刊主笔）

# 融合时代的变与不变

## ——美国传媒业考察随感

□张志安

张志安



2010年6月14日-7月6日，笔者参加了美国国务院组织的“国际访问者领导项目”( International Visitor Leadership Program ),主题是“新闻实践”( Journalistic Practices )。在主办方的安排下，三周时间，我们10位来自国内新闻业界及学界的项目成员，先后考察了华盛顿、纽约、坦帕、明尼阿波利斯、旧金山等五个城市的新闻业，与一些美国媒体和从业者进行了近距离接触。

众所周知，网络对美国传统报业的冲击非常大，以Google为代表的网站、以iPhone为代表的手机、以iPad和Kindle为代表的阅读器，正在深刻改变美国人的信息接触行为和习惯。网络时代，传统新闻业正在痛苦地进行变革、探索，以寻求新的盈利模式和生存之道。这次美国行，笔者将关注和思考焦点聚焦于融合时代的新闻传播变革，试图在了解美国传媒业的危机和变局、传统媒体的应对措施基础上，对未来的发展趋势有所预测、对媒体传播的变革规律有所把握。

### 危机

裁员、倒闭、出售，过去10年，网络的兴起给美国传统新闻业制造了接连不断的“坏消息”。这个世界上媒体最发达的国家，也以最复杂的心态迎接着新技术带来的媒体革命：一方面，传统报业、杂志业呈现着急剧衰退的势态，另一方面，新的网络平台及其商业模式又引领着全球传播业的翘楚。

国际出版公司（International Magazine Publishing）总裁 Donald Brown 给我们介绍一串美国传统新闻业面临危机的数字：2006-2008 年，平面媒体失去了 28% 的广告份额。自 2008 年迄今，已有 200 张报纸倒闭，2.1 万记者被裁员，500 多份杂志关门，4% 的美国人每年只买一本甚至不到一本书。其中，仅 2009 年上半年，就有 105 家报纸被迫关闭，报纸失业人数达到 1 万人，目前整个美国报业的编辑记者也只有 4 万人，多数城市的综合性日报从原来的 2 份减少到 1 份。

2008 年 12 月 8 日，创始于 1847 年、拥有《洛杉矶时报》、《芝加哥论坛报》、《巴尔的摩太阳报》等 10 家日报和 23 家广播电视台的美国第二大报业集团的论坛报公司（Tribune Co.）宣布申请破产保护。2009 年 3 月 16 日，创刊 146 年的美国《西雅图邮报》宣传停刊，告别"传统新闻"，经营网络版。同年 4 月，1908 年创刊的美国全国性日报之一《基督教箴言报》放弃印刷媒体，主要靠网络版形式供应读者新闻，同时出版周报，成为全国首家以网络版替代纸质版的全国性日报。该报每年亏损 1890 万

华盛顿新闻博物馆里展示的"消失的报纸"。

美元，1992 年曾投资广电试图扭转亏损局面，结果造成 30 亿美元的损失。我们在华盛顿的新闻博物馆（NEWSEUM）参观时，看到有个玻璃柜装着“消失的报纸”（Out of print），叠起来的倒闭报纸大概有半人多高，令人不胜唏嘘。

我们到《华盛顿邮报》参观时，该报正在出售旗下的著名杂志《新闻周刊》（Newsweek）。该刊自 2007 年至 2009 年一直亏损，预计今年还将继续亏损。报社国际编辑 Doug Jehl 先生一见到我们，就感叹纸媒日子的艰难。“大部分美国人的阅读习惯在改变，花钱看报纸的人越来越少，这是我们面临的主要挑战。”据他介绍，华盛顿邮报的员工，过去 5 年从 900 人减少到 600 人左右，报纸的订阅量从 70-75 万份减少到工作日的 58 万份和星期日 60 万份左右。尽管报纸网站每个月有 1000 万人浏览，但却很难收到钱，报社 90% 以上的收入依然靠平面版的广告。

“过去，我们都是上午 9 点到下午 3 点，记者进行采访；下午 4-6 点，回到报社写稿子；晚上 8 点左右，截稿，然后最晚在 12 点前，把版面送出去印刷。”Doug Jehl 说，这种传统的工作习惯必须要改变，而这对报纸的编辑记者来说是最大的挑战。2009 年 12 月，华盛顿邮报公司和数字公司合并成一个公司，数字编辑部和报纸编辑部搬在了一块儿办公，他们正

华盛顿街头随处可见的报箱，方便大家取阅免费报纸。

在尝试如何对平面版和网络版进行业务整合。

《华盛顿邮报》记者 Michael Kinsley 把网络对传统报业的冲击概括为四个方面：

1. 免费新闻 free news stories：网民可以从网上免费浏览新闻，为什么还要去付钱买报纸呢？

2. 搜索引擎 search engines：网民可以设定关键词、自主搜索自己需要的海量信息，为什么还需要每天等着看报社固定提供的新闻？

3. 博客 blogger。既然人人都可以做记者，甚至形成自己强大的读者群，打造富有个性的“自媒体”，我们还需要专业的记者吗？

4. 分类广告 classified adverts：网上的分类广告从招聘、房产到二手商品，几乎无所不包，网络广告业快速分割掉报业的分类广告，直接威胁着报纸的赢利模式。



美国的商业网站中，有四只“老虎”对传统报业广告威胁最大，他们分别是：分类广告网站 Craiglist.org、招聘网站 Monster.com、搜索引擎 Google.com 和社交网站 Eharmony.com。Craiglist 和 Monster 抢夺了大量的报纸分类广告，Eharmony 吞噬掉大量的个人广告，Google 则吸引了大量小企业投放广告。其中，仅 Craiglist 的分类广告遍及全球 200 多个城市，年利润超过 1000 万美元，每月独立访问数超千万。

总体上看，美国的年轻人越来越追捧手机、网络等新媒体，报刊的广告份额和从业人员在急剧减少，传统的阅读习惯发生巨大改变。尽管大报的管理层都知道，报纸必须“网络化”，但除了《华尔街日报》等少数报纸成功实现收费外，多数报纸的网络版收费并不成功。“你们怎么从网上赚钱”？每到一家报社或者杂志社，我们都会重复同样的问题，而得到的答案往往是“如果我有答案，早就成百万富翁了”或者“如果我们知道怎么办，就不会这么发愁了”。

## 变局

当然，传统报业不可能“坐以待毙”，而是在采取各种措施应对网络业的挑战。美国的新闻同行已经充分意识到，仅仅靠观念更新或流程调整根本无法解决问题，传统报业必须发生深刻变革，方有可能保持生存空间，而其背后又涉及平台整合、机制再造、模式创新等深层次的变革。我们在考察中发现，一方面传统媒体在寻求应对之道，另一方面新型媒体也在兴起。

**新闻品质：重视本地、强化深度**

本地，本地，再本地，是不少报纸应对网络“全球化”优势的重要策略。公众可以通过网络，了解全美以及全球的信息，但这丝毫不影响他们对本地事务的关注。网络时代，“接近性”这一新闻价值标准对报纸来说显得更为重要。

相比《纽约时报》这样的全国性报纸，美国佛罗里达州的最大报纸《圣彼得斯堡时报》日子还算挺好过。该报创刊于1884年，只经营报纸业务，曾被《时代》周刊评为全美十大日报，其最大特点是保持独立运作，不属于任何传媒集团，在美国大型日报中十分另类。目前，报纸日发行30万份，周日达到41.7万份，平均读者年龄高达60岁，对报纸具有比较高的忠诚度。尽管面临数字媒体的冲击，报纸发行量却一直呈增长状态，并且能够盈利，成功的关键因素主要有两个：一、真正做好新闻。充分关注本地事件，始终以地方事务为核心报道对象，对内容进行核实保证其准确性。而且，利用网络的时效性进行24小时更新，以充分满足本地读者的需求；二、创办免费报纸《TBT》，小报内容从主报内容选摘，严肃性低于主报，主要赠阅给年轻人看，日发行量达到50万份，取阅率高达97%。有意思的是，免费小报并没有夺走主报的读者群市场，反倒通过小报还吸引了不少原本不读主报的年轻人。



此外，《圣彼德堡时报》还十分重视调查性报道。尽管公众需要以最快速度、在移动状态下获取信息，但他们同样渴望对所在社区有深度了解。为此，在经济形势不好的情况下，《圣彼德堡时报》还扩大了调查记者的规模，目前有10个专职调查记者，最近刚捅出了某议员的丑闻，去年还获得了两项普利策奖。

在《华盛顿邮报》、《纽约时报》等主流大报内部虽然都保留着调查记者，但由于采访成本高，其团队规模却在减少，一些资深的调查记者也难逃失业的问题。不过，一些非盈利性组织开始兴起，主攻调查性报道，发挥着积极作用。在旧金山，过去一年里，非盈利组织“调查报道中心”（Center for investigative reporting）的记者人数从7名增加到15名，他们主要针对本地政府和商业机构采写调查报道，供本地及全国媒体发表，或在机构网站上刊登。

如果要花比较长的时间做一篇调查性报道，又担心选题上被竞争对手占了先机，怎么办？“调查报道中心”首席记者Mark Schapiro说，可以先在网站上放个小预告片，既告诉大家我们正在做这个重要题目，又可以吸引知情人士报料，还可以有所预告和推广。“尽管调查还没做完，也可以让读者先尝点甜头，使他们更期待报道”。Mark Schapiro 认为，网站的优势在“信息整合”，而非“调查真相”，传统媒体越衰退，对新闻品质的影响就越大，公众也就越担心无法获取真相。所以，调查性报道就越可贵，而本地事务的调查报道最能捍卫公共利益。

今年，一个实验性质的新闻机构“公共利益新闻”（Journalism in public interest）凭借调查性报道获得了普利策奖。这些非盈利性组织，资金主要来源于基金会、政府和公众募捐，主要针对民权、警察暴力、环境保护等题材进行调查，并与主流媒体合作进行发表。所以，无论媒体形式如何变迁，“监测环境”的社会功能不会改变，公众始终需要了解自己所在的社区是否安全、和谐和稳定，同时还需要超越表相知道自己生活的地方有否腐败或问题。这就是本地新闻和调查报道的需求动因。



形势再严峻，新闻从业者们并未放松对准确、客观、公平等专业原则的坚守。著名的双月刊《Mother Jones》（motherjones.com），以做调查性报道为主，发行量保持在 23 万份左右，读者群主要是 50 岁以上人士。目前，该杂志依然保留着 5-6 个事实核查员，专门对杂志记者采写的报道进行核查，每个信源都要评判其可信度，重要的信源都要再打电话找采访对象核实。美联社国际编辑 John Daniszewski 告诉我们，作为通讯社，最重要的是保持客观、公正的报道立场，否则，新闻产品就无法满足多数新闻机构的需要。“我们强调非政治化的气氛，我和有些同事共事 20 多年，也不知道总统竞选时彼此给谁投了票。实际上，奥巴马成功当选后，整个美联社编辑部非常安静。”这种非政治性的组织文化，令人印象深刻。

**报纸网站：成本不小、收费不易**

美国报纸主动进军网络，已经不是新闻，而且大家都知道，单纯复制报纸内容是死路一条，因此，主流大报都非常重视新闻网站的运营，建立从报纸到网站的“循环”发布机制。问题在于，花这么大代价搞网站，要想从中收钱却真不容易。

尽管《华盛顿邮报》、《纽约时报》都曾推广过网上收费的项目，比如阅读一些重要文章需要付费、检索很早之前的新闻数据库要给钱等，但总体上并不成功，网络版的收入只占报社收入的很小比例。不过，即便心里再没底，也必须要收钱，纽约时报执行编辑凯勒（Bill Keller）表示，该报将从 2011 年 1 月份开始针对其网络版内容收取订阅费用，以弥补广告收入下滑的影响。英国的《泰晤士报》与《星期日泰晤士报》的网站，也从 7 月 1 日起开始收费，零售一天 1 英镑，订阅一周 2 英镑，优惠期 30 天

1 英镑，之后以 1 周 2 英镑计价。这种收费类型被称为 Hard Paywall，指：读者不付费就看不到内容。

说到报纸网络版收费，不少同行都十分羡慕《华尔街日报》。该报的数字化战略始于 1996 年，到 2007 年中，其网站已经成为世界上最大的付费订阅新闻网站，拥有 98 万在线付费用户。而根据美国发行量稽核局的统计，截至 2009 年 10 月份，华尔街日报的发行量是 210 万份，其中包括 100 多万份的网络付费订户。的确，因为财经新闻更容易为读者创造“价值”，服务于他们的理财参考、投资决策，为了赚钱而花点钱应该不是难事，但时政、社会、娱乐等新闻多可从网上免费获得，要让读者付费可就真不容易。



总体上看，传统媒体想从网络、移动终端上赚到钱，的确是一个挑战。我们在著名的新闻培训机构 Poynter 中心交流时，Paul N.Pohlman 和 Bill Mitchell 两位教授把传统媒体的“创新之道”概括为六个方面：

1.Partnerships 合作，原本竞争关系，整合后成为伙伴；

2.User- generated advertising 用户自制广告，给广告主提供自主发布的平台；

3.News as Satire 讥讽新闻，用嘲讽口吻做评论；

Media General公司的“融合报道编辑部”，报社电视台和网站一起办公。

4.Crowdsourcing 大量用户参与新闻。如为调查医院对产妇服务，波兰有个媒体雇佣了40000名女性，对413个医院进行了“实验”和评估，做出深度报道；

5.Finding readers 寻找读者，在社会性媒体上寻找新的读者群；

6.Targeted Advertising，针对目标读者，进行个性化广告投放。这6条经验中，3和4是内容层面的，其它4条都是经营层面的。

**媒体融合：全能记者及其报道流程**

Media General 是一家位于佛罗里达州坦帕市的多媒体公司，旗下拥有《坦帕论坛报》(The Tampa Tribune)、WFLA-电视8台(News channel8)和TBO.com网站。这家引领美国新闻业“媒体融合”前沿实践的公司，2000年3月，搬入一座占地12.1万平方英尺、造价4000万美元的新闻大楼。尽管在建新大楼时，已经考虑到“融合报道编辑部”的架构，但那时候，公司并没有真把新媒体和融合报道当回事，直到两年前发生金融危机，才真正迫使这家公司进行“新闻流程一体化”的改造。

首先，对新闻编辑部进行整合。三楼的报社记者搬到了二楼，跟电视记者一起办公，所有采编人员都要给报纸、电视、网站等三个平台同时做新闻，不再让他们的员工仅仅只为一家媒体服务。这样一调整，人员规模就从两年前的450人减少到目前的300人。

其次，要对记者队伍进行培训。很多记者只知道用电脑写稿，不懂如何拍摄视频或用手机传稿，公司就进行大规模培训，无法胜任“全能记者”的就会被淘汰。要进行“融合报道”，用有经验的老人，还是新人？WFLA电视8台的新闻总监Don North先生告诉我们：与其改变旧观念的人，不如用年轻人，再好好训练他。“要找到能在电视、网站和报纸三个平台上做报道的人，可真不容易。我们的主要做法是，雇佣非常容易被培训的年轻人”。

此外，对新闻报道的流程和机制进行改革。目前，该公司有三个新闻团队，一个做本地的常规新闻报道，一个做数据库新闻，一个做驻地的新闻报道。如何平衡“速度”和“深度”的关系？如何给三个平台“循环”供稿？以报道飓风为例，他们的新闻生产流程是：一个全能记者到达现场后，首先用黑莓手机拍摄现场照片，以最快速度发到公司的新闻网上；之后，用摄像机拍摄视频，如果急的话，要把这些视频放到车上的移动电脑里，通过电脑卫星传送，如果不急则带回编辑部，剪辑后给电视台用。这些都要在30分钟内完成，对全能记者的技能要求很高。如果报纸决定要用这条报道，一般情况可根据视频画面和采访内容整理生成，如果不够，可派记者继续深入报道。如果新闻事件特别重大，还要在网上建立专题、滚动报道、不断更新。

不久前，公司派一个摄影师去机场，做奥巴马来访的报道，结果，摄影师只给电视拍视频，没给网站及时发照片，回来后就被领导“谈话”了。再难，都得适应和改变！我们好奇地问：你们的记者又要拍视频，又要拍照片，还要写报道，工作量比过去大大增加。对这样的“全能记者”，怎么考核？是不是要多给好几倍工资？得到的答案令人沮丧：“这是行业变化的必然要求。所以，要想保住饭碗，就必须这么干。”



“过去开会，总是报社负责人先说话，电视台负责人再说，网站负责人最后发言。现在，情况完全倒过来，第一个说话的就是网站负责人，要介绍哪些新闻网民最爱看，要提供具体数据，这样其它两个平台就知道如何跟进、怎样加强报道力度。”Don North 先生说，媒体融合之后的最大变化，就是要时刻掌握读者（观众、网民）的兴趣。

**新兴平台：社区新闻和博客新闻**

乔治华盛顿大学的助理教授 Michael Shanahan 在讲座中，向我们推荐了若干新兴的新闻网站。除了上文提及的“公共利益新闻”（propublica.

明尼苏达邮报网站只有4名编辑，记者和自由撰稿人都在家办公。

org）之外，还有两个新兴的网站：

一是 thedailyshrewsbury.com（什鲁斯伯里新闻网）。什鲁斯伯里是马塞诸塞州的小城市，人口只有 5 万人左右，这个地区没有所谓的大报，而只有偏娱乐的小报。为了满足公众的信息需求，一群创业者创办了这个新闻网站，只报道当地新闻，给当地居民提供有用的信息，还建立读者数据库为他们服务。网站的博客频道，鼓励作者用“第一人称”的形式来讲述报道者的感受。广告主要来自本地零售商，听说活得不错，已经能够立足。

二是 voicesandiego.org（圣地亚哥之声网站）。这个网站已经有 5 年历史，只报道圣地亚哥的新闻，而且注重披露当地政府的腐败行为。这个网站的收入，主要来自本地市民或富翁的赞助，是非盈利性的机构，网站的目标是：希望更多人每年能捐出 75 块美金，像订阅报纸一样付费订阅网站新闻。

与这两个网站类似，明尼苏达邮报网（minnpost.com）的前身是明尼苏达州的主流报纸《Star Tribune》，2007 年该报大量裁员，不少有着二三十年工作经验的老记者失业。这份报纸的前出版人 Joel Kramer 先生于心不忍，投资创办了明尼苏达邮报网，目前，这个网站有 4 名编辑、7 名记者和 40 多位兼职撰稿人。类似的非盈利性新闻网站，全美有 4 家。

**这些新兴的小型新闻网站，有一些共同的特点：**

1. 专注于做本社区的新闻报道，注重打造整个平台对社区的贴近性，内容除本地时政新闻外，多以体育、娱乐、健康等为主，比较鲜活、实用；

2. 人员精简、规模不大，除少量全职记者编辑外，大量邀请兼职记者或业务撰稿人，这样做既有利于节约成本，也有利于充分挖掘熟悉本地区的人士，来提供最具亲近感的信息和最具洞察力的评论；

3. 不以商业利润为主要目的，多是非盈利性网站，这样可以在在政治、经济上保持相对独立，以捍卫公众利益为基本立场，注重新闻品质。他们的资金多由基金会或公众捐款支持；

4. 写作手法上跟传统新闻的“客观报道”有所不同，鼓励作者角色的“适当融入”和写作风格的“个性发挥”。明尼苏达邮报网的主编 Susan Albright 女士介绍说，他们鼓励撰稿人在写作中“跟读者对话”，可以在报道中用第一人称写作，直接在报道中出现“我”的行动和态度。实践证明，这种非传统的个性表达方式，有利于扩大记者的品牌影响和增强新闻网站的亲和力。

Web2.0 时代，博客的兴起带动了“公民写作”的热潮，“人人都是记者”的观念深入人心。在纽约，我们参观了美国第一家以博客运营为商业模式的网站 Gawker Media，这个网站由英国记者 Nick Denton 于 2002 年创办，现有 18 个不同主题的频道，容以"深度 + 评论"为主，强调批判性，赢利模式主要靠广告。网站现有 120 名员工，其中 70 多人在家办公，主要是签约写手，其它都在公司上班，编辑部里一眼望去全是年轻的面孔，平均年龄只有 25 岁。

什么样的博客作者才具有商业价值？公司首席财务官 Gaby Darbyshire 给出这些标准：对某个专业领域非常熟悉，有远程工作（在家办公）的能力，对社会新趋势非常敏锐，能写出好的故事吸引读者，此外，必须充满个性甚至带有比较夸张的性格。她说，这些"博客记者"的收入是底薪 + 奖金，底薪每个季度调整一次，主要根据上个季度的综合表现，可以保证日常的基本生活，奖金的判断依据则是文章的访问量。我们在公司的前台看到，墙上有一块大的显示屏，都是实时监测的数据，其中有个重要指标是"last hour"——上一个小时的文章排行榜。目前，Gawker Media 最受欢迎的是科技频道，主要介绍新趋势、新产品和实用小攻略，非常受年轻读者的追捧。



## 趋势

传统媒体和新媒体的"融合"，既是当下新闻业的现实需要，也是未来传播变革的基本趋势。对传统报业来说，选择"对抗网络"，无疑是自寻死路。试图"有效利用"，也是穷途末路，因为你还是固执地坚守着"以我为主"的旧观念，把网络当成是新兴的补充，这种夜郎自大的心态十分危险。如果每天只是想着把报纸平面版内容搬上网，然后千方百计地收钱，那还是旧媒体的运作思路。实际上，传统媒体从业者必须痛定思痛、改变观点，建立以互联网为核心的融合型、一体化生产平台。

关于报业发展的未来趋势，在相当长的时间内，我们至少可以做如下判断：

1. 全国性的报纸将快速衰退。因为要了解全国乃至国际新闻，上网、看手机、用阅读器，基本信息都能获得，速度和深度也可兼顾；

2. 区域性报纸的生命周期会长些，尤其那些能坚持"本地"又追求"深度"的报纸。而且，本地报纸转型做"融合媒体"，整合报纸、广播、电视和网站等不同平台，做"环境监测者"和"服务供应商"最能见到实效；

3. 发行量上，全球覆盖的主流财经报纸受区域的限制相对较小，随着全球经济一体化，财经现象的剖析和内在逻辑的把握越来越需要全球财经视野；

4. 免费报纸将长期存在。网络新闻再海量，电子阅读器的体验再美妙，也不妨碍在坐地铁的时候随手白拿几张报纸翻一翻。

在对美国传媒业考察的过程中，我们也在不断对中美报业进行比较。虽然同样面临着数字媒体的竞争，两者总归还是处于不同的发展阶段，中国报业尚处在成长期，潜力仍待发掘，暂未遭遇美国报业的深层危机。有一种观点认为，在“人人都是记者”的时代，未来新闻生产的话语权掌握在公众手中，专业记者是否还有必要存在？我的判断是：专业记者永远有饭吃！理由至少有两个：其一、绝大多数人主要是信息的接受者，而不是信息的生产者，他们没那么多功夫去采访、写作和报道，“公民记者”能分享和传播的主要是观点、而非事实；其二、中国的现代化、民主化，还有相当长的路要走，大量被权力遮蔽的信息永远都得靠专业记者来挖掘。



无论媒体形式发生怎样的变化，人类对信息的需求永不改变。融合时代的“变”与“不变”，参照传播学家拉斯韦尔的5W模式，大体可以这样概括：

——传者：平面时代，传统媒体是劳动、资金密集型的组织，需要依靠庞大的记者编辑群，来从事大规模的新闻采集传播。融合时代，媒体可以是分散的个体，也可以是小规模的组织，从组织媒介到个人媒介，新闻生产的权力结构正在去中心化；

——渠道：必然呈现多样性、互动性、即时性等特点，互联网和移动终端将是重要的传播载体，因为可以满足我们“随时随地、互动参与”的需求。利用 iPad 这样的电子阅读器，我们几乎可以“无所不能”；

——内容：过去是按照专业主义原则来生产新闻，而今天，社会化媒体（social media）的兴起，使公民新闻、草根新闻空前活跃，新闻与非新闻的边界容易模糊甚至混为一体，新闻的“把关”不再是组织控制的过程，而是在传播过程中由记者和公众共同参与、逐步辨析的过程。此外，由受众提供的“微内容”，积累或加工后可以变成“聚内容”，无数的意见领袖将建立真正的“自媒体”品牌；

——受众：通过订阅新闻获取信息，从过去的被动接受到现在的主动定制，受众的个性需求将获得满足。而且，专业或非专业的身份将模糊和混合，其位置从新闻生产和传播的“下游”回到“上游”，受众随时可以变成传者；

——效果：无处不在、随时随地，传播的效果将充分满足人对信息的需求和表达自由。通过多信道、多媒体的传播，融合时代的媒体正实现着“浸润式”的传播。想想看，当你在用微博或推特写作时，你的瞬间欢娱、刹那颓丧、即刻感悟和生命轨迹，已经被复制和再现，“私人空间”和“公共空间”的边界也由此模糊，媒体也将实质性地成为人的延伸。

（作者系复旦大学信息与传播研究中心研究员，上海市“文化繁荣与新媒体”研究基地及“赵凯工作室”副主任，本文属2009教育部人文社科研究青年基金项目“新时期深度报道史（1978-2008）：以新闻生产社会学为视角的研究”成果，项目批准号：09YJC860005）

传媒新声

# 传媒新声

# 少点抱怨多点钻研
## ——代编者按

□彭进

彭进



有一段时间，这个标题牢牢地占据着我 MSN 签名档的黄金位置。聊以自慰。

媒体人是一个焦虑的群体。看看每一期《南方传媒研究》，便可知道，无论多么优秀的记者，无论纸上的文字如何俏皮如何风趣，其骨子里往往都有一股子骚动和愤激，少数属于为赋新词强说愁，更多属于方向迷失徘徊无地，或属于职业更年期的真实阵痛。

所以，曾经看见或听见那么多的同事在发牢骚，丝毫不觉稀奇。

人为什么要抱怨？是对现状有不满意的地方。自 2006 年进入报社以来，短短几年，见证了一个又一个同事的加盟和离职。有些人甚至是我迄今为止碰到的最优秀的南方农村报记者。他们曾经在这里发牢骚，最后他们选择到其它地方去继续发牢骚（当然也可能不发了）。

农村报的采编团队一直存在奇特的张力与矛盾。职场小记者们私下个个都心怀忧伤，牢骚大串。

症结何在？新毕业的大学生（尤其是集团招聘过来的），脑子里都充满新闻理想，而一旦遭遇现实，往往生出许多失落，觉得农村报不是想象中的样子，无法实现扬名立万的梦想。这个问题，可能是报社面临的老问题，也是吸引人才最严峻的问题。

这是一个有意思的现象。农财部的记者羡慕新闻部的记者，新闻部的记者羡慕其它楼层的记者；农财部的记者觉得每天都在写琐碎的产业题材，新闻部的记者写着写着就觉得意思不大；新闻部的记者成熟一个走一个，农财部的记者即使成熟了也走不出农业的小圈子。似乎每个人都拎着一付"杯具"。

职业荣誉感的建立，非一朝一夕所能。新同事为现实不满很正常，领导无需为他们的抱怨而愤怒。新闻从来伴随理想的刺激，一代代年轻人如飞蛾扑火来到南方，是因为他们希望这里有足够猛烈的战火。在这个牛人辈出的大院里，相比之下，南方农村报肯定存在平台小、报道面狭窄的弊病，这是一个媒体的特性决定的，不需要我们讳疾忌医，更不需要成为这里的思想禁区。

哪个媒体没有问题？也许你曾有这样那样的选择，但一旦敲定了这里，它就是一定时期内的命运和人生。既来之，则安之。怨天尤人没有任何价值，悲观失望则更加浪费青春。

残酷一点讲，凭什么你一入职就要享受南周记者的荣光？那是人家几代牛人打下的江山。你妄想沾前人的光，不可能。如果你能让"后人"沾你的光，那才叫牛。凭什么你要求单位给你这样那样的资源和氛围？凭什么你认为自己不能写琐碎的题材？先在琐碎的题材上证明自己一把再谈其它吧。

呵呵，写到这里，突然觉得自己在左右互搏，大搞一个人的辩论，似乎力图两面讨好。写的现象很有意思，可是写的文字很没意思。

也许还是心中掣肘太多，停笔了。写我的稿去。

（作者系南方农村报记者）

# 犹如一场彻底的赌博

□杨颖桦

杨颖桦

北京是个有点分裂的城市，比如，在从长安街往西走，就通向金融街，那是个弥漫着商业与资本主义气息的地方，从长安街往东走，则是红色的感觉，从中南海，到天安门，再到人民英雄纪念碑。

再比如，你走在后海的路上，左边是十几户人家一起居住的大杂院，右边则可能是被某个神秘富豪做为别墅的王爷府第。

在这个城市的道路上行走，感觉就类似于我们现在从事的职业。当我们与大 Boss 打交道时，就如同敲开那个深宅大院的红门，门房给你打开一道细细的门缝，然后我们侧着身子探入那个深宅。然而，进去之后，如何能平等地与里面的人对话？另一方面，当我们与街对面的人打交道时，又如何摆正心态，不让自己陷入义愤的状态而看不清事情的真相？

“新闻工作依然是至少不适合那些性格懦弱的人，尤其是那些只能靠安定的位置维持内心平衡的人。如果说年轻学者的生涯是一场赌博，他至少还要受制于一些身份方面的固定规矩，使他不至于松懈，而新闻记者的生涯，不管从哪个方面说，都是一场彻底的赌博，他所处的条件，以一种其他情况下十分罕见的方式，考验着他内心的安定自信。”

我想，马克斯·韦伯的这段话，就是我这一年短暂的记者生涯的最佳注脚。

## 那扇门关上后在说些什么?

北京新闻中心每周例会都要评报，在不久前的一次周会上发生过一次激烈的讨论。讨论的主角是一篇关于新能源五万亿投资规划的稿子，有些同事认为，这是一篇有着太多政府代言人色彩的稿件，体现不了报纸的独立价值观。



可做政策性报道的同事就说，政策性报道与日常的产业报道等操作方式不太一样，因为记者面对的是政府官员，他们有自己的处事逻辑，记者在从他们的渠道获取信息时，必须非常地注意，一方面要维护资源，不能因为一时的猛料而破坏长久的信任关系；一方面又要保持报道的独立性，不能沦为某一方的代言人，这其中的尺度，并不容易把握。

马克斯·韦伯的话，可以解释同事们的这种困惑："职业生涯中经常遇到的艰辛，还不是最糟的事情。一个成功的新闻记者，他所面对的特殊困难，是他内心向他发出的要求。经常以貌似平起平坐的身份，出入于这个世界上权势人物的沙龙，大家往往是出于惧怕而对他奉承有加，但他心里始终明白，他身后的大门一关，主人十有八九会向客人们解释自己同这位'报界下流文人'打交道的原因，这实在不是件轻松的事情。"

对此，起先，我没有太多的感觉，直到我跑起证监会条线的政策性新闻，我体会到了其中的"不轻松"，我开始在想，那扇大门关上后，在说些什么?

市场化新闻媒体与体制内组织的话

13
财经 Capital Market
上市前夜"大清洗"：西继电梯员工持股未了局

7
Special Reports
财经 Capital Market
把谎言抛给别人、将利益留给自己
国际投行"坐庄"港股揭秘
中资股，国外大行话事——港股话语权旁落与司法监管空白何时休?
1.大摩的地产魔术棒：先吸筹再发报告唱多股价

语体系存在着天然的冲突。毫无疑问，证监会是一个体制内组织，他们有着自己的逻辑，比如，他们觉得新闻媒体应该是宣传教育工具，而我们追求的新闻点只是猎奇。

一位证监会的人士是对我这样说的："我觉得你们的报道应该起到教育的作用啊，教育投资者什么是正确的做法，什么又是违法的行为。你们老是把眼光投向什么老鼠仓、腐败的，有意思吗？教育投资者、引导资本市场健康发展才是最重要的。"

我无法跟他说，我们并不是一张政府宣传黑板报，我们也不是监管者与老师，无法板起脸孔来教导我们的读者，我们所能做的，只是把事实讲清楚。

但是这种话是无法与体制内的人员沟通的，我只能跟他说，我们做新闻需要生动，如果能在引导投资者的方向下，用具体的案例与新闻事件来阐释，这样效果会更加好。

这种话语体系的冲突不仅表现在沟通层面上，还表现在同一新闻事件的处理上面。

我的老师于海涛，她是个跑证监会条线成绩非常出色的记者，在把条线交接给我的第一天，她就跟我说，小杨，你跑这个条线，可能会遇到很多困难，首当其冲的就是政策性新闻与我们报纸价值观的天然冲突，可能会有人质疑你太过听监管层的话，写出来的稿子没有批判性。

比如，同样一个新闻通气会上，我们与其他媒体都会拿到同样的通稿，很多媒体可能把通稿拿回去直接转发就可以过关，但是我们的报道必须体现独立性与批判性。如何表现独立性，这实在不是一件简单的事情。

如何能表明自己的态度而又不肤浅？我想这就是我的前辈们一再强调的专业性。作为市场化的媒体，在与这些政府机构打交道上并无先天优势，但我们可以以自己的价值观来诠释这些同质化的题材。实际上，这些体制内的人员也是很愿意看到来自其他话语体系的观点，只是这种诠释需要掌握好尺度。

"我们要做的，就是试探他们的底线，小心地试探。"海涛姐给了我这样一句话。

## 除了义愤，还能做些什么？

如果说每每对于那扇大红门的敲打尝试，是一场场对监管者底线的试探，那么对于路上另一侧的生活，则是对于一场自身价值底线的试探。

来到北京不久，我收到人生中的第一封举报信，来自一个河南地方企业的员工，他跟我说他们的企业准备上市，可是手中所持的原始职工股却被公司高管以待持、转让等手段夺去。

看完，我就开始愤怒，谁都知道，一旦上市，财富就要暴增，谁愿意失去机会呢？那张财富的船票带来了矛盾，职工无奈被抛弃，各类型战投、PE（私募股权投资者）却火线入股。热议 PE 腐败的今天，制度为什么不能给劳苦大众分一杯羹机会呢，祖祖辈辈扎扎实实干活的人和捞一把就走的人待遇怎么就差那么大？制度究竟是鼓励做实事还是吹泡沫？

调查出来的结果，确实有着各种我们能想象到的富人巧取豪夺的丑恶嘴脸。但是这个故事是不是就止于此呢？



在梳理这个河南企业事件的同时，越来越多的案例呈现在我眼前。我从最初的愤怒中抽离出来，发现造成目前局面的原因，不仅是在财富面前人性恶的单纯体现，还有着其深层次的制度根源。

按照证券法及证监会相关规定，拟上市公司发起人不能超过 200 人。存在工会持股、持股会及个人代持等现象的公司，上市前必须彻底清理。几乎每次 IPO 重启之时，都伴随着有关上市公司清退员工持股的痛楚。

一位业内人士跟我聊天时说，200 个发起人的限制是为了防止曾经出现的内部股混乱，宁愿一刀切。因为如果放开，其监管难度就会加大。

这个问题探讨下去很引人深思。一个 200 人的细节，牵动的东西确是方方面面，比如涉及到初级股权市场的管理，还有相关的行政审核权。这个事情不是简单的员工的善与高管的恶的问题，而是为什么没有一个精巧而全面的制度来制约的问题。人性都是有其贪婪的一面的，高管的大幅掠夺股权背后正是没有一个更加良好的环境，来给他们信心，或者动力，或者约束，结果大家都想捞一票就走人。监管的本意是维护资本市场资源的优质配置，可是最后的结果却还是圈钱。

这份痛楚，不仅是对职工应享受的企业增值红利的剥夺，也是对一些必须使用股权激励的优秀企业谋求上市的阻碍。企业的竞争力来自创造，显然，具有创造力的不是短期财务投资者，而是员工。那些愿意给员工股权激励的企业大量流出，比如腾讯、百度、华为等，只能走向外国市场上市。给海外投资者分享到企业成长果实。而国内能上市的公司只有极少数高管持股，大多数引入所谓创投，过几年企业走下坡路，甚至没有到时间窗口，就有部分高管辞职套现，这样的结果显而易见，国内上市企业跟海外上市企业之间的生命力不可同日而语。从这个角度看，不完善的制度就成为国内外上市企业经营不同的根源。一个市场成熟的核心不在于交易软硬件的速度高低，而是能否激发经营者持久地创造价值。百年老店还是皮包公司都是制度产物。上市不是一个终结的过程，而是应该面临更加大的经营压力和动力，从制度来说，不能发现问题才去堵，只想着不出错，而放弃其中的公平和价值。

于是，我在做这个稿子的途中，很想与这个河南企业的高管聊一下，与这些被我们赋予了恶的面孔的富人们，聊一下他们在经营企业，在准备上市，在解决员工持股问题中的困惑。可很遗憾的是，这些高管一遍遍地挂断我的电话，他们不愿意直面这个问题。最终，我们处理的方法是增加了一个记者博客，把我们对于这些制度层面的现实因素探讨释放出去，希望能在单纯的讨伐富人之外，从制度落点上找到一些平衡。

做完这个稿子，我有种惊险过关的感觉。因为从开始的义愤到最后对制度的无奈，是一个对事实更加接近的过程。

我最初的义愤其实是一种很可怕的事情，因为在我们愤怒的这一刻，是将自己处于一个判断者的地位，我们认为有的事情错了，有的人错了，所以才有另外一些人为此而受罪。我们认为自己有资格去关怀那些受难的人，我们把自己处于一个可以怜悯他们的状态，也就是一个铁肩担道义的救世主。

可是，人生中大多数苦难并不是简单的罪与罚，黑和白之间尚有无数层深深浅浅的灰，没有一个绝对的加害者，也没有一个绝对的受害者。

刘小枫曾经说过，《牛虻》其实只

7

Special Reports

财经 Capital Market

当中立被金钱收买，当评级被利益操纵

美国评级机构穆迪们的堕落之路

"美国可以用炸弹摧毁一个国家，穆迪可以用评级毁灭一个国家"

穆迪评级流程解密

是一个被赋予了革命意志的讲述“私人的痛苦”的伦理故事而已。他说“个人情感受伤的事太寻常，也是太人性的事。生活不是按照理性的设计或个人的美好愿望发生的，而是各种意外机缘凑杂出来的，总会有一些人因人性的软弱而伤害别人，有一些人因无辜的懵懂过错而被伤害、平白无故情感诚挚而受伤。”《牛虻》里面有一个终极问题：“当一个人生命感受为破碎时，应该如何生活。”

我想这也是很多记者们的终极问题，我们的义愤，我们的所谓的伟大与关怀，都是源于尝试去化解这种自己或他人的“破碎生活”的情感受伤的。牛虻化解自身痛苦的尝试是将它升级为一场民族国家革命，可是到最后一刻他依然还是那么地愤怒，自身的痛楚没有得到半份的救赎。



其实那个河南企业的故事，在我的稿子写完之后，远远没有结束。

就在我开始写这篇文章的时候，我又接到了那个电梯公司员工的短信，他说他们一群员工走上了信访之路，带着他们手里面的证据，还有我写的那篇稿子，找到了当地的上市培育办公室，他说那个负责人说，这篇稿子给公司带来了很大麻烦，上市的事情是肯定要搁浅了。他们要继续上访，让公司没有办法上市。

他问我说，接下来怎么办？

其实我犹豫了很久，因为我在想，这是不是一种双输的局面呢？他们的企业暂时上不了市，企业的高管也暂时与财富的盛宴无缘，但是相对应的，这些手持着员工股的员工们，也无法踏进那条财富的河流。

我在做这篇稿子的时候，跟一个 PE 人士聊过，她很遗憾的说，这种痛楚，注定只能由一群人来承担。

20｜视线

“汪建中案”拉开清算序幕　证监会推两新规严管“黑嘴”

我想跟他们说，是否应该寻找一个谈判的渠道，因为这其中固然有人性的恶的一面，但是，无可厚非的，造成这样的局面，也是目前的上市渠道与制度断层之间永恒的缺憾。监管层 200 个发起股东的限制，是不可能被改变的，他们现在能做的，应该是与公司坐下来谈判，寻求一个合理的转让价格，通过转让等方式解决员工持股的问题。这样企业能实现上市募集资金更好发展的目标，员工也能从其原始股投入中获得合理的回报。

但是，我最终什么也没说，因为我觉得，他们想要的是一场类似牛虻式的革命，而我所看到的是一场两败俱伤的抗争。

刘小枫在那篇文章最后说，革命烈士牛虻早已不再让他激动，只让他觉得有点可怕。而我的义愤也开始让我觉得可怕。

所以，我在想，除了义愤，除了漠然，怎么才是一个更好的态度?

后来，我接到了我的好朋友的电话，她很兴奋地跟我讨论最近看到的周浩老师的新纪录片，《Cop Shop》，我问她，片子怎么样? 她说很好。好在哪里? 因为片子没有预设的立场。没有想象中善与恶的对立，她在里面看到了实实在在的生活，是我们看不到的一面，是没有经过固有立场编辑过的镜头。

我突然记起来很多年前，在上纪录片课的时候，老师跟我们说的第一个原则，真实记录。其实，答案就是这么简单。

（作者系 21 世纪经济报道记者）

# 南方一年记

□徐滔

徐滔



写下这些文字时，我刚好拿到了记者证——不怕被笑话，这个场景我从大学就开始盼望，甚至还出现在梦境中。

这些天，同一届的兄弟们 MSN 签名都与“南方一年”有关。回想我的南方一年，有收获，有挫折，更有希望。

## 起跑

2009 年 8 月 25 日晚，夜班。

8 点多时，还和几个朋友在饭桌上和美女服务员开玩笑。电话响，一环卫工人猝死，我只好抽身离席，穿着拖鞋短裤就上了出租。

到现场后，警界线已经拉起，尸体还停在地上。旁边有人在哭，我找了个哭得不那么厉害的女人，对她耳语，我是记者，想“帮你们”报道这个事情，留个电话回头聊吧。

女人答应了，接着女人的其他亲属都开始和我聊。

见报稿件，写了一个很煽情的导语：

倒在地上的王正兴，洁白的袜子露了出来。快 3 年了，他每天的工作就是打扫这座城市，但他身上总是干净整洁，喜欢把自己用的东西洗了又洗。

天堂没有尘埃，爱干净的他，也许不用再操心如何让白袜子洁白如昔。

第二天上午，收到许多短信说稿件写得不错，张鹏还从北京发来鼓励短信。部门主任胡键的短信只有八个字，“一分耕耘，一分收获”，师父胡念飞老师高兴地给我打电话：“回来好好总结一下。”

那时，入职才两个月，中毒的，车祸的，杀人的，被杀的，都见识了，也越发觉得自己渺小。

一个工作5年多，终于攒够钱买二手房的女孩，被中介骗，给我发短信，徐记者，你一定要帮我。陪她在中介处耗了一下午，惊讶她的自我保护意识，每一次和中介的谈话，她都有录音。

无功而返的公车上，她问我，有没有觉得她太斤斤计较。我想了很久，告诉她我很佩服她，活在这个世上就应该有尊严。

第二天去东莞茶山采访，末了老板塞了一沓钱，小伙子买点水果吧。

我摸了摸，应该是1000。学着老爸的说话：“您这样就是看不起我了，以后合作的机会多得是。”

我的偶像连岳说，生活是无趣的，所以要找一个有趣的人度过。其实做一份有趣的工作也不错。我慢慢地开始喜欢这份工作。

时间很快到了10月。我遇到第二个转折点，是一篇对我至关重要的稿子——脐带血调查。前期的调查，我自认为非常扎实，所涉的利益相关方都有详细采访，但写稿却完全失败。

初稿，我用了“问”的形式，一问脐带血，二问脐带血……写出来像



责编 黄建川 版式 [illegible] 校对 [illegible] guangdxw@mail.[illegible]

A16 | 报料 NanFangDaily 新闻 ☎南方热线：020－87360888

# 52岁环卫工的最后12小时

## 王正兴在羊城扫街时猝死，该群体的生存状态受关注

前晚6时30分许，广州天河区员村西街路口，52岁的四川籍环卫工人王正兴扫街时猝死在小区门口。当天，他已经工作了10多个小时。

其亲友称，死者是工作劳累过度死亡的，但王正兴所在的建广清洁公司称目前不能判断是否为工伤死亡，双方已就相关事宜展开商讨。

**本报讯** （见习记者/徐滔 记者/胡念飞）倒在地上的王正兴，洁白的袜子露了出来。快3年了，他每天的工作就是打扫这座城市，但他身上总是干净整洁，喜欢把自己用的东西洗了又洗。

天堂没有尘埃，爱干净的他，也许不用再操心如何让白袜子洁白如昔。

### 被要求加班4小时 工作近12小时后猝死

8月25日清晨不到6时，52岁的王正兴走出家门，15分钟后到达员村西街，拉上编号“YC－21”的垃圾车，开始了一天的工作。当天他应该是[illegible]，公司[illegible]他下班回家，侄媳妇已经将饭做好摆上桌。

“今天真热”，整顿饭王正兴都没怎么说话，只是几次将风扇调整位置，对准自己。

午睡到下午1点，王正兴在家门口小卖部买了一瓶水，蹲在地上喝。侄孙女王晶晶从外面上网回

路旁的铺却不少，这里都是王正兴的管辖范围。两个小时后，普扫结束。王正兴拿着扫帚开始漫长的保洁。

下午6点多，王正兴推着垃圾车走至员村新村小区门口时，突然倒地，嘴巴张开，口吐白沫，手里紧紧握着中午那瓶没喝完的矿泉水。

路旁的行人见状，以为他口渴，拿起他手中的瓶向他嘴巴倒水，但“倒进去多少流出来多少。”

120救护车随后赶到现场，抢救无效，王正兴的人生永远定格在6时30分。躺在地上，1.6米个头，他看起来还没身旁的扫帚块头大。

### 沉默寡言的他 在孩子面前是开心果

[illegible]了1300多元工资，“比老家种田的钱多多了”。

10多年前，王正兴曾有过一段短暂的婚姻。后来，老婆跑了，两人也没有生育孩子。远在四川的90岁老父亲成了王正兴最大的牵挂，对于孩子他也格外喜欢。

每月给父亲寄600块钱，是王

时候，甚至会给10元整钞。每周，王正兴都要带着几个小孙辈去珠江边或公园散步。在这些小不点眼中，去散步就意味着能喝到饮料。

侄孙女王晶晶喜欢养乌龟，王正兴多次向她[illegible]要一只，“把它养大，在背上装上轮子，送我们回四川。”

每次同学聚会，晶晶总喜欢带

道所有人对他的印象。但大家却很喜欢他，“他总是悄悄地把垃圾拿走，不管有多少，从不抱怨。”很多士多店老板都请他喝过饮料，吃过盒饭。

### 上班规定很严 侄子称其是累死的

能被检查人员碰见在吃饭，甚至连上厕所也会被认定为离岗，每次扣10块钱，“相当于加了两小时班”。“叔叔就是累死的，一天在太阳直射下工作10多个小时，50多岁的人根本吃不消。”

建广公司员村项目负责人付先生称，建广公司两年前承包了员

一个工作报告，只是素材的简单堆积，毫无可读性可言。最要命的是，拿到这篇稿子，我自己连一个主标题都想不出来。亲身采写的稿子都拟不出标题，就不用指望编辑和读者能抓住重点。

究其原因，是我想表达的东西太多。就像一把沙子，抓得越紧，掉得越多。文本也是这样，一开始很贪心，恨不得呈现所有采访的东西。结果是却适得其反，文章凌乱不堪。

前同事赵佳月提起她采访江河水的经历时，有一句话我记忆深刻，采访的素材最后出现在报纸上的只有 1/4，其余 3/4 停在了采访本上。

这 3/4 也许是一些没有任何价值的信息，但我相信大多有价值，只是不适合这篇报道主题。写稿时一定要主动放弃，舍得放弃。



回到脐带血的稿子，反复修改上十次。有一次还和要闻中心雷雨编辑在办公室边改边聊，通宵达旦。那一晚，广州大道上鱼肚般的天明，我至今记忆清晰。

从我自己的角度，从这篇稿子以后，我的调查思路和写作模式有了质的飞跃。“可读性”和“逻辑”不再是挂在嘴边的鞭策，真正开始融入我的调查和写作的每一步。

文本上我要学习的还有很多，但努力的重中之重，我一直认为是逻辑和结构。逻辑的力量能将读者一步步深入。然后再是不同记者的不同风格，有的文本华丽，给人愉悦，有的朴素以情动人，有的通篇短句短促有力，打动人心。

南方日报 报料 新闻 南方热线：020-87360888 A11

# 脐带血储存：生命银行还是空头支票

近年来，储存脐带血渐成一种生育时尚。医院妇产科脐带血咨询台前，总是人头攒动。近日有人报料质疑脐带血储存的安全性问题。记者调查发现，其实，很多准妈妈储存脐带血时甚至连脐带血到底是什么都不知道，而有些家长储存脐带血的最初动因，竟然是为了得到一份免费赠送的健康保险。

被宣传为“高科技平安符”的脐带血，是否真的这般神奇？记者经过一个多月的深入调查发现，目前，临床上脐带血利用率并不高，即使能利用脐带血治疗，也存在一些局限和掣肘。随着科技的发展，脐带血未来的医学应用前景不容否认。

但不论用哪种方式，只要把握了逻辑，正如南方周末那句话，总有一种力量，能让人泪流满面。

## 加速

我是一名突发兼调查记者，深入一线的扎实采访，是我们的看家本领。采访水平有高有低，作为新人，前进路上的摸爬滚打必不可少。

去年 11 月连续的出差，我看到了自己的进步。

第一次，茂名。在毫无信息的情况下，在当地找学校堵老师，写了一篇绩效工资，入职以来最满意的作品，但这篇稿子也带来了我职业生涯第一次投诉。

说实话，接到电话获知稿件被投诉时，我一度有点惊慌。看得出来领导也有点小紧张，毕竟，这事影响力通过网络已经很大。

“我有录音，全部都有。”我没有含糊。

领导一下子也神情气爽了。后来，再有一个官员打电话投诉说没接受过采访，主任一句话就顶回去了：“我们记者有录音。”针对那些质疑，我一一写了回应。我没说假话，你做得不对就是不对，抵赖没用。

第二次，还是茂名，调查当地猪肉垄断。为了让官员配合，想了一套说辞：省里有个调研项目，看猪流感对猪价和供应情况的影响，你们有什么困难尽管说，我可以帮你们向上面反映。

他们果然很乐意和我聊。他们说爽了，我再把自己想知道的东西问出来。接下来几天，又假扮各种身份，连续几个早晨三四点赶到屠宰场，事无巨细搞清高价肉背后的逻辑。

暗访几天后，还是引起当地警觉。最后一天，屠夫挥着手里的肉刀：“你是记者吧，上面有人说，看到一个说普通话的男的问肉价，要汇报。”回到广州后，还接到电话：“不要以为我们不敢去广州找你，我们也不是吃素的。”

……

后来，我又连续两次追踪报道电白猪肉。功夫不负有心人，电白猪肉调查获得南方日报 2009 年调查报道提名奖，而电白的高价肉也终见回落。我至今也毫发未伤。欣喜若狂。

今年 1 月 16 日，和南方日报签约正好半年的时候，我有幸加入了集团赴海地采访小组，参与报道这一重大灾难。

20 多个小时长途飞行，终于到达肯尼迪国际机场。下一站，多米尼加。

等待登机时，我们捧着一堆英文报纸，眼睛盯着上方的CNN，手里拿着手机。至少，我是不知道该打给谁，国内已经凌晨，这个时候告别过于惊悚。

忘了是谁提议的，每个人取下胸前的记者证，在反面一笔一画写上血型、出生年月和紧急联系方式。整个过程，没有人说话，一个字也没有。

16个小时后，经历种种波折，我们登上由多米尼加军方提供的直升机，空降海地太子港，在西半球这个贫穷的国家，经历了珍贵的十余天。

由于时差，国内的休息时间，海地正是新闻高产期；海地的休息时间，国内总部即将截稿。在海地，我们每天睡眠不足5小时，看着连续熬夜的南方报业记者，一位中国驻海地维和官兵说："可惜我文笔不行，不然我都想帮你们写几百字，让你们好好睡一觉。"



在海地十余天时间，我与同事精诚合作，从海地发回了中央媒体之外惟一一家地方媒体的"南方声音"。这是南方给我的礼物，甚至可以说恩赐。让一个入职半年的新记者经历这样的重大新闻，我佩服领导的勇气，更确幸当初选择了南方。

## 感悟

每个月的最后一天，会将一堆的出租车票贴好。在我的生活中，每两张出租票就是一个新闻事件，有大有小，有喜有悲。

有时，提起电话，想打给当时的采访对象，看他们有没有过得好一些，

南方日报 南方深读 南方调查 A08

猪仔（养殖户）230元一头 — 养猪户可能亏本 → 出栏猪（食品公司） — 食品公司一头猪可赚150元 → 上市肉（肉商） — 肉商一头猪可赚200元（周边县区只赚140元） → 销售肉（消费者）

定价：卖出一头1200元，与周边县区差不多
收购价平均6元/斤，出栏时间难掌控，"肉太多"会被压价，最低可压至5.1元/斤
一斤16元（茂名市区9元）

茂名市区精瘦肉每斤9元，电白县却高达16元

# 电白猪肉为何这么贵？

■南方日报见习记者徐滔 记者胡念飞 茂名报道

茂名市电白县，老百姓收入不高，却吃着比茂名市区高4-5元一斤的猪肉，十多年来一向如此。

电白养猪户，虽处于链条始端，却并没有从"高价肉"中分食一杯羹。

养猪户的"下家"，当地国营企业食品公司，却是电白猪肉市场一根指挥棒，不管如何做买卖，电白养猪户和肉商都绕不开这家公司，电白百姓判断，食品公司在政府支持下垄断电白生猪收购市场，从而导致猪肉高价。

幕后推手，除了食品公司，还有肉商，电白肉商私下联合哄抬价格，并对低价者"喊打喊杀"，更大程度上导致肉价居高不下，但肉商却极力否认。

餐桌上的猪肉，在电白遭遇"罗生门"，孰是孰非？南方日报记者用一周时间深入调查，揭开电白高价猪肉真相。

问题解决了没有。

但总是心虚，害怕听到他们还那么痛苦地生活，我只是一个记者，不是救世主。所以，大多时候，还是会将电话放下。

但这些普通得不能再普通的人，却经常能打动我的心。

印象最深的是那个对我下跪的女人。她一跪，我全身一麻，脸涨得通红。她是一个军人的妻子，她的丈夫意外去世，她的孩子还在子宫里。她就挺着大肚子，对我下跪。

我再怎么努力，也想不起她的名字，但她的模样却很清晰。他的丈夫是为部队开车的。那个早晨，和入学一样，他手握方向盘，后面是数十个上班、上学途中的军属。

车驶上一座立交，正值上班高峰。他用了最后一点力气，挂到空档，拉上手刹，然后栽在了方向盘上。生命定格。

没有最后这几个动作，这一车人的命运也许会被改写。

这个军人爱吃饺子，但他和老婆很穷，每个月去超市买饺子，会把价格除以重量，盘算哪个更便宜。

不管多忙，这个军人会给老婆发短信："我不在家，你要好好吃饭，不能虐待我儿子。"

她给我看这些短信时，泣不成声。我只有沉默。

今年春节后，她辞去了河南老家教师的工作，来广州投奔丈夫，等待着儿子的降临。

现在，她却成了年轻的寡妇，一个人去迎接这个家的第三个主人。她不断重复："你答应了要陪我去产检的，你怎么一个人走了呢。"我终于忍不住哭了出来。

由于种种原因，所有曲折最终只能停在我的采访本中。但这件事却经常被想起，他们的爱情让我肃然起敬。

绝大多社会新闻背后，核心就是两个字：利益。

我几乎不相信世界上"专门为人，从不为己"的人。现在的人，能做到利己不损人，就已经有了相当的人品——这就是最大的常识，我认为记者应该对采访对象每一句话进行动机分析，有的调查报道甚至要细究采访对象的每一个用词。没有无缘无故的爱，更没有无缘无故的恨。

在利益驱动下，他会报料；在利益驱动下他会撒谎；也正是在利益驱动下，他会千方百计阻挠记者的采访。

理解了这点，就不会诧异于，为什么亲人死了，他们第一反应时带着哭腔要赔偿，见到记者第一句话是，赔得太少了。

但这个男人是我见过很特别的一个。他老婆死了，死在了扫大街的路上。

他拿着老婆的照片，就跪在垃圾堆旁，苍蝇们在身边狂飞，行人们捂着嘴。他没有哭，但豆大的眼泪一颗颗从他眼中滚出。

看得我一惊，他和她背后，会有一段多荡气回肠的故事！

人与人间的感情，从来就最能打动人。试图与采访对象建立短暂而真诚的感情，有时能出奇制胜。

今年5月底，杨锦麟老师在微博上抱怨，富士康跳楼工人中没有死亡的两人，凤凰的记者最终没有采访到。张蜀梅老师骄傲地告诉他："我们的记者采访到了！"前几天部门会议时，张老师才告诉我这件事。

我又想起了那个从富士康宿舍里跳下的女孩。田玉，19岁。

她是富士康N连跳中第二个。

我想尽了所有办法，用尽了小聪明，在深圳龙华来回地折腾，突破所有封锁，最终采访到了她。这是这一年中难度最大的采访之一。

她给我带来了职业荣誉感，却也断送了她自己的下半生。

她跳楼的原因很简单，第一次出远门，手机坏了，钱花光了，又想家了，周围没有认识的人，工作压力很大，"那就死吧"。

她父亲老田，是个老实巴交的庄稼人。我陪着他抽烟，女儿在家活蹦乱跳，离家不到半年，再见面时，已是高位截瘫。他不知道怪谁，不知道这是谁的错，他只是恨自己怎么答应女儿出来打工的要求。

诸此种种，最终没有见报，以内参的形式送给了广东省决策层。能起到什么作用，我无从知晓。

那种对生活的绝望，我有了刻骨铭心的理解，尽管我依然无法理解自杀的举动。

大家都说，不能只有工作没有生活。事实上，这份工作丰富了我的生活，它其中的人和事不可避免成为我生活的一部分。

不知道这是幸还是不幸。

（作者系南方日报记者）

# 被理想放逐的日子

□张鹏

张鹏

时光总是在不经意间消逝。不知不觉，新的一批大学生已经入职了。我进入南方报业已经一年有余。一年中，失望过，抱怨过，消极过，甚至反抗过，但客观说，感受最深的是成长。

这一年，是在认识“南方”，也是在认识自己。从最初对南方报业信徒般的狂热到尝试着从现实的角度来看南方报业。理想和现实的落差，一时间让人难以接受。失落，茫然，生命的天空，似乎一下子从阳光万里变作乌云密布，令人窒息。

但是，终归要面对现实。一番挣扎过后，慢慢地接受了理想和现实之间的距离，慢慢地心态摆正了，头脑也开始冷静下来，也认清了自己的位置。停止整日的空想和抱怨，开始拼命地工作。几篇比较大的稿件下来，终于有些开窍了。

这一年的时间过得飞快，自己从一名没有过实习经历的大学生成长为一名记者。这对于我的一生来讲，意义是重大的。所以盘点这一年的经历，也是非常有意义。

## 进入记者站　经历低谷

作为一名应届毕业生能够进入南都，对于大多怀有新闻理想的大学生来说，是一件非常之光荣的事情。2009 年 7 月 18 日我就这样空怀着对新闻理想的一腔热血，光荣地入职了。

三个月后，我和另一名女同事分配到了东莞站，在总部见习的短暂的美好时光结束了，真正的记者生涯开始了。

到站后，我被安排在了社会新闻组，俗称突发组。每天接收的报料基本上都是，劳资纠纷、车祸、火灾、被盗被抢，凶杀案等等类似的事情。虽然与自己当初设想的有差距，但也颇感新鲜。

没有任何实习经历的我，一开始就独立跑料。跑起新闻现场，总感觉心有余而力不足。



12 月 28 日，我接到了一条报料，“东莞厚街一商业街，小贩和城管发生冲突，小贩被城管殴打，倒地不起。”我立即赶到现场，治安员和全副武装的特警围住了躺在地上的小贩，围观的群众又将治安员和特警围在内侧。现场的群众齐声大喊“交出打人者！城管打人要负责！”我被这阵势震住了。出于对于“弱者”的同情，我被现场群众激动的情绪感染，立即认定就是城管殴打了小贩。在写稿中打出了“城管暴打小贩 惹近千人怒围”的标题，编辑也在我坚持下采用了该标题。但事后第二天，厚街城管公布的录像显示，小贩也存在阻碍执法嫌疑，并且咬伤了一名城管队员的小腿。

我的报道不全面，引发了争议。好在领导比较宽容：“这是新人常犯的错误，问题不大。作为记者，同情弱者是对的，但在采访报道中一定要冷静，尽量减少自身情绪对报道的影响，这样才是一名职业记者。”诸如此类的稿件，开始跑料的一个月，遇到了数次。

新鲜感持续的时间是有限的。每天都是无穷无尽的劳资纠纷、车祸和凶杀案件。这些，与当初想象的完全不同。这样的新闻有何影响力？对推动社会进步有什么作用？一时间，我陷入了对新闻理想的偏执状态。

于是，我只跑自己认为有新闻价值的料。事实上，符合自己的新闻价值判断标准的“大料”太少。有很长一段时间，我面临无料可跑的境地。但每天自己“不屑一顾”的料，仍然出现在报纸上。我对新闻价值的判断开始出现混乱，究竟什么样的新闻才具有新闻价值。这个问题日夜困扰着我。

那段时间，每天在办公室里坐着，一坐就是一天，跟公务员一样上下班。工作似乎进入了一种惯性，完全丧失了自主的能力。下班回到一个人租住的出租房，无尽的失落和挫败感伴着寂寞，侵占了内心所有空间。我开始怀疑甚至后悔自己当初的选择，一度萌生退意。这让糟糕的状态持续更长的时间。

年底到了，我意识到南方也不是任何季节都温暖。冬天的南方，潮湿、寒冷，让人想念北方的火炉。每天晚上，我躲在出租屋里喝酒，希望酒能温暖身体，解脱心中的郁闷。但酒到微醺处，心中的郁闷却丝毫未减。我站在位于7楼的出租屋的阳台上，望着空旷的东莞大道，突然有跳下去的冲动，那一刻，特别理解在跑料中遇到的那些跳楼者的心情。

春节休假过后，状态依然没有改变。在一位老记者的话中，我得到了解脱。

“理想从来都不能当饭吃，同样，理想也不能总挂在嘴边，坚持理想，就要让理想融进血液，藏于文字，用实践来坚守南方都市报记者应有的操守。”

终思无益不如学也。我开始放下思想的包袱，踏实跑料。一次成功的暗访，成为了转折点。

## 一次成功的暗访找到感觉

2010年3月19日，一名自称是吸毒者的男子拨通了报社的报料热线，希望通过报社讲述自己的经历和遭遇，来告诫人们远离毒品。题材非常敏感，征得记者站领导同意后，我跟这名男子见面了。由于男子称第二天便离开东莞了，所以时间定在了19日晚上8点，地点定在他所在的东莞厚街镇一处麦当劳。

见面后，男子简略地讲述了他这些年的一些经历和染毒过程。中间提到，东莞高埗镇南联村，一群湖南常德人常年吸毒，毒资靠抢劫路人，然后变卖得来。当时，一个采访思路在脑海中浮现，通过男子提供的线索，把这群人如何抢劫，如何销赃，然后又如何买毒，都记录下来，然后揭露这里面的犯罪利益链。这将

南方都市报 东莞读本·城记

2009年12月29日 星期二 李阳 版式 金国华 校对 王兰花

▲被打伤的女摊贩躺在地上讨说法，大批警力到场维持秩序。

▶在冰凉的地上躺了两个小时后，女摊贩被警方送往医院。 本报见习记者 张鹏 摄

# 城管暴打小贩 惹近千人怒围

群众大喊“打人要负责”，厚街城管执法分局相关负责人否认打人

本报讯 （见习记者张鹏）昨日下午4时30分，厚街南市康乐南路，一对摆摊的夫妻与城管发生冲突，两夫妻被打，丈夫昏迷，妻子受伤躺地。事后，近千名群众围住现场，目击者官先生称：“群众大喊‘交出打人者，城管打人要负责’。”昨晚9时，厚街城管执法分局陈副局长致电本报记者，否认城管打人，称“只是有些推搡，我们已经为两夫妇垫付了3000多块钱医疗费”。

**目击群众：城管揪头发踢肚子**

丁小如、李桂英夫妇来自江西丰城，去年来到厚街摆摊卖烧烤。昨日下午6时，记者赶到现场时，近千名群众将现场紧紧围住，警方在维持现场秩序。目击群众说：“带头打的是队长，经常来抢摊，不知道姓什么，一米八多，又高又胖，拽着女的头发，扯倒在地上，用脚狠踢肚子，男的想拿回小摊，被城管打倒在地上起不来。”不少在场群众纷纷向记者出示用手机拍下的照片。

丁小如的堂哥说：“弟弟本患有糖尿病三期，被打昏迷，已被送往厚街医院了，我和弟媳在这等着城管给说法。”下午6时30分，20多名特警到现场，将群众驱散，用一辆警车将李桂英送往厚街医院。

“这次城管太过分了！”摊主老王说。在康乐南路卖衣服的湖北籍摊主老李说：“摆摊先交1000元押金，每个月再交800块管理费，交钱的，他们不管，没交钱的，城管见着后，一句话不说，就抢摊子，我们理论几句，城管就动手打人，尤其是胖队长拽人家头发打人，是常有的事。”在记者采访的过程中，多名摊主纷纷诉说被打经历。

**城管分局：只是推搡 没有打人**

记者赶到医院，早先送过来的丈夫丁小如仍然昏迷，躺在急救室里，后被送过来的妻子李桂英隔床躺着，没有医生对两者进行抢救。一名警官称：“正在等待陈副局长过来处理。”

记者拨通陈副局长电话，他说：“正在参加晚会，不方便讲话，会依法处理的。”昨晚9时，陈副局长致电本报记者称：“下午，我们清理小摊小贩，他们阻拦我们执法，我们没有打人，只是有些推搡，我们已经为两夫妇垫付了3000多块钱医疗费。”

**（线索提供：官先生 某先生 各100元）**

会是多么“猛”的报道。我当即提出，希望男子能够提供进一步详细的线索，最好带我去高埗走一趟。谁知男子说，第二天一早就要回老家，要去就立即去。“你要够胆，今晚就跟我一起去，我指给你看。”男子有些挑衅的口吻。无奈之下，我跟着他上了公交车，上公交车后，男子有些兴奋，跟我讲起了他的童年和他到广东后经历的一些离奇的事情。男子自顾自地讲着，而我表面附和，脑子却在急速转动，怎么办？这样一个时间，跟一个吸毒的人去东莞一个治安较差的镇区见识毒品交易过程，会不会有危险？这个人会不会有别的目的？一切都是未知。

中途到了东莞汽车总站，需要转车。下车后，男子依然兴奋地讲着，我突然提出，由于采访用的拍摄装备没带，最好是明天上午一早去，给一个晚上让我准备一下，男子迟疑了有几分钟后说：“好吧。明天上午一定要早，要不然赶不上回家的车。”就这样，我给了男子两百块钱，让他就近找个地方住下，同时，保持电话畅通。然后，我打车回家。在车上拨通了站长电话，站长立即安排了老摄影记者方光明和司机唐新，我们三个人成立了报道一组。兴奋，极度兴奋，一夜几乎无眠。

第二天一早，我们三个人到了高埗镇。男子直接把我们带到了南联村，在他的指引下，我们摸清了毒品交易的方式，这附近的毒贩的情况，以及购买针管和镇静剂的药店位置。随后，男子又带我们去看他们抢劫的地方和销赃的店子，然后，男子便匆匆坐长途车回老家了。

下午，我们开始蹲守，但通过当地的

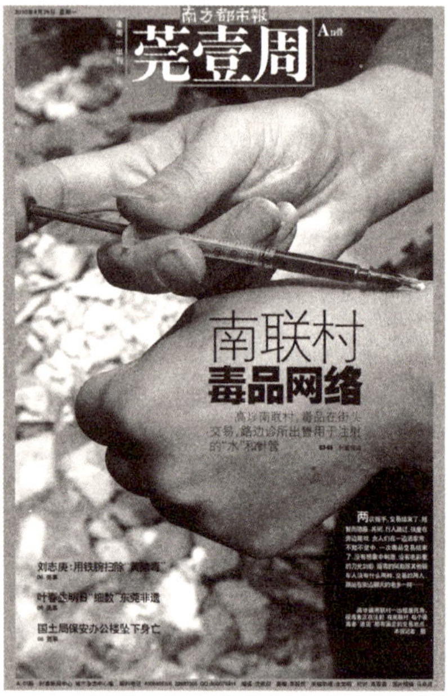
南方都市报
莞壹周
南联村
毒品网络
高埗南联村，毒品在街头交易，路边诊所出售用于注射的“水”和针管
刘志庚：用铁腕扫除“黄赌毒”
叶春晓明日“细数”东莞非遗
国土局保安办公楼坠下身亡

南方都市报 莞壹周 封面报道
A03
封面报道 COVER STORY
南联村街头贩毒
本报记者暗访高埗南联村毒品交易，一些外来务工者结成老乡组织，从事抢劫贩毒等活动
直击毒品交易

关系获知，最近警方在搞严打，重点整治的就是路面治安，抢劫的都转作入室盗窃了。采访计划马上作出修改，由抢劫—销赃—买毒—吸毒这一链条，修改为主做吸毒人群如何买毒吸毒以及南联村的社会生态调查。

戏剧性的一幕再次出现。在男子的指引下，我们很容易发现吸毒者。但一旦失去了“向导”，我们便成了瞎子。因为街头毒品贸易就发生在南联村里，人员复杂，而且非常隐蔽，外人很难察觉。吸毒者似乎一夜蒸发了。采访陷入了困境，一连几天都没有收获。三人报道小组，开始动摇了，继续守下去还是放弃？最后，我们决定在卖针管和镇静剂的药店门口蹲守最后一天，如果再发现不了，就放弃。

苍天不负有心人。把毒品卖给南联村里吸毒者的毒贩终于出现了。我们跟踪他，发现他先后与 6 个人交易，全程都被记录下来。接下来，便是大量走访和利用在当地的关系，调查高埗镇区各老乡群体之间的利益划分以及老乡群体的发展演变过程。以及电话采访已经回到老家的报料人，还原他染上毒品的整个过程。最后，将情况通报给高埗警方，警方根据我们提供的线索，准确无误地查获了整条毒品交易线。

4 月 26 日，经过一个多月的采写，《东莞南联村街头毒品交易直击》见报了。影响是巨大的。这一次独立完成的采访，成为了我成长的转折点，随后出现的问题迎刃而解。也是从那时起，才觉得自己是一名真正的记者了。

（作者系南方都市报记者）

# 成长为这个时代的南方报人

□方可成

方可成



## 一

七月，刚从大学校园里走出的新人们入职了。来自江南、塞北的男孩女孩走进广州大道中289号大院，带来了那些互不相同却又极其神似的故事。

一位来自西南省份的女孩回忆说，是许多年前辗转邮递至偏远小镇的那份《南方周末》在她的心里种下了理想的种子。

一位由实习生“转正”成为记者的新人说，她来广州实习的那一年，看见报社的霓虹灯在黑夜里闪烁，禁不住泪流满面。

还有一位叫舟逸的上海女孩说，她要改变大家对上海人不愿离家的偏见，她还改编了一句和自己的名字有关的古诗：“小舟从此逝，南方寄余生。”

我也是今年入职的新人，并不知道前辈们在入职时曾经带来怎样的故事。但我猜想：那些关于理想，关于选择的叙事是基本相同的。一年又一年，多少青春少年怀着初恋般的悸动和憧憬来到南方，仿佛在履行一份久远而虔诚的约定。

## 二

在今天，履行这样的约定并不是一件简单的事情，甚至会被很多人视为冒着傻气的决定。

我本科和研究生都毕业于北大新闻学院。去年年初，本科同学聚会，我发现参加了工作的同学几乎有一大半都在房地产公司干活，于是我写了一篇博客文章，名为《新闻学院为什么变成了“房地产学院”？》。

不出预料，一年半后，当我研究生毕业时，这种状况并没有发生改变——我宿舍的4位同学中，就有2人加入了实力雄厚的保利地产。看得出来，这家房地产公司对我的院友们入职后的表现相当满意，而我的师弟师妹们也将继续对这家房地产公司怀抱极大的热情。保利地产在北大新闻学院开设专场招聘会已经成为惯例，今后，各家房地产公司也将继续从新闻学院吸纳一批又一批的人才，并给予他们丰厚的回报。

毫无疑问，这是新闻学院的失败。但我们却无法苛责新闻学院，因为房地产就是我们这个时代最强势的逻辑，而谈论理想主义却沦为我们这个时代最大的冷笑话。不管我们多么不愿意承认，这就是事实，谁都无法遮蔽的客观事实。

荒诞也罢，合理也好，时代的逻辑是个人无力扭转的。不过，谁说时代的逻辑就是唯一的真理？当大部分人选择遵从时代的逻辑时，我们依然可以发挥自己的想象力，选择新的可能性。

于我个人而言，选择南方即意味着在这个以金钱、地位，以及所谓的“成功”为单一价值取向的乏味年代里试验一种可能性：我们究竟可不可以遵从内心的意愿选择自己的人生？可不可以拥有一种更为超越性的情怀并且脚踏实地地去将它实现？可不可以骄傲地对时代的枷锁和命运的羁绊说“我是自由的”？

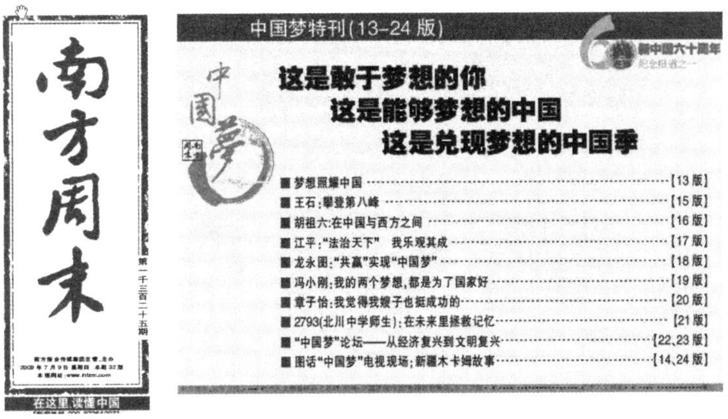

## 三

杨兴锋社长说，南方报业的目标是实现新闻理想和产业抱负的比翼齐飞。在今天的时代背景下，这样的目标是识时务而又得体的。不过，新闻理想和产业抱负之间存在相当的张力，这样的张力是会让南方报业走向新的高度，还是会撕裂它？这或许是接下来的几年中考验这家中国最富盛名的报业集团的主要问题。

如果说“比翼齐飞”是庞大的南方报业集团在时代逻辑下发挥自身想象力做出的选择的话，那么每一个属于这个时代的南方人也应该张开双翼——一边叫理想，叫情怀，另一边叫技术。



是的，要成长为这个时代的南方人，在谈论情怀之外，更需要学习技术。

在长期遮蔽新闻价值的历史背景下，在新闻操作仍在摸索、新闻伦理仍在探讨的现实中，技术就是拥抱新闻专业主义。只有专业主义才能帮助我们迅速成长，并最大限度地免于被伤害。

在新兴的媒体科技给我们的社会带来翻天覆地的改变时，技术就是擅用新媒体。虽然南方报业是在纸媒基础上发展起来的传媒集团，但互联网等新媒体技术并不是我们的敌人。新媒体也许带走了发行量，带走了广告额，但它同时也给新闻创造了新的平台，新的手段，以及新的机会。

## 四

很多年以后，当我们这一批 57 位南方人回首往事的时候，不知还会

有多少人能够想起那些激荡着理想情怀的青春故事，不知那个叫舟逸的女孩是否会真的仍然航行在南方的大江大海里。

但这些都不重要了，相对于那些日后的故事，更重要的是今天，因为此刻，我们开始成长为这个时代的南方报人。

这个时代也许并不伟大，甚至比较猥琐；这个时代的逻辑有些荒谬，它让人无奈，但这是属于我们的时代。

在我们面前，未来正缓缓铺展开来。成长为这个时代的南方报人，我们迈出了第一步。

（作者系2010年7月入职的南方周末记者，博客 http://www.fangkc.cn）

# 垄断与反垄断：中国传媒业的四重奏

□支庭荣

支庭荣

无论寒来暑往，垄断或市场的强势，易为众矢之的。然则话语的霸权、价值的独尊，抑或思维的僵化，也同样可以看作是意见、文化和日常操作领域的某种垄断，也需要激浊扬清。旧主题而有新变奏，但是“保护弱小，尊重多元，反复权衡，创新求变”，其理不易。

## 对垄断的拷问：新媒体也是公民

在政商的任一领域，领先者收到的并不总是鲜花，往往也有诅咒。

7 月 26 日，《计算机世界》以一篇血淋淋的封面报道，对业界“一哥”腾讯粗言相向，对可爱的小企鹅动了三刀。单从图文字面来看，纸媒以近乎网络标题党的风格，滥施语言暴力，达到了骂娘的小说的境界。2006 年，韩寒在与文坛达人的论战中，也利用过暴力的语言，直接晓畅地张扬了自己。今年的《非诚勿扰》中，女嘉宾对男嘉宾的暴力品评，同样摧城拔寨。

腾讯挨骂事件，反映了拍砖人的道德上的拷问，以及新媒体“企业公民”意识的某种缺失。腾讯在国内商品市场和国外资本市场上取得了成绩不可谓不骄人，但是却没有赢得足够的尊重。同样的例子是百度，市场占有率遥遥领先，但是竞价排名等商业手腕，却也带来了糟糕的口碑。就像一个有钱人，可以买到医疗，却买不来健康；可以买到性，却买不来爱情。

高收入而低道德，为公众所齿冷。

南方报业掌门人杨兴锋在一次论坛上曾倡导，媒体不但要做一个合格的企业公民，而且更要做一个合格的“媒体公民”。放眼看去，我国的大牌互联网企业，不乏外资背景，但是作为行业的领头羊，依然应该在本地承担更多的公共责任，不忘回报社会，不忘正确引导青少年。这并非对企业的刚性要求，企业却不应推卸。政府可以对违法违规如谷歌说不，但是对于背离社会责任的企业行为，公共空间有敲打的权利。



话说回来，腾讯后发制人的冲击力实在可怕。如果说唐骏是“我的成功可以复制”，而马化腾则是“我的复制可以成功”。腾讯的山寨之路，“贪得无厌”，从即时通讯到门户，从网游到电子商务，凡二十几种，差不多无所不包。从今年3月份开始，短短4个月国内已经涌现出超过700家团购网，业内号称“百团大战”、“千团大战”。7月9日，QQ团购网跟进上线，让筚路蓝缕的同行倒吸了一口凉气。其中，计算机世界传媒集团推出的团购平台称作饭团，这意味着《计算机世界》正面感受到了腾讯的狙击。

《计算机世界》发难的背后，正是互联网业界对腾讯的掠夺性扩张模式的普遍不满。作为全业务公司，腾讯凭借着企鹅身后的用户群，以及对用户体验的不懈追求，总是模仿先行者，然后挤压他人，绝地超越。就像杜鹃，经常把自己的蛋下在他人的巢穴里。腾讯挨骂，引出了一个更为广泛的关于互联网业的模仿与创新、垄断与反垄断的严肃主题。

从产业规律来看，企业总是不无垄断化的强劲冲动。腾讯是否有垄断之嫌，仍未有定论。尽管端倪已现，腾讯并未强大到破坏整个产业链。但是，一旦腾讯被证实为滥用市场优势，将可能和微软一样，遭遇反垄断法和反不正当竞争法的制衡。微软将操作系统和浏览器捆绑的企业战略，1997 年至 2002 年在美国的司法压力下不得不做出让步，1998 年至 2009 年在欧盟的司法压力下被课以重罚。证明市场对于垄断是痛恨的，一家独大千家愁。

## 再现而无遮蔽：理想遥远又切近



在传媒业，“潜入深海”是不乏故事的。以至学子们每每听说那些冒险犯难穿越火线的传奇，不禁悠然神往。

最近的传奇来自《经济观察报》记者仇子明，由于介入凯恩股份谜团而被通缉 6 天。在包括《南方日报》、《南方都市报》在内的多家媒体的舆论干预下，揭黑英雄终免于听取西陆蝉声的吟唱。从“西丰事件”到“跨省追捕”，记者“涉案”已不是第一次，但昭雪如此之快大概是头一回。媒体涉讼案例胜诉率的提高，用耶鲁大学教授陈志武的说法，是新闻环境改善的一大标志。

南方都市报
南京丙烯泄漏大爆炸
至少10人死亡数百人伤
巴基斯坦坠机152人全遇难
16万 买别墅 到天下
楚天都市报
志愿者小事魂归故里
南京拆迁工地爆炸
杜家台挺住了！
巴基斯坦客机坠毁
現代快報
突发爆燃考验南京
潇湘晨报
南京大爆炸
8月8日开盘
天府早報
南京一工厂爆炸
巴基斯坦客机坠毁
中秋撞国庆 12天假期割成8块
京华时报
南京900干部入户调查爆炸影响

媒体没有任何特权，包括肆意谩骂的特权。但是，在法律规定的范围内，媒体为维护公众利益而公开报道的权利，应当得到维护。所谓“微罪不举”，即便媒体的报道可能有失当处，但只要没有捏造事实，只要没有实际恶意，就不应随便追究媒体的责任。

我们为记者的幸运而欢呼，更要为记者的出淤泥而不染喝彩。设若仇子明或经观在5至6位数的辛苦费广告费之前倒下，则真相又要被遮蔽，庄家又将更猖狂。有底气才有力量，有坚持才有正义。

紫金矿业污染事件的灰幕，由于《第一财经日报》、《中国青年报》等多家媒体的执着和拒绝封口，而大白于天下。景德镇邮局为了控制《江西日报》揭露其公费旅游的负面而施展的妙手空空，由于报纸网络版的水银泻地而曝光。只要新闻的理想还在，只要有一个记者、一家媒体不被糖衣炮弹所击倒，公众的知情权监督权，就仍有可能得到最大的维护；以往那些惯用的对付舆论监督的种种“丑闻消音器”手段，就不会那么灵验。

对媒体人来说，大善、大恶、小善都容易鉴别，该守的守，该拒的拒。唯有小恶不易处置。譬如广电部门发文，令电视媒体不得点股，搞盈利性股评之日，正是很多证券类节目充斥变相的股票推介之时。除了央视财经、第一财经等频道外，带头大哥777的身影就像电台中的坐台医生一样，何其泛滥！勿以恶小而为之，知易行难。

在南京的爆燃突发事件中，江苏台连线直播被中断，让人将911事件中浓雾漫天的画面，定格为无声的记忆。事关灾难现场的直播被阻拦本身，折射出了公共管理者对于媒体功效的某种怀疑，以及媒体置身于科层制架构下的特定的无奈。媒体监督功能的发挥，从局部看靠的是媒体人的自觉，坚守理想，正面现实，矢志行动，水滴石穿。从全局看靠的是制度和司法的力量。寄望媒体人不需要白衣渡江，就可以光明正大地抑恶扬善，保障公众的最低限度的知情权。



## 独唱还是合唱：新世代粉墨登场

互联网给中国社会带来的变化之一，是凭空多出了一个众声喧哗的场所。以至于广州为了迎接亚运而增加普通话电视播出时间的提案，发酵为一个“推普废粤”的网络事件。

在各种声音中因嘶哑而破空的，是韩寒主编的杂志型读本《独唱团》。截至7月28日，据说其发行量已突破100万册。这一份以稿酬激励内容独创、深度和精美视觉的新锐杂志，固然踏出的是与普通传媒不尽一致的节奏，却可能让传统报道的低劣平庸汗颜无地。

新生的世代，先锋的姿态。韩寒当年退学写书，与比尔·盖茨的退学办公司，倒是心有戚戚。以单篇博文点击量计，韩寒已是博客界的无冕之王。作为80后的代表人物，韩寒不是一个顺民，而是权威的蔑视者，无法无天，自生自长，以戏谑主流文化及不称职官员为乐，堪称标准的异类。韩寒对公共事件的高论，笔端有聊斋的影子，入木三分。



但是，任何一个标签、符号或人物，都不再能适合、概括或代表今日中国的整个社会。在美国《新闻周刊》上，娱乐明星小沈阳成为“最低俗”、“最特别”的中国人的代言人。但是正如李宇春之于《时代》、芙蓉之于《纽约时报》，并不是每一个中国人都化浓妆、男人帮、扭去来。我们甚至不免要怀疑国外媒体的口味，或西方人对黄袍马褂、红宝书或山寨盗版的刻板印象。中国社会越来越多元，国人只在游戏中打怪，对于戏剧中的、生活中的怪现象则愈来愈宽容，甚至自恋地表达，盲目地互踩，急切地跟陌生人分享隐私。即便我们对于“凤姐”越来越孰不可忍，那些惹火的电视选秀相亲节目，不也是五十步笑百步吗?

所以有独唱还要有合唱。譬如《新闻联播》这个牢牢占据黄金时间几十年不动摇的黄金节目，就像30分钟的国家广告，其舆论导向作用是不言而喻的。但是有《新闻联播》，还要有《朝闻天下》；有综合频道，还要有新闻频道。就像上

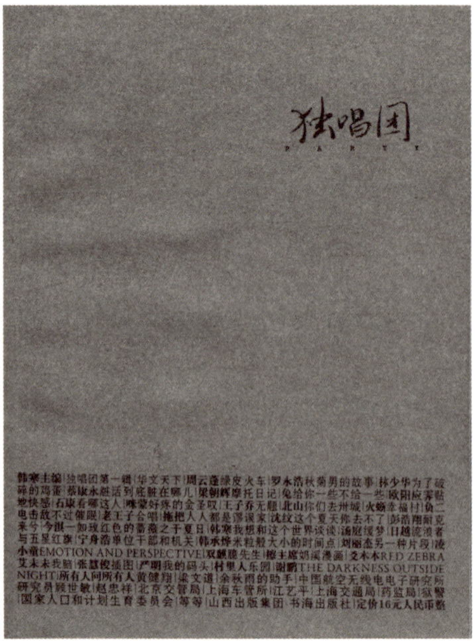

海世博会，天然一轮大合唱。

## 因袭不如求变：共赴新媒体盛宴

互联网给中国传媒业带来的变化之一，是直接稀释和消解了传统媒体的垄断能力，分割及碎片化了受众的注意力。网络的海量性，是渠道垄断的克星。而新媒体的发展，也在动摇着思维的固步自封。

中国移动掌门人王建宙说，新媒体潜力无穷，但不会取代传统媒体，两者在很长的时间内要并存。电视湘军教父魏文彬在年初则说，"三年之内，新老媒体并重；三年之后，侧重新媒体。"

卧榻之旁，他人已经鼾睡。随着 FIFA 从南非世界杯开始向互联网开放赛事直播而不只是集锦的授权，七八家网络媒体鱼贯而入，在这场原本属于央视和《体坛周报》等传统豪门的盛宴中，蚕食着广告客户。黄健翔和李承鹏主持的"黄加李泡"，据说为新浪带来了超过 2000 万元的收入。舍却渠道，传统媒体的内容优势只是个半真的命题。只有转型，才能涅槃。

过去，传统媒体几乎将自己生产的内容无偿地提供给了门户网站，眼睁睁地看着门户网站做大，自办网站无法获得足够的流量，难以赢利。下一步怎么办？湖南广播电视台给出的答案是：赤膊上阵，直接争夺新媒体受众。

芒果传媒旗下的快乐阳光互动娱乐传媒，成立 4 年来，不仅接过了金鹰网，而且开辟了芒果 TV、芒果游戏两大业务。芒果 TV，打开了通过互联网和移动互联网的平台进行互动点播的渠道，已能进入手机终端。芒果游戏，正在推广《疯狂弹头》、《网球宝贝》等游戏产品。此外，湖南广电与盛大、淘宝等多个互联网巨头携手，显示了国内电视业不可多得的与成熟优质的外部商业资源深度合作的远见和魄力，气象一新。腾讯介入青海卫视运营的初衷虽然受阻，但是与芒果在互动传媒领域的合作，才刚刚开始。芒果传媒的另一举措，是把布局已相当周全的传统媒体购物平台，全面拓展到新媒体领域，包括了两套电视购物节目、目录购物、购物电台，以及网络购物和手机购物。

在三网融合的道路上，中国网络电视台、上海文广百视通和杭州华数，在获颁互联网电视集成播控平台牌照之后，也将正式上线运营。电视业大幅度插足新媒体，其意义不止于为多元化经营增添一个增长点。在平面媒体行业，对 3G 时代的渗透国外亦有探索者。如《时代》、《新闻周刊》、《华尔街日报》等，通过 iPad 等移动终端，以收费的方式进入市场。

这一切都预示着数字媒体的发展不再是互联网和 IT 行业的事情，而将是整个传媒产业发展的驱动力。这一变化，将因应数字播控或发行平台对多元化内容的需求，进一步打破平面、电视、广播等传统媒体间的天然界线。在未来，全媒体才是所有媒体的鸟巢，数字化才是所有媒体的粮仓。

俗话说，老大哪能不挨刀，老二哪能不弯腰，如今更要添上两句，老三唱得风波起，老四教人夜吹箫。中国传媒业，正自好戏连台。

（作者系暨南大学新闻与传播学院教授、北京大学管理学博士后）

# 传统媒体与新媒体比较研究

□郭全中

郭全中



当前，传统媒体面对着新媒体的严峻冲击，纷纷采取各种方式进入新媒体，但是成效很小，失败的主要原因是还在用传统媒体的行事方式来操办新媒体业务，关键在于对新媒体的认识不清晰、不到位所致。本文抛砖引玉，通过对传统媒体和新媒体的比较研究，以期达到更清晰认识新媒体的目的。

## 一、新环境下读者阅读趋势发生重大变化

随着新的传播技术和媒介的涌现，读者的阅读习惯和趋势发生了质变，可以简单归纳为：上个世纪 50 年代生人习惯看晚报、60 年代生人习惯看都市报、70 年代生人习惯上门户网站、而 80 后和 90 后更习惯上开心网等 SNS 网站，至于 00 后的阅读习惯现在还无从归纳。但是毫无疑问的是，伴随着互联网长大的新一代人其阅读趋势将发生更大的变化。

读者的阅读趋势将会一直变化，变化是唯一不变的东西，在未来一段时期内，读者的阅读趋势将可能发生如下变化。

首先，从单任务阅读状态到多任务阅读状态。随着电脑等多任务工具的出现，多任务操作成为现实，在这种情况下，读者更倾向于采取多任务的阅读方式，即从以前的单一从事阅读状态到现在的工作、阅读、沟通等

多任务同时做的多任务工作状态。而这将对报纸、广播、电视等单一的阅读状态造成重大冲击，同时可以实现多任务工作的网络媒体和移动媒体将逐步成为主流。

其次，从被动阅读状态到互动阅读状态。囿于技术的限制，传统阅读状态大多是被动的，而借助于新技术互动阅读成为可能，读者为了体现自身的价值和发表自身的观点，更喜欢参与其中，更讲求互动阅读。

第三，从标准化信息到个性化和定制化信息。对于读者来说，更喜欢以自我为中心，希望信息服务商为自己提供更能满足自身要求的个性化和定制化的信息。在传统媒体形式下，读者和受众得到的基本是标准化、统一化的信息，虽然报纸和广播电视等传统媒体也通过厚报分叠化和多频道化等手段提供一定程度的差异化产品，但是囿于版面和频道资源以及成本的限制，其只能提供较为标准和统一化的信息。而新媒体由于成本的相对低廉、海量的空间和互动体验，更为重要的是可以通过互联网技术来分析每个读者的阅读习惯和倾向，进而为每个读者提供量身定做的个性化和定制化的信息，也更好地满足了读者的需求。



第四，更加重视阅读体验。随着技术的进步，新媒体给用户带来了越来越好、越来越丰富的用户体验，读者也更重视阅读体验。对 iPhone 和 iPad 的热捧就是最好的例证。

## 二、新媒体相比传统媒体更符合时代发展方向

新媒体的载体——互联网问世以来就具有和传统媒体截然不同的特

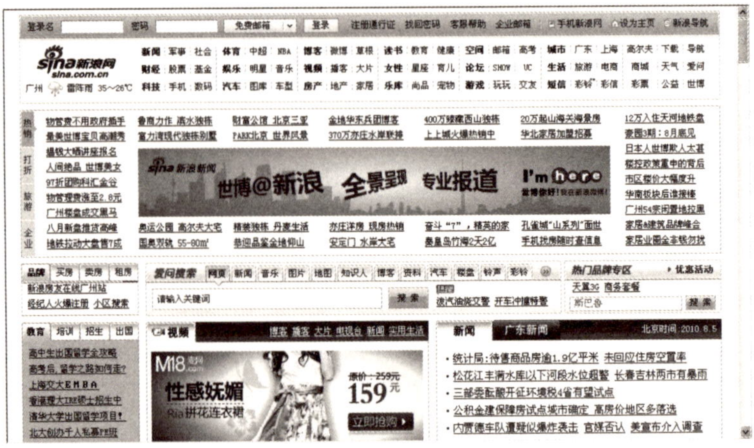

点，而这种特点也更为符合时代发展方向和趋势。

首先，互联网的基本理念是平等。互联网在初始分配资源时，给每台电脑分配的资源都是相同的，充分的体现了平等的思想和理念，可以毫不夸张地说，新媒体一出生就代表着平民文化。由于传统媒体版面和空间的限制，谁掌控了版面谁就掌控了话语权，因此，只有精英才能有话语权，由此导致的是，传统媒体体现的是等级观念，代表着精英文化和精英意识。

其次，互联网代表着开放理念。互联网在设计时秉持着开放的理念，采取的是全部互联互通的手段，从理论上说，任何一个电脑都能和其它任何电脑联系和沟通。而传统媒体则相对封闭。

第三，互联网体现着互动和包容的精神。互联网可以方便地实现互动而且可以容纳各种言论、各种观点的展现，而传统媒体多是静态的。



## 三、新媒体和传统媒体传播机制比较

互联网等新技术的出现彻底颠覆了传统的传播机制，已经从传统媒体的点对面的传播机制转变为新媒体的多点对多点、全立体的传播机制。

传统媒体的传播机制是一点对多点或者说是点对面的传播机制，在这种传播机制下，控制版面或者媒体稀缺资源的精英人士掌控着信息源，更掌控着话语权。相关管理部门在管理时，可以通过控制信息传播源头轻易地控制传播内容。具体见图 1。

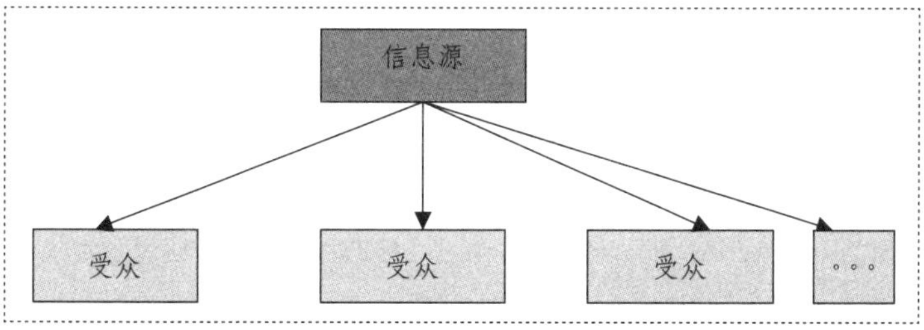


图 1　传统媒体传播机制图

新媒体的传播机制是多点对多点、全立体的传播机制，具体见图 2。在新媒体的传播机制下，信息源和受众之间的角色逐渐模糊，传统意义上的信息源在发布信息的同时，通过和受众的互动本身也成为了信息的接受者；受众在一定意义上也成为信息源，例如通过博客和微博等手段，很多受众自身成为信息的发布者，信息的提供开始逐步走向自组织和自生产阶段。新媒体的传播机制也对相关管理部门的管理提出了极大的挑战，由于每个人都可以成为信息源，信息的发布渠道和数量呈几何量级增长，很难有人力、物力对信息进行全面的收集和检查，这就要求必须变以前“以堵为主”的管理方式为“以疏为主”的管理方式。新媒体由于其较低的进入门槛和更为自由、民主的氛围，网络媒体也大大拓宽了普罗大众获得信息的渠道和降低了获得信息的成本，把大量的以前消费不起媒体和信息的潜在读者转变为真实的信息消费者，大范围地传播知识和自由、民主、法治之精神，在中国新媒体在民智开发和民主进程的推进方面居功至伟。麦克卢汉认为媒介的主要作用和功能是改变人类的生活方式。



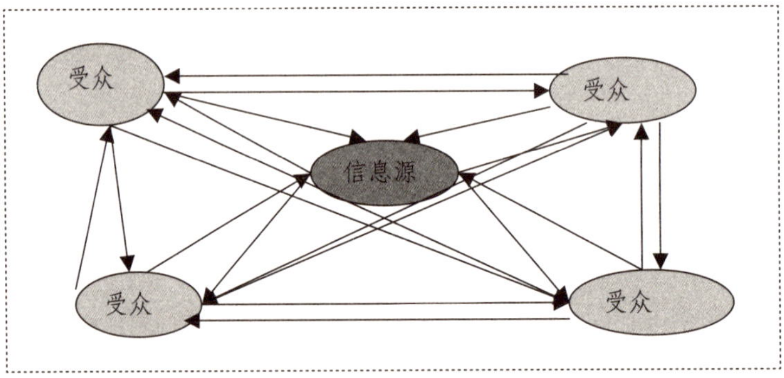


图 2　新媒体传播机制图

## 四、商业模式比较

**传统媒体采取的是“两次售卖”的商业模式**

传统媒体的商业模式可以归结为“两次售卖”模式，即当传媒产品通过采编人员的采写和编辑后，它要经过两次售卖才能形成自己的价值和创造新价值。其中，第一次售卖是通过完善的发行渠道，通过一定的传播媒介把新闻产品传递给受众，如报业的媒介是报纸，期刊业的媒介是期刊杂志，广电的媒介是广播电视。传媒企业通过高质量的新闻信息和有效发行，能够获得高质量读者的认可，并对其具有忠诚度，在此基础上，传媒企业就具有了自身独特的影响力和公信力，也就相应具备了传播功能。传媒商品第一次售卖的客户是受众；第二次售卖是把传媒企业所具备的传播功能售卖给广告主，广告主看重的是传媒企业的高质量的受众和传媒企业所具备的公信力和影响力，也就是传媒企业所具有的传播功能的大小。

传媒业商品的两次售卖具体如图 3。

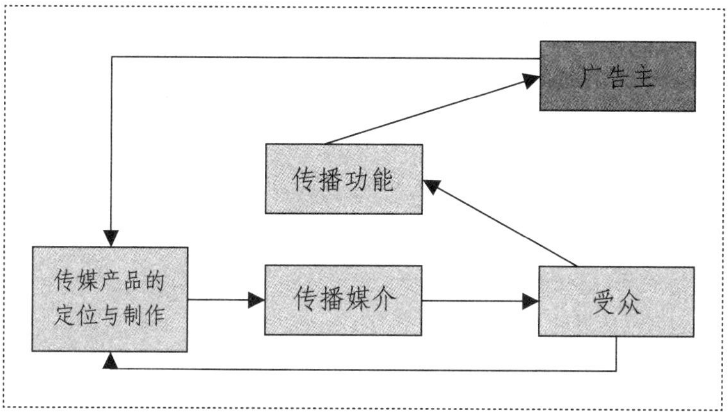


图 3　传媒商品的商业模式图



传统媒体借以获得传播功能的第一次售卖——发行所需成本巨大：由于报纸多是“倒挂发行”，即发行是亏损的，在北京和广州等地区的厚报每发行一份仅仅印刷费用就可能亏损 2 元左右，一份发行百万份的厚报每年就要亏损 4-6 亿元，这就需要巨量的广告来弥补；电视台要在一地级市落地就需要几百万的落地费，如果想在全国实现落地则需要 3-5 亿元（中央电视台、人民日报等中央级媒体除外，原因在于他们可以借助行政力量来强制落地和发行）。这就导致传统媒体只能采取分众式模式，即在用户选择上重点选择某些经济发达的地区和收入较高的商业人士。

在传统媒体的商业模式下，媒体和读者之间以及广告主和读者之间都是相对割裂的，媒体很难精确地掌握读者的特征和偏好，广告主就更不能清晰地了解媒体的读者。

传统媒体的价值链包括采编、发行和经营三个关键环节，这就要求：媒体必须从客户角度来定位和运营；实现采编、发行、经营和管理之间的良性互动；在管理层的安排上，要同时配备高素质的采编、发行、经营和管理团队。

**新媒体采取的是“免费＋收费”的商业模式**

网络经济有着其不同于其它经济的鲜明特点：先期成本很高（或者说沉没成本很高），后期成本较低，逐步为零。例如，对于网络媒体来说，其前期需要投入大量的设备来搭建平台和研发先进的技术来保障平台的正常运行，当用户达到一定量的时候，每增加一个用户只需要增加一点点设备，而且这种设备的价格也在快速下降，可以说用户的边际成本基本可以忽略不计，用户数量越多越经济。而传统媒体由于印刷成本、落地费等成本巨大，不可能无限制地发展用户。例如，由于印刷成本高企，全世界发行量最大的报纸也不过一千万份，而我国的报纸发行量又相对少得多。至于期刊由于其是小众媒体且印刷成本较高，发行量就更低。这些和网络媒体动辄上亿的注册用户相比无疑是沧海一粟。由于网络经济的边际成本趋向于零的显著特点，网络经济可以构建海量的巨型网络平台。



由于网络媒体的前期投入巨大，而后期成本投入较小，其就可以在基础业务平台方面利用免费的优势来尽可能地吸引用户，并在此基础上搭建巨型平台。由于其平台的空间是海量的甚至是无限量的，成本低廉，网络媒体就有能力和意愿最大限度地吸引用户，而且由于其存储空间海量，它就能更好地满足用户的个性化需求。具体说来，就可以充分利用其巨型平台发挥长尾效应，把各种个性化和小众化的用户吸引到巨型平台上来。

网络媒体采取的是“免费＋收费”的商业模式：充分发挥规模经济和范围经济效用，利用免费优势吸引巨量的用户，进而搭建大型平台进行资源协同和共享，并在此基础上开展增值业务。更为重要的是在网络经济情况下，市场不仅仅只是买卖双方匹配的系统，更是市场多方共存的生态系统，其中只有某些方面双方直接进行交易，而更多地依靠三方或多方交易。具体说来，网络媒体常常采取交叉补贴的模式，即付费的给不付费的提供补贴，一方面，同质化的信息变得免费，而客户定制化的信息则要变得昂贵；另一方面，第三方给获得免费信息和服务的用户付费。具体来说，网络媒体的收入来源一般是广告、深层次信息服务等增值业务和售卖用户数据等。

新媒体的“免费＋收费”的商业模式与传统媒体的“两次售卖”商业模式存在着很大的差异。首先在于获得每个新用户的边际成本存在极大的差异，传统媒体获得每个新用户的边际成本虽然也在降低，但是仍然较高，导致其难以无限制地扩张用户群，也无法搭建巨型平台；而新媒体在前期投入之后，获得每个新用户的边际成本趋向于零，这就使其能够无限制地扩张其用户群，进而搭建巨型信息服务平台。其次，传统媒体第一次售卖一般是亏损的，而新媒体可以在平台上直接实现盈利，如腾讯可以直接售卖给用户增值服务，网游公司直接收费等等。

## 五、盈利模式比较

传统媒体的盈利模式主要有如下几种：一是发行收入，由于情况不同，

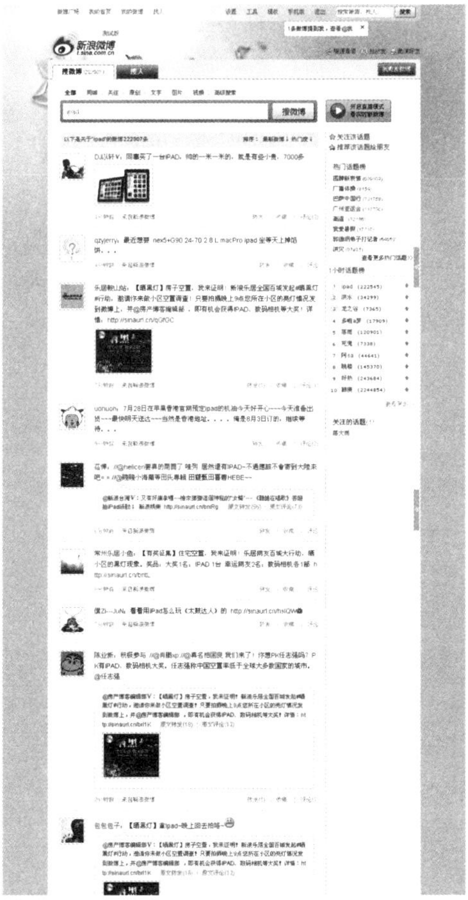


各国以及不同类型的媒体发行收入占总收入的比例相差悬殊，例如，日本报纸的发行收入占总收入的 50% 左右，美国的占 20%—30%，而我国都市类的报纸一般不超过 20%，有的甚至不到 10%，当然党报尤其是中央级党报发行收入占比较高；二是广告收入，这块收入是市场化报纸的主要收入源，一般占比 60% 以上，又较多地依赖房地产、汽车等少数行业；三是增值服务收入，如举办的大型论坛、活动以及发行公司的物流配送收入；四是版权输出收入，这一块目前收入可怜，所占比例很少。

新媒体的盈利模式主要有以下几种：一是广告收入，目前占比不高，几大门户网站中只有新浪的广告收入占比超过 60%，而腾讯和网易的广告收入占比都达不到 10%；二是互联网增值业务收入，如售卖道具、游戏币等等，腾讯和网游网站这块占比收入很高，网易达到 90%，腾讯也超过 60%；三是移动增值业务，如手机音乐下载等等；四是流量分成，随着三网融合速度的加快，移动互联网将高速发展，新媒体的这块收入将逐步提上议事日程并高速成长；五是分层信息服务收入，即针对商业价值高或者有着特定需求的用户提供个性化的、定制化的信息服务，未来这块市场空间将前景广阔。

目前，由于中国传媒业尚处于初级发展阶段，广告市场还有巨大的发展空间，广告收入仍将在传媒业占据重要地位，但是随着新媒体的快速发展，广告将从传统媒体快速转移到新媒体，新媒体在广告市场所占的比例将越来越高。在 2009 年，美国四大网络公司的广告额已经超越了报纸印刷广告，此外，日本的网络广告也已经超越了报纸广告，可以说，在西方发达国家，网络媒体是蓬勃日上的朝阳产业，而报纸则已经成为日落西山的夕阳产业，已经处于快速下滑的通道。

尤其值得注意的是，随着移动互联网的快速发展以及网络媒体的进一步成熟，和电信运营商的流量分成尤其是分层信息服务将成为重要收入。未来虽然平面媒体将逐渐衰亡，但是信息服务将高速发展，针对不同读者具有更好用户体验的个性化、定制化的娱乐和信息服务将成为媒体业最为重要的收入。要为用户提供这类的服务就必须在巨量的用户平台上运用用户使用习惯跟踪、数据分析等手段，逐步找到每个用户的消费习惯，并为他提供量身定做的娱乐和信息服务。要实现这个过程一是需要巨量的用户平台，二是需要成本低廉、技术先进的数据分析工具和平台。毫无疑问，传统媒体由于用户群小、和用户相对分割以及缺乏先进的分析工具，注定提供不了这样的娱乐、信息服务，而只有新媒体才有这个能力提供这种服务。



## 六、传统媒体向新媒体转型的关键

通过新旧媒体的比较研究，毫无疑问可以看出传媒业正处于传统媒体和新媒体此消彼长的快速转变过程中，在这个过程中，传统媒体如何发挥自身的优势，实现向新媒体的转型呢？在我看来，转型的关键在于观念的转变。

从目前传统媒体从业人员的现有观念可以看出，绝大多数还抱着“内容为王”的观念，认为原创的内容依然有无穷的生命力，而互联网泥沙俱下、虚假信息泛滥等等，并采取报网互动等理念来发展新媒体。这种思维依然停留在“先内容后网络”阶段，即内容思维在前而网络思维在后，本质上还只是把网络当成一个既有内容分发的工具和渠道。这种思维的缺点在于：首先，没有认识到传媒业巨型信息终端的趋势，未来任何媒体的内容只能是巨型信息终端的一个很小的部分，而最为重要的是这个信息终端必须符合互联网理念并以互联网为平台；其次，没有认识到读者个性化、定制化的阅读趋势的变化，原创的内容无论其渠道怎么变化都依然是统一、标准化的信息提供，和读者的要求相差悬殊；第三，没有认识到互联网技术对媒体业的改变：一是网络媒体可以通过提供平台使自媒体成为可能，这就大大拓展了信息源，也使得媒体从业人员的专利转变为人人都可以参与的权利；二是可以利用技术提供及时、深度的信息分析，例如，和讯、东方财富网等可以通过相关分析软件为你及时提供各支股票的各种技术分析；三是更为重要的是能通过技术手段来分析读者的信息阅读偏好，更好地为读者服务；四是网络技术也可以解决信息的筛选，解决现实存在的互联网泥沙俱下的情况，一方面可以利用众包理论让更多的用户参与对信息的求证中；另一方面可以设计评价机制，一旦信息发布者发布假新闻就把他的等级大大降低，这就能保证信息发布者为了自身的声誉而自身保证信息的真实性。

这就要求传统媒体变“先内容后网络”的思维为“先网络后内容”的思维，即按照互联网的要求来为用户提供个性化的信息。这就要求首先意识到网络媒体平台化的趋势，并结合自身的内容优势充分利用巨型信息平台对自己的内容进行优化和分类，并利用互联网技术找到需要自身内容的个性化读者，为他们提供量身定做的个性化信息。

因此，在未来，信息服务和内容服务不仅不会消亡而且还会更快发展，传统媒体转型的关键在于改变自身对内容的认识，从“传统媒体的内容认知”快速转变为“互联网基础上的内容认知”。不过，一点也不容乐观的是，让已经从事了很多年的传统媒体人士彻底转变观念简直比登天还难，这就需要传统媒体人士拿出“革自己命”的勇气，在媒体大变局的今天，积极创新，彻底脱胎换骨。当然，我自己对传统媒体的转型仅仅是谨慎乐观，或者说是悲观！

（作者系南方报业传媒集团战略运营部副主任）

# 我的云南三年

□谭智良

谭智良

## 编者按

*9月19日是云南信息报改版三周年的日子。改版后的云南信息报，用短短两年时间扭亏为盈，市场排名由第四跃居第二，成为云南报业市场上具有标杆意义的新兴媒体。本文不是云信的工作总结，而是一个在外创业的南方报人的心情记录。*

## 一

"阴差阳错也好，命中注定也罢，我与云南有个约会。"

这是我在微博标签里写的一句话。

我跟云信的结缘，实在是偶然。记得那天是2007年7月9日，我从三亚休假回来，庄慎之问我愿不愿意去云南帮个忙？此前我知道云信项目正在筹备中，但并不清楚具体的情况，也一直没怎么留意，那时候云南在我心目中只是个遥远而美丽的旅游目的地。庄慎之找我，我想是因为2003年新京报创办时我曾去支援过几个月（创刊号封面就是我和王悦联手编的），在目前南都的管理团队中算是有点异地办报的经验。他说大概去半年，像当年去新京报一样，报纸上了轨道就可以回来。按我当时的设想，在云南呆到次年春节就差不多了。

此前物色的负责新云信采编业务的人选是昆明当地一位资深报人。不巧的是，在项目启动的关键时刻，由于他所在媒体的一篇所谓的负面报道，他被有关部门给予停职察看处分。考虑到他这个时候到任会招致有关部门的压力，对新项目的成长不利，所以暂时不宜过来，避避“风头”再看。

我是以代理副总编的身份参与云信改版工作的。新云信起步很快，不到半年已逐渐步上轨道，但那位人选迟迟没能到位。次年春节前的一天，庄慎之王培兴分别找我谈话，希望我能继续留下来。当时我也没考虑太多，就答应了。于是我由代理副总编变为执行总编辑，正式主持编务工作。

意外的是，一直等到七八月份，由于种种原因，那位人选加盟云信的事彻底黄了。从那时开始，我才意识到，我跟云信这个项目捆绑在了一起，不再仅仅是过来“帮忙”的关系了。

事情的变化总是超出预想。当年年底，南都社管会分工调整，云信社长王培兴接任南都总经理。南都的摊子太大了，他需要把大部分的时间和精力投入到南都的经营工作中，不能常驻昆明。经两大集团同意，我于2009年初被任命为云信常务副社长、总编辑，协助王培兴统筹日常工作。

就这样，我跟云南结下了不解之缘。我常开玩笑说，我是意外地被“深度套牢”了。

2009年9月14日，广东省委常委、宣传部长林雄（中）率广东新闻宣传系统负责人到云南信息报调研，充分肯定南方报业传媒集团与云南出版集团公司合办云南信息报是文化体制改革创新的成功实践，“取得了阶段性成果”。

欣闻南方报业又要进军黑龙江，又有一批南方报人奔赴东北开疆拓土。在此，我愿以我2008年回来参加南都管理层竞聘时演讲的主题与之共勉："走出去，海阔天空。"

二



我保留着2007年8月22日"南都云信先遣队"抵达昆明机场时的留影。一共11人，照片上从左至右为：王雷、蒙锋、徐伟、漆晓舟、庄慎之、胡西文、王培兴、墨白、我、马建军和温元元。

那天，每个人都笑得灿烂，和春城的阳光一样。

有个小插曲：当天，我们的午餐是在机场附近吃的——鲜花宴，云信原来的班子用这个色香味俱全的宴席热情迎接我们；晚上则是云南出版集团公司的班子宴请，设在滇池路南亚风情园。如今，这两家餐馆都没有了，被我们"吃倒"了，呵。其实这从另一个侧面反映，我们赶上了昆明十年来发展最快的时期。现在，那个南亚风情园的原址上，一个庞大的高级商务购物中心正在拔地而起。

事实是，我们抵达4个月之后，仇和空降昆明，随后掀起了轰轰烈烈的"昆明新政"。其中的功过是非暂且不说，对媒体来说，

2007年11月，云南信息报推出"发现云南之美"大型采访活动，历时一年，遍访云南16个州市，为在全球化背景下意欲提速奔跑的云南提供全新价值。

不仅大有新闻可做，也是个发展的机遇。

8 月 22 日抵昆，9 月 19 日改版，给我们的时间不到一个月！

时间相当紧迫，一切要推倒重建。庄、王要跟出版集团的领导和原来的班子对接，我、王雷、墨白和随后增援的金杜、郑海虹起草编辑大纲，胡西文、马建军调查市场，漆晓舟和温元元则忙着找房子……

记得抵昆第二天，我和王雷、墨白三人就上街买了当地所有报纸，跑到翠湖边一个环境优雅的茶楼，找了张超大的桌子，所有的报纸摊开来，一个版一个版地研究讨论起来，而一个又一个的思路也随之产生。



5 天后，我们搬出酒店，住进了景星国际公寓。房间不够住，我和王雷就在漆晓舟的房间里打地铺，胡乱住了几天。每天都是早早起来，忙到夜深才回来，公寓，真的只是个睡觉的地方而已。

万事开头难。就在这初来乍到的短短半个多月时间里，我们就把新报纸的定位、编辑大纲等制度性文件确定下来了，部门设置、人员安置等也在紧锣密鼓进行中。事后看来，我们的效率还是相当高的，基础工作做得尤为扎实，比如，采编人员的薪酬标准是王培兴、我和漆晓舟在公寓花园里花了一个下午的时间，拿着计算器算出来的，这个采编薪酬标准一直沿用到现在，都不觉“过时”。最复杂、也最为关键的人员安置问题，我们则采取“双向选择”的办法，把新部门、新岗位的设置张榜公布，一方面大家自己选择报名，一方面由我们根据需要调配，很快把新的架构搭起来，没有出现大的波动。

云信项目取得成功，除了两大集团和南都的支持、制度的设置、市场的机遇之外，我觉

得与我们初期所做的扎扎实实的工作是分不开的。

## 三

2009，对云信，对我而言，都是刺激的一年。

经过一年多打拼、积累，云信在这一年开始提速，对外拓展的力度在加强。在深耕昆明市场的同时，云信稳步开拓地州市场，在曲靖、丽江、大理、楚雄、红河、西双版纳设立了记者站，先后推出了《曲靖读本》和《丽江读本》。尤值一提的是，云信已经成为丽江发行量、影响力最大的外地报纸。

“发现东盟”大型采访活动则是年度大策划，历时九月，斥资百万，遍访十国，每个国家推出了一个特刊（报道结集成《中国记者发现东盟》丛书），此举使云信成为首个系统地深入采访东盟十国的中国媒体，被称为“云南媒体的一个标志性事件”，更是云信“走出去”战略的一次成功探索，建立起云信与东盟各国官方、商界、媒体和民间的互动关系。正是“发现东盟”的成功，云信确立了“立足云南，面向东南亚、南亚”的发展战略。目前云信设有东盟新闻版、南亚新闻版，每周一还推出 8 个版的《东盟南亚周刊》。可以说，在云南，云信是最具国际视野的媒体。

这一年有个标志性的事件，可以写进云信的发展史。4 月 17 日上午，我参加完丽江记者站挂牌仪式，正在赶往大理参加下午举行的大理记者站挂牌仪式的途中，接到同事电话，说春城晚报当天毫无预兆地降价了，零售价由 0.8 元降为 0.5 元，该报还发表评论称同城其他媒体必然会跟风降价。当时我的

A06 第二 重点

小学女生“卖淫”案调查

□小学生姐妹一家被警方以涉嫌卖淫和袭警抓捕，次日被释放；3人经医学鉴定不同程度受伤

□警方表示，对警务人员在执法过程中造成当事人身体损伤一事，将积极客观处理

“刚好”

起诉

A06 本地·关注

看守所里面的致命游戏

嫌犯因“重度颅脑损伤”致死，警方通报：死因系玩“躲猫猫”游戏时遭狱友踢打并撞墙所致

第一反应是，云信对此无非有三种选择：一、跟风降价，因为春城晚报是目前排位第一的报纸，它降价了，其他报纸跟进是理所当然的，但此为下策；二、维持原价（0.8元）不动，此为中策；我认为还有第三种选择，那就是它降我涨，涨到1元，是为上策。

但凭什么涨价？我们的底气来自于云信的品质，改版后的云信定位“云南（昆明）市场化运营程度最高的政经主流大报”，明确提出“打价值战而不是价格战以赢得市场”，走品质路线，并公开承诺拒绝刊登违法违规低俗的医疗、征婚等广告，为此报社每年损失至少2000万元广告收入也在所不惜，可以说，云信成为当地最有品相、最“环保”的报纸，赢得了广大读者和品牌客户的认同。经过慎密的市场调查、版面调整等准备工作，7月1日，在其他报纸跟进降价的时候，云信反其道而行之，逆市提价，成为当地市场上零售价（1元）、订价（昆明180元/年，地州252元/年）最贵的综合性日报。由此，昆明报业市场格局真正发生了分野，用一句形象的话说：昆明市场上只有两份报纸，一份是以春城晚报为代表、包括都市时报、生活新报在内的走中低端路线的报纸，一份是以云南信息报为代表的走中高端路线的报纸。

这一年，云信有两个独家报道引发广泛关注，一是2月份的“躲猫猫事件”，一是6月份的“小学女生卖淫事件”。这两个报道给云信赢得了全国性的影响，也带来了空前的压力。尤其是后者，是我从业以来面临的最大考验之一，我们两名记者被检察院带走调查，在长达8个小时时间里音信全无，直到深夜才放出来；我和王雷也在调查之列，某警方负责人当着检察院、宣传部领导的面指着我们说：“信不信把你们办进去？”有人委婉传话，提醒我注意安全，因为我被“盯”上了……

我担心的不是自己的前途，大不了回南都做个编辑呗。我的压力还是来自云信的安全，这是南方报业跨地区拓展的项目，不能因为一篇报道影响到将来发展的空间。因此，在那两个多月里，我们保持了足够的理性和克制，使得事态没有进一步向不利于报社的方向发展。所幸，我们经受住考验，这个报道没有致命的硬伤。

2009年的春节，家人为我算了一卦，结果是“得名少利，或有事端”。

命运之说，可信其有，可信其无，各人不同。我不能说信，也不能说不信。

记得初到昆明去游圆通寺，看到一个对联，下联是“大街上人来人往无非为两字奔忙”。那“两字”我当时的反应是“食色”，结果别人提点说应该是“名利”才对。

我想，“名利”两字对我并不比“食色”重要吧。

## 四

景星国际公寓位于市中心，步行七八分钟可到老报社（云信一年后搬到了滇池路），是一座集教堂、珠宝城、公寓于一体的混搭建筑。公寓正在教堂的上方，每周四的晚上和周日的上午教会都有活动，住在这里，常常听到唱诗的歌声从楼下四面包抄上来。

如前所述，由于最初的安排是来帮忙的，所以很长一段时间我都没有添置家什，房间里只有一张床垫、一张沙发，唯一的电器是烧水的壶，仿佛又回到了十年前刚进南都时住在杨箕村的日子。



有时候，生活，可以简单到极点。而人的适应能力有时会超出自己的想象。

渐渐地，公寓里添置了电视、冰箱等等一应家具，渐渐地，有了点生活的气息。而我不免常常在某个黄昏站在公寓的落地窗前，遥想广州家里的花园。还有家人、孩子。

最近让我纠结的是孩子的学业。他要上初中了，让他去考广东实验学校天河分校，结果成绩差得让我大跌眼镜，我一直以为他的成绩还过得去的，很少过问他的学习（当然也是有心无力），没办法，只好让他去一个不需要考试的私立学校读。总经理胡西文比我好不了多少，他远在湖北的儿子今年参加高考，分数出来把他气坏了，现在他正为孩子的前程发愁呢！在孩子教育的问题上，我和他常常相对无言，孤身在外打拼，这就是必须付出的代价之一吧。

——这些事情是没法写到工作总结里的。

这两年昆明成了个大工地，到处都在拆。景星国际公寓还在那里屹立。曾经的住客庄慎之王培兴回广州了，王雷结婚买房了，漆晓舟结婚买房而且生儿子了，温元元离开昆明并离开南都了。

唯独我至今依然住在这个跟教堂连为一体的公寓，与上帝同在。

（作者系南方都市报编委，云南信息报常务副社长、总编辑）

南方人物周刊资深摄影记者 大食

# 镜头里的人物

▶ 斯奈德，美国诗人。

我是一个怯于文字的人。每每摄影展组织方要求作品需要附上作者简介时，关于我，就只有出生日期了。

作为一个摄影师，我习惯用图片来说话。我相信每一人从图片中看到的，都是他所能、所想看到的；不管你是用什么样的器材，你用了什么样的摄影技巧。读者心中看到了什么，其实并不是摄影师的摄影理念所能决定的。比如，图片中的北岛，读者看到后想些什么，其实和我是没多大关系的。我要做的，就是拍出好的图片，解释权归读者。

仅此而已。

▲ 罗启锐和张婉婷，香港电影导演。

▲ 北岛－北岛。

▲ 库哈斯，央视大楼设计师。

# 当洪水袭来

■ 博客天下图片总监　翁倩

很喜欢南都周刊 5 月 31 日的封面标题：泡汤城市。不但形象，还带了些苦涩的生动。自 5 月初起，大水挟着泥沙由南向北一路袭来，所到之处无不摧枯拉朽。据报道，国内有 28 个省份遭受洪涝灾害，农作物受灾 9721 千公顷，受灾人口 1.4 亿人，因灾死亡 1072 人，失踪 619 人，倒塌房屋 110 万间，直接经济损失约 2096 亿元。直到现在，形势依然严峻。

如何把灾难用更为人性化的方式表现出来，一直是采编者追求的目标。那些血淋淋的事实，在更多时候带来的是焦虑和不适，所以往年的经验，是将我解放官兵指战员们抢险救灾的画面代入，确实也精彩激烈，而且导向正确。

所以当美国有线电视新闻网（CNN）的记者充满感性地盛赞中国抗洪救灾的能力与高效率时，那千百万奋力迎战的中国人民基本都躲在镜头的后面。

▲ 6 月 13 日夜，福建南平市中南部普降暴雨，13 日 20 时至 14 日 19 时，延平各地降雨量普遍在 200 毫米左右，其中最高的西芹县达 252.6 毫米。直接导致延平、顺昌等地多处出现山体滑坡、泥石流等地质灾害。CFP

## 合理利用情趣画面

再加上中华民族又是这样一个坚韧不拔，乐观向上的民族，于是总会出现一些让人在挣扎之余会心一笑的场景。合理利用这样的画面，会让版面变得相对轻松，也更具可读性。

大水年年有，今年特别多。以从大到小循序渐进的方式将其逐步展开，再利用乐观向上的画面进行整体调剂，既然我们避免不了大水将火车冲上街道，避免不了被困在积水中一个星期的老人和孩子，避免不了洪水退去后面目全非的家园，那么，在灾难中融进一点温情，应该是最为妥帖的表现方式了。

▲ 8月1日，连日来的暴雨，使吉林白山市、通化市多处地区遭遇洪灾。通化市二道江区鸭园镇四道江村7组村李师傅看着自家的玉米田连连叹息。CFP

◀ 6月24日，一位家住湖南湘潭窑湾的老者站在阳台上观察水情。道路已完全被淹，往来只能通过小船。新华社

▼ 7月18日，四川省达州市渠县山星村，洪水逼近房屋二楼，洪峰水位超过保证水位4.66米，县城一半面积进水，渠江沿江地带一片汪洋。 新华社 吴涛摄

▲ 7月19日17时左右，今年最大洪峰通过重庆主城两江交汇处。涨水后的朝天门，只能看到路灯的顶端。

▲ 7月15日，云南省巧家县，乡民背着从洪水中抢出来的家具爬上山坡。13日下午，当地爆发山洪，导致6人死亡，42人失踪。美联社

▲ 7月28日，吉林永吉县道口上几节火车货车车厢被洪水冲倒，另有数节车厢被洪水从几百米外的火车站内冲出来。郭亮 摄

▲ 7月9日，重庆彭水县，部分地区受灾严重，武警重庆总队官兵采用滑索救援被困群众。

▲ 7月20日，陕西省岚皋县木竹村，受持续强降雨影响，当地发生山体滑坡灾害，抢险搜救中已发现9人遇难，尚有11人下落不明。新华社

## 苦乐半掺的细节展示

好吧，如果说大场景是点题之作，那么细节，就是用来体现你企图的真正利器了。

在翻阅图片的时候，我个人更倾向于那些能够表现受灾民众情况的画面：自救的，寻求帮助的，苦中做乐的。这些情景在版面上如果能够得到充份展示，灾难似乎也不再显得那么冷酷了。所以选择图片的时候，画面对比性强的，比如在正常情况下，两种完全不可能的交通工具的并行；或者被淹到一半的楼房边求救的人们；滔天大浪前渺小的人影……会比较容易引起共鸣。当我们看惯了那些如火如荼的抢救场景，看惯了军绿丛中那挥汗如雨的特写之后，这些不同的侧面，就更加抓人眼球。

▲ 从19日10时起，长江三峡再度加大泄洪力度，将出库流量调高到40000立方米/秒，迎战建库以来的最大洪峰。新华社

## 大场景是必须的

要用来表现受灾情况和事件的进展，一个全面的场景必不可少。所以，说实话，当我看到朝天门被淹的图片才会那么震惊，尽管重庆人对水患已经习以为常，但一直淹到市里的朝天门码头，貌似还是近几年从未有过的事情。因此，当一幅幅道路龟裂，泥石俱下，大坝崩溃的画面展现在眼前时，你才能真正的理解所谓1600年未遇是个什么概念。

▲6月19至20日，江西省余江县遭遇罕见特大暴雨袭击，21日上午，洪水退去，城区路面被泡成碎片。新华社记者　周密 摄

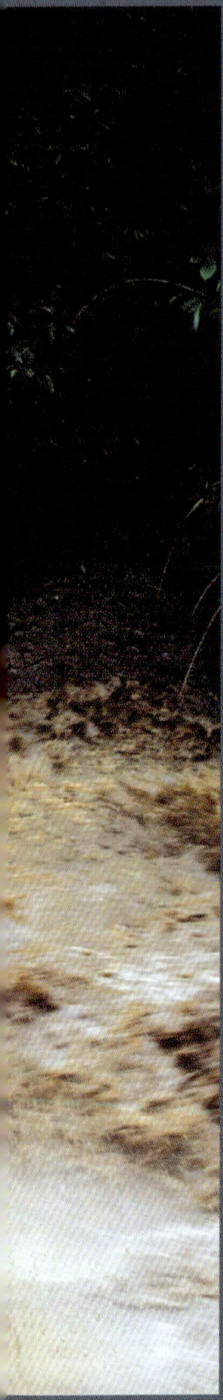

▲7月13日，暴雨导致武汉城区一处铁路桥下严重积水，公交车只能暂停行驶。据公交部门粗略统计，连日乘坐公交车出行的市民较平日增加了近4成。但因道路积水，车辆行驶缓慢，近百条线路出现大面积晚点。CFP

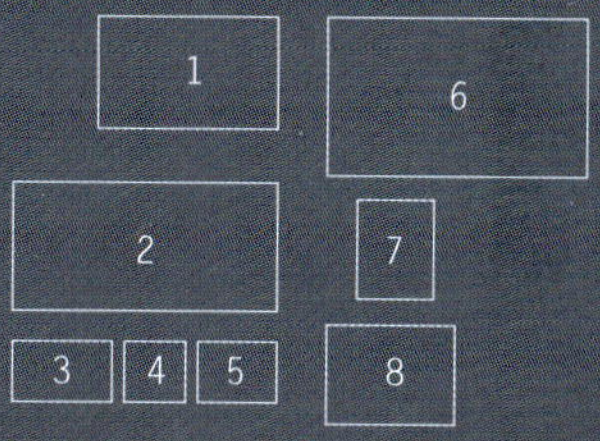


◀ 1. 7月24日，“鲤鱼跃龙门”典故发源地——四川南充高坪区龙门镇，嘉陵江边的龙王庙被滚滚洪水淹没。CFP

◀ 2. 6月25日晚8时至26日凌晨，云南省马龙县突降特大暴雨，县城及4个乡镇大部被淹没，受灾群众5万余人，直接经济损失3亿多元。当地政府利用挖土机组织转移受灾群众。新华社

◀ 3. 7月19日，重庆渝中区，洪峰过境主城长滨路被淹。 市民坐在洪水中纳凉。CFP

◀ 4. 7月26日，汉江20年一遇的大洪水抵达武汉江段。许多市民前来观看大洪水前锋到达时形成的落差及两江洪水交汇处形成的壮观场面。南飞 摄

◀ 5. 7月11日，暴雨袭击武汉，城区多处浸水，市民们只能爬墙越过街道。IC

▲ 6. 7月20日，重庆市渝中区长江滨江路，傍晚，一名男孩在被洪水淹没的街道沙发上酣然入梦，旁边人们正忙着清理洪峰经过后被淹没的房屋。石涛 摄

◀ 7. 6月22日，江西赣州，傍晚时分，一名爱好游泳的小孩在大人的带领下准备跳入贡江，当日洪水已漫过河堤到了城墙脚下。CFP

◀ 8. 6月23日，江西抚州唱凯镇救援现场，群众的转移已基本完成，灾区转入受灾群众安置阶段。杨继红 摄

# 情绪冲击力

▲ 当地时间7月31日，俄罗斯沃罗涅什，一名男子走在烧过的树林中。截止到8月6日，俄罗斯仍有589个火点在继续燃烧，其中73个火情严重。连日的森林大火已造成50人死亡，近2000座房屋被毁，逾3500人无家可归。

摄影：Alexey Sazonov/AFP

所谓水深火热，应该就是现在这样一种局面了吧。

当中国大地一片汪洋的同时，俄罗斯却正在经受着烈火的煎熬。法新社记者Alexey Sazonov所摄的这张图片，展示的虽然只是一片烧过的树林，但主体人物落寞的身影以及焦黑的树干，却使得画面显示出令人心酸的寂寥。图片构成非常规整，色彩对比强烈，视觉中心突出，作者规避了冲突性的场景，而选择以平静来反衬事件的激烈。

这张照片，让我不得不再次肯定了画面情绪对于整体展示的重要性。我们一直在不断强调视觉冲击力，直说到连自己都无法判断如何才可以称之为“冲击”，却常常忽视了情绪的力量，当一张带着自己独立情绪的图片出现在你眼前的时候，那种对于事件的无力感，应该更胜于一幅激烈的画面。

博客天下图片总监　翁倩

# 政府、媒体与大众之间的冲突与抗衡
## ——聚焦日本有关媒体限制法规的制定

□高井洁司

高井洁司



2006年，我在广东中山大学举办的“公共危机传播与管理”的国际研讨会上，以《日本“公共危机传播与管理”和报道限制》为题做了发言。对于这个研讨会的主题——“公共危机传播与管理”，坦率地说当时多少感到有些困惑。之所以困惑是因为日本与中国不同，在日本有关“公共危机传播与管理”的讨论并不多。

日本原则上是信奉“民主主义”和“新闻自由”的国家。媒体不仅不是政府的宣传机构，相反是以作为独立于政府的组织机构为理想的。其结果，政府就是推行“公共危机传播管理”，“传播管理”这样的概念的提出会遇到困难，因为它会与限制国民的权利和新闻自由联系起来。媒体一方也不会轻易地接受政府的管理。倘若接受政府管理的话，会有损新闻的可信赖性，从而失去读者、观众、听众的信任。这样的理解并不是媒体一厢情愿的解释，也是广大国民的想法。

在日本，媒体对管理的抵抗比较强烈。为了避免来自政府的管理，媒体自身建立了各种各样的自律机制。不过即使是媒体的自我约束，比如“报道协定”，也仅限于与被害者生命安危紧密相连的绑架事件。长期以来有关对媒体进行管理的议论是种禁忌。这是对在二战前军国主义总动员体制中媒体作为服务于军国主义的宣传机构发挥作用进行深刻反省的结果。

但是，对日本政府当局来说，考虑到政务能毫无阻碍地顺利地进行，如果可能的话，政府也想对有时对其抵抗的媒体采取限制措施。因此，政府当局从 20 世纪 90 年代中后期开始伺各种机会进行对媒体加以限制的尝试。

另一方面，来自读者和视听众对媒体现状的批判也在不断增强，民众针对大众传媒的弊端要求对媒体进行限制，并要求纠正政府、大型组织团体与媒体之间存在的相互串通利用的关系。像这样的大众传媒与政府、大型组织团体及民众之间的紧张关系，即使在“新闻自由”得以保障的体制下也是持续存在的。“新闻自由”与其说是受到绝对保障的一种存在，不如说是在各种各样的势力集团围绕媒体展开的“攻防”中的一种动态的存在。所以，有必要对政府、大众传媒和民众的行动进行动态的观察和分析。



比如，日本政府在 20 世纪 90 年代，利用保护人权和保护个人信息，及应对外国入侵、恐怖事件及大规模的灾害等紧急事态，通过获得市民的支持从而孤立媒体，唤起社会对媒体管理必要性的认识。导致这一系列事态的产生也是巧妙地利用了信息化社会到来、全球化浪潮的发展、及对其进行抵抗的国际恐怖主义的蔓延等时代要求的结果。同时它也是民众要求纠正大众媒体的重商行为及其弊端的呼声的反映。但是，这些动向也意味着限制大众传媒进行采访报道的苗头出现。所以，它们也被视为是对作为战后民主主义支撑的新闻自由的侵害，自然遭致了来自媒体的强烈抵抗。媒体通过组织包括市民参加的反对运动，延缓相关法案的制定，删除对媒体进行限制的条款，使事态并未像政府和执政党所期望的那样得以发展。

本文将介绍日本政府近年来借“公共危机管理”之名所尝试的对媒体加以限制的行动，并介绍媒体与国民舆论对此所做的反应，在此基础上阐明日本“公共性与媒体”关系的基本理念。

## 一、对媒体加以限制的行动

**由于多年来就连有关政府管理媒体的讨论都被视为禁忌，所以政府试图管理媒体的举动不大可能直接表现出来，因此就间接地在新的政治、经济、社会形势的对策中反映出来。**

在日本，由于在第二次世界大战中媒体受到军部和政府的管制作为宣传机构被编入了驱使国民参加战争的总动员体制，而且一些军国主义者的错误领导给邻国和本国人民带来了沉重的灾难，战后日本在对此进行反省的基础上，媒体和民众舆论对政府管理和限制媒体保持着高度的警戒，反之，媒体对政府的监督职能越来越受到重视。因此，对媒体加以限制被视为禁忌。

但是近年来，在日本国内，政治上以改变战后的“战败国体制”、回归“普通国家化”为目标的倾向日渐加强，与此同时强化国家和政府的职能的谋求也越来越引人注目。例如修改宪法的构想就是其中的一个环节，并且出现了政府试图管理媒体的动向。而媒体方面也发生了各种各样的变化。保护战后民主主义，捍卫和平宪法曾是大众媒体的共识，但是从 20 世纪 80 年代末开始到 90 年代，《读卖新闻》以建议性报道的形式提议修改宪法。这种报道的产生虽然没有改变对战争进行反省的基本认识，不过它还是深受许多新的变化影响的反映。比如围绕日本的国际形势的变化、日本国民对自卫队的存在普遍接受的趋向及主张将应对环境问题写入宪法等因素的影响。

而且这些变化因素也与报纸、电视等大众媒体所处的社会环境的变化相关。媒体产业化的巨大发展使其作为商业媒体的作用越来越大，比起拥护战后民主主义的理念，媒体更加优先考虑大众化和娱乐化。特别是电视推出的主要面向家庭主妇的 wide show 节目（综合性娱乐节目），它将新闻和演艺界的信息放编排在一起进行播放。比如连续不断的保险金杀人事件或奥姆真理教事件等类似事件就在这种电视综艺节目中被连续不断地报道。不仅如此，同一家电视台的新闻部和综艺节目部都派采访组赴一线采访，其结果就造成了众多采访人员涌向现场。遇上社会影响大的事件还会出现早上、白天和晚上的综艺节目都分别派出采访组，这样同一系列的电视节目公司会派出四、五个采访组赶往现场，再加上周刊和报纸的摄影记者结果就可能是数百名媒体工作人员蜂拥在一起。在被视为嫌疑人的住宅周围，为了拍摄到逮捕的瞬间，会有数百的采访人员连日守候。若是更严重的事件，还会出现采访人员在嫌疑犯家的周围扎帐篷过夜的现象。这种现象被称为集团性过热采访（media scrum）。这不仅对当事人造成了人权侵害，同时也严重地影响了周围居民的生活。因此遭致了来自社会的强烈批判。

随社会信息化的推进，计算机时代数字化信息和数据库化的发展促进了社会效率的提高。不过同时它也意味着信息处理上一旦出现错误，就可能出现个人信息的流失，造成社会性损失的时代的到来。因此，民众对个人信息的保护和信息外流造成的人权侵害事件的关心度越来越高，其结果政府、媒体和大众间的力量关系中产生了新的变化。

由于多年来就连有关政府管理媒体的讨论都被视为禁忌，所以政府试图管理媒体的举动不大可能直接表现出来，因此就间接地在新的政治、经济、社会形势的对策中反映出来。这样我们就看到了越来越多的以种种借口为由的管理媒体、限制媒体的举动。比如（1）伴随社会信息化发展加强对个人信息的管理；（2）随着恐怖事件和国际纷争的激化，对媒体在安全保障体制中的作用进行重新审视；（3）随着国民人权意识的提高，对由于媒体过度报道所造成的“报道被害”进行援助等等。

对此可以例举出以下具体表现。即，对应个人信息的管理制定个人信息保护法；对应恐怖事件和国际纷争制定紧急事态法；对应“报道被害”修正人权拥护法案，讨论人权援助制度，制定对青少年有害的社会环境对策基本法案等等。



这些法案无论哪一个都不是以媒体限制为目的的。但是，传媒界和众多的传媒学者因法案包含了部分涉及媒体限制的内容就将这些法案一统称为“媒体限制三法”，并展开了反对运动。这里就这些法案及其对媒体加以限制的意图进行简要介绍和说明。

## 二、与媒体限制相关法案的制定

**2000 年以后，这些法规同时开始进入立法化过程，受到了来自媒体界和律师及法学者的强烈抵抗和批判，认为这些法规严重威胁到宪法保护的言论自由权和公民知情权。**

### A．“媒体规制三法”

在日本国内曾引起广泛争议的“媒体规制三法”是由《人权拥护法案》、《个人信息保护法案》和《对青少年有害的社会环境对策基本法案》这三部法规组成的。围绕这些法规展开讨论的焦点主要集中于人权和媒体的关系上。

对媒体报道进行限制的这三部法规，单从名称上来看，并不能表现出是为限制媒体报道而制定的。不过，这些法规中都含有为防止个人隐私侵害、援助过度报道造成的“报道受害”而限制报道的条款。2000 年以后，这些法规同时开始进入立法化过程，受到了来自媒体界和律师及法学者的强烈抵抗和批判，认为这些法规严重威胁到宪法保护的言论自由权和公民知情权。

以《个人信息保护法案》为例。随着社会信息化的深化，政府机构掌握了大量的个人信息，因此要求政府信息公开的同时，还要求政府要对对个人信息和人权进行保护。正是在这种背景下这个法案进入了制定日程。比如，在日本，全国各市、町、村都保管有被称为“居民基本台帐”的居民个人信息簿。“居民基本台帐”上记载有居民的姓名、性别、出生年月日、地址等个人信息。2003年“居民基本台帐网络”（简称住基网）开始启动。所谓住基网就是通过计算机全国联网实现了“居民基本台帐”的网络化。国民通过获取一个11位数字的编码，根据这个编码能够在全国各地任何地方获得自己的身份证明。不过它同时也意味着受到管理。如果信息流出，就可能出现违反个人意愿的种种个人信息被利用的问题。实际上，在住基网启动之前，自卫队曾在进行招募时，委托一部分地方自治团体列出适龄男女名单。这件事被《每日新闻》记者曝光。其实各种各样的商品销售公司对这样的个人信息也求之不得。在日本，有一种商品宣传和销售方式是将商品信息的广告直接邮寄给那些可能进行购买的群体。对商家来说如果根据“居民基本台帐”上记载的重要信息确定购买层，就可以实现效率良好的推销。因此日本的学校毕业生名册、企业相册等信息常以高价被交易。

因此仅以住基网实施为例，就有必要制定法律要求信息管理方和信息利用方妥善管理和保护个人信息。

而且，在政府各部委所推行的信息公开中，其中包含的个人信息在多大程度上可以公开，这也要求制定法律，规定指导方针。

实际上，在2003年实施的《个人信息保护法案》的第一条就此项法律的目的明确规定，“鉴于信息通讯社会的高度发达使个人信息的利用显著扩大，关于个人信息妥善处理，制定基本理念、由政府编写基本方针和其他有关个人信息保护的基本措施，明确国家和地方公共团体的责任和义务，同时规定使用个人信息的经营者必须遵守的义务。在对个人信息的有益性给予充分认识的同时，保护个人的权利和利益。”

但是，在法律制定的过程中，政府和当时执政的自民党在法律的对象中加入了报道机构，而且又增加了五项基本原则。这五项基本原则的内容是，处理信息的任何个人和经营者，一要明确利用目的；二要以妥当的方法来获得信息；三信息内容要严格保护；四避免泄露要安全管理；五要确保本人对自己的信息能适当参与的透明性。

这些原则对报道机构来说就是可能侵犯采访自由、表达自由，换句话说就可能对新闻自由的媒体构成限制。比如就原则二中的“妥当的方法”来说，如果发生报道对象起诉媒体的情况，就必须证明信息获得采用的是“妥当的方法”。这就意味着要将信息的出处即信息源曝光。而在日本的新闻报道活动中，通过对信息来源来的保密来保护信息源是不可让步的原则。还有原则五中的确保透明性问题，如果为了调查政治家的不正当行为对政治家周边的个人信息进行调查，被调查的政治家若是知道了被采访调查的事，对记者要求要确保透明性的话，就等于要求记者公开采访目的，这项规定就可能侵犯新闻自由原则。

**B．“有事法制”——国民保护法**

在含有媒体限制的法规进行制定的同时，应对恐怖事件发生、外国入侵等情况的法规即“有事法制”也开始着手制定。其中之一便是在2003年通过的“在面临武力攻击等情况下对国民实施保护措施的相关法律”(《国民保护法》)。这部法律规定了具备公共性和公益性特点的民间机关，作为事先被指定的公共机构，应对武力攻击事件时需依据规定制度行事。



也就是说，虽然原本是民间企业，但是，在发生恐怖事件或外国入侵等特定情况下，会被视为“公共机构”，要按照法律规定承担一定的任务。这项法律既包括电力企业，运输企业和医疗机构，同时也包括类似电视和广播这样的媒体机构。依此规定，广播电视媒体机构在“非常事件”情况下，有义务为政府分担一部分信息传达工作。附带说明一下，报社并不包含在内。

在这项法规制定过程中，大多数的媒体业界人士都因为担心此举可能会恢复二战前的“总动员体制”而表示强烈反对。比如，在这项法规成立的时候，“民间放送联盟”就发表过紧急声明，“按照这项法律，‘非常事件’发生的时候，广播电视台就要作为‘指定公共机构’，协助政府工作。但是，即便发生‘非常事件，为满足国民的知晓权而做的自由报道仍然必不可少。‘指定公共机构制度’不能妨碍媒体自由报道。正如屡次表明的那样，我们民间广播电视对于关系到视听众生命财产安全的紧急消息，毫无疑问必然会作出及时报道。我们一直自觉保持着十二分的社会责任，并愿意为国民直接承担这项责任。但这不能成为政府指挥播放内容的理由。”

关于这个问题，政府以媒体的“公共性”为理由，要求媒体在发生‘非常事件’的时候，必须扮演“公共机构”的角色，并处于政府的指导控制下。对此，媒体方面则予以还击。其理由是只有保障“报道自由”和“独立于政府”的立场，媒体才能为国民发挥公共性。政府和媒体双方之间的斗争由此展开。

然而，电视台和广播实施的是有限公共电波使用许可制度。根据灾害对策基本法和放送法，灾害发生时其有义务播报有关信息。出于同样的逻辑，可以说在发生武力事件时，电视台和广播还是处于不得不接受被作为“指定对象”。因此，在这个问题上，电视台和广播并没有获得像反对“媒体报道限制法案”那样的国民舆论的支持，其处境是不得不接受“有事法制”所规定的作为被指定的公共机构制度的实施。

## 三、反对媒体限制的运动

**目前，在媒体和大众舆论联合起来形成强大攻势的局面下，很多法令在制定中删除了对媒体限制的内容，以媒体的局部性的胜利而告终。**

**在中国人们要求保障新闻自由，制定新闻法。而在日本，人们对一些相关法案的制定会不会导致限制媒体比较敏感，并充满戒备。**



且不说“有事法规”，对“媒体规制三法”不仅传媒界一致反对，而且媒体学者中也发出反对的声音，其与市民运动联系在一起发展成了国民性的反对运动。

对那些到目前为止一直独立于政府并行使着监督权力职能的媒体和传媒学者们来说，限制媒体的举措无疑是对媒体存在根基的威胁。因此，“日本新闻协会”（主要有报社，通讯社，电视台，广播电台参加的民间机构。到 2006 年 10 月为止有 139 社参加），“民间放送联盟”（NHK 以外的日本民营的电视台和广播电台自发地组织的民间机构），日本律师联合会等相关组织对此表示强烈反对。在报界，很多报社于 2000 年前后，就聘请一些有识之士，传媒学者和读者代表，成立了“第三者委员会”，讨论报道所应有的状态，点评报社自身的报道内容，并把讨论内容发表在报纸上。

在电视界，为补救由电视节目所造成的人权侵犯，“民间放送联盟”和“日本放送协会”（NHK）于 1997 年 5 月，联合成立了作为第三者机构的“放送和人权权利委员会（BRC= Broadcasting Human Rights and Other Rights Committee ）”。这是和日本律师联合会等部门合作，听取观众的意见和要求，针对电视报道所造成的“报道被害”进行自主性补救的组织。此后不久，BRC 为处理观众对电视节目的不满，致力于改善电视行业的整体素质，发展成为“放送伦理·提高节目质量机构”（简称 = BPO 放送伦理机构，BPO=Broadcasting Ethics and Program Improvement Organization），可以说，BPO 是一个自律性机构，站在第三者的立场上，听取观众对节目的意见和不满，并自主独立地处理人权，青少年与电视之间存在的问题。

诸如此类的传媒界第三者委员会和第三者组织的创立，是针对政府以由媒体的过度报道造成的“报道被害”为借口管理媒体的对策性行动。第三者机构的设立并不是说“报道被害”就由此消除了。甚至依然如故在不断增加。但是，至少接受读者、视听者对大众传媒提意见、诉苦的机构和大众传媒自身通过报纸和电视进行说明的责任制度得到了确立。而且对以“报道被害”为借口想要对媒体进行限制的政府行为，媒体站在国民一方进行抵抗的空间得以创立。建立这样的组织不单是主张新闻自由和媒体独立，也是媒体自身试图争取主动地解决现实中存在的“报道被害”问题的举措。



其结果，《个人信息保护法》中限制媒体的部分内容经过做出较大幅度的修改得以成立，而另外两部法规则迄今尚未得到通过。

对各种有关媒体的限制，政府和媒体的态度各有不同。不过值得深思的是，无论是政府还是媒体，双方都各自强调其面对大众舆论所应担负的公共职能、即公共性，并努力确保和扩大其权限和利益。目前，在媒体和大众舆论联合起来形成强大攻势的局面下，政府试图管理媒体的做法遭到强烈的批判，以至很多法令在制定中删除了对媒体限制的内容，以媒体的局部性的胜利而告终。但是，就派驻伊拉克的自卫队的采访问题而言，也有人认为政府对媒体的管理在某些方面还是逐步取得了一定的进展。

像这样的政府和媒体间的抗衡，从公共性在政府与媒体及社会间的互相牵制和相互平衡中得以维护这一意义上看，与其说是民主主义社会的危机，毋宁说是民主主义社会成熟的表现。因为民主主义不只是一种制度，更是在互相牵制寻求平衡的力量关系中公民力量得以发挥的行动。

另外一点，将日本和中国的媒体制度进行比较，会发现意义深远的一点，即在中国人们要求保障新闻自由，制定新闻法。而在新闻自由原则上得以确立的日本，人们对一些相关法案的制定会不会导致限制媒体比较敏感，并充满戒备。

综上所述，可以说“公共危机传播与管理”问题与政治形态紧密相关，同时，在政府与媒体、市民的对立斗争关系中这个问题也在变化。不管是在右翼的安倍政权时代，还是在被称为鸽派的民主党政权之下，可以看到政权本身在这个问题上将会更加主动地倡导对媒体进行管理，为此国民的讨论也将愈加高涨。

（作者系日本北海道大学传媒研究院院长，西茹翻译）

采写编

# 采写编

# 做农民忠实的看门狗
## ——解密南方农村报十年舆论监督

□刘小骅

刘小骅



在全国同类报纸普遍不景气的情况下，过去十年，南方农村报却风生水起，发行量和广告收入连年大幅增长，一骑绝尘，被称为“南农现象”。

诞生于1963年的南方农村报是南方日报的“长子”，可今日在名震大江南北的南方报业传媒集团这个兴盛的大家庭中，在一个个强大生猛的弟妹面前，他却成了不折不扣的贫弱长兄。这位名字带“农”的长子长兄，命运跟中国农民颇为相似。一度，他失落了，境况好惨。

然而，他并没有自暴自弃。

他在自救图强中找到了一个抓手，这就是舆论监督。

舆论监督是南方农村报的传统。尤其是自1999年以来，南方农村报强力出击，不间断地开展舆论监督，赢得了公信力和美誉度，为该报走出困境，步入发展快车道奠定了基础。

诚然，南方农村报十年的奋斗说不上艰苦卓绝，其成绩单上也没有让同城媒体特别羡慕的数据，但是，南方农村报人的坚持和担当却称得上一笔不薄的精神财富。

在这里，笔者不揣冒昧，公开南方农村报的想法和做法，并就教于方家。

### 我们该做什么？

媒体既然是社会公器，就必须自觉地承担社会责任，维护公民的基本自由权利，特别是宪法和法律赋予的权利。正因为侵犯人权的事件在我们社会还屡有发生，公民特别是农民的权益保障尚不完善，所以，有社会责任感的媒体没有理由对种种阻碍政治文明进步的现象无动于衷。关注社会热点，及时揭示真相，是负责任媒体的天职。

开展舆论监督的着眼点在哪里？农民的哪些政治权利、经济和社会权益受到侵害？原因何在？这些都是一份面向农村大众媒体不能回避的问题。所幸，南方农村报记者长年深入第一线，对农业的现状最明察，对农村的实际最了解，对农民的诉求最清楚。所以，南方农村报的记者可以最早发现，南方农村报理应最早报告三农的新问题。



## 我们能做什么？

新闻报道未必能形成舆论，舆论未必可起到监督作用。做能够起监督作用的新闻是南方农村报的追求。然而，凭着南方农村报平均年龄不足30岁的几十号人，凭着极为有限的政治资源和社会资源，在当前的媒体环境下，能做什么？具体地说，就是这份四开“小报”有能力监督什么，能起到多大的作用？

2010年 4月6日
星期二
庚寅年 二月廿一 三月初七谷雨
第5096期
今日16版

南方农村报
新农村推动力

南方报业传媒集团主管主办
原广东农民报
粤报出证字第150号
刊号：CN44-0150
邮政代号：45-7

# 调地乱象加剧耕地丢荒

### 流转收益过低、宅基地分配不公、违规征地等成新一轮土地调整掣肘因素

**编者按**

根据《农村土地承包法》，30年承包期内，发包方不得收回和调整承包地。然而，在实际操作中，土地征收（用）、农地流转、人口增减等因素往往成为部分村庄在承包期内“二次分田”的原始驱动力，而这些变化，至今尚未在相关法律中有所反映。

如果说村委会选举是村庄政治领域的一场权力竞技，那么承包期内的土地调整，则是对农民经济权益的一种再分配。与前者一样，土地调整在为村庄内部矛盾的爆发提供“火山口”的同时，也无形中成为农民与村镇两级的一种博弈资本。

宅基地分配、征地问题往往被部分村民列为同意土地调整的前置条件。而在农地流转频度较高的珠三角部分地区，过低的流转收益，则引发村民对村务运行的种种猜疑，并最终导致新一轮土地调整止步不前。

□文/图 本报记者 付伟

地点：江门东仁
事件：可耕土地全部撂荒

图 土地调整搁浅数月，江门东仁五组百亩良田春耕时节却荒草满目。

海区礼乐街道东仁村委会第五村民小组（以下简称“东仁五组”）的村民们却突然闲了下来。

4月1日，村民陈松（化名）行走在自己的承包地中，不知名的野菜淹没了他的脚踝，有些高挑的杂草甚至窜过了膝盖。

“要是在往年，有些禾苗都已经差不多一尺高了。”陈松叹了一口气。

……五组100多亩荒地形成对比的是，邻村土地上，鲜绿的嫩苗纷纷破土，勃勃生机正在田野上孕育。

陈松告诉记者，东仁五组有田不耕，并不是因为村民懒惰，而是现在谁也说不清自己的田在哪里。一场起于2010年初的土地调整运动，迄今已经“难产”数月时间。

**鱼塘暗箱发包价格偏低**

按照10年一次的频率，2010年是东仁五组的又一个土地调整年。然而，2月12日，一场以调整土地为主要议题的村民代表会议却不欢而散。

这次会议的失败被认为与该村燕尾围鱼塘的发包谜案有关。

据了解，早在20年前，东仁五组集体土地就已经形成了“一半留给村民耕作，一半开挖鱼塘出租”的经营格局。在礼乐街道，上……

……有得到村小组负责人的回应。

公开招投标，被定义为当地集体资产处置的必经程序。对于东仁五组燕尾围60亩鱼塘未经招投标即遭发包的问题，4月1日，东仁村委会一位谭姓委员并未否认，但他同时强调说，所谓“新承包人”其实已经连续承包该片鱼塘20多年之久。2009年12月中旬，东仁五组负责人与村民代表商议后，便直接与原承包者签订了新的合同。

新的承包价格为每亩每年850元，村民普遍指责这一价格明显偏低。距离东仁五组更偏远的……二围鱼塘，在经过一番招投标公开竞价之后，最终落槌于每亩每年1500元，逼近燕尾围鱼塘承包价的2倍。

不过，东仁村委会认为，“标下”……二围鱼塘的身价明显偏高，正常的价位应该在1000元左右。

**土地集中经营分红归零**

2月24日，东仁五组第二次土地调整会议也无果而终。此时，2010年春耕大幕已经逐渐开启。

而伴随着事态的发展，围绕东仁五组调地的争吵重心，也逐渐转移到村民对流转土地收益过低的指责上。

来自百余亩鱼塘的租金，几乎是东仁五组集体收入的唯一源……

《南方农村报新闻版的采编理念与采编指引》中有这样一段表述："要始终不渝地关注农民的生存状态，反映农村大众的温饱冷暖和苦辣酸甜，充分体现人文关怀。要关注三农热点、难点问题，坚定不移地大力开展舆论监督，使那些公然违反政策、法律和法规，侵害农民权益的行为暴露在光天化日之下，无所遁形。要密切关注省内外三农领域及影响三农的重大动向，及时全面地传递相关信息。要不遗余力地为农民的伟大创造鼓与呼，不断拓展报道的深度和广度。要认真研究报道艺术，使报道贴近实际、贴近群众，贴近生活，及时、巧妙地说出农民想说的话，为他们说出有分量的话，为他们提供情感宣泄的平台，尽量满足其合理的诉求；同时，要努力做到'下情上达'，用报道影响决策者，以实现新闻干预生活之目的。"

简而言之，我们的监督就是要对滥权、侵权行为和各种社会丑恶现象进行揭露和鞭挞。

南方农村报"为农民说话、为农民服务"办报宗旨是"关注三农、代言三农"理念的另一种表述。实践业已证明，只要我们把理念付诸实施，持之以恒，我们的报纸就会赢得支持和尊重，我们的动力就会源源不断，我们的市场就会日益扩大。

现在，虽然不敢妄称所作所为能够为社会进步起到多么巨大的作用，但是，南方农村报的记者、编辑分明都能感受到公众那一双双热切与赞许的目光，感觉到自己所从事工作的意义。

## 我们怎样做的？

舆论监督，理念是导航，制度是保障。

（1）**业务民主添活力**。把理念蕴含于每一个行动中，落实在每一篇报道和每一个版面中，是南方农村报的新闻操作指南。

这种"蕴含"和"落实"需要借助一定的方式和手段。

历经十多年的探索，南方农村报建立了一套以集体评报会为核心的业务研讨制度。评报会的宗旨是互通信息，交流采编体会；研究问题，确定报道计划。评报会以部门为单位，定于每周的一个上午，由记者、编辑轮流主持。南方农村报员工头脑中的办报理念和舆论监督意识就是在这持续不断的激励中得到强化的，不少重大选题的灵感火花就是在这种思想碰撞中产生的。

南方农村报倡导"和而不同"，鼓励"百家争鸣"，保障民主的批评和反批评，只准以理服人，不许以力压人，谁的主张能有说服力就听谁的，诸葛亮会议式的评报会推进了业务民主，而业务民主又增强了员工的主人翁意识，浓厚了整个团队的学习风气——尽管《评报报题会规定》“评报会上发表的观点不作为评价记者、编辑政治素质和业务能力的参考指标”，但是与会者都不敢敷衍，特别是主持人，一般都要花上一天的时间做“功课”。试想，如果在业务讨论、特别是在主持评报时，评议优劣却说不出个所以然，辩论是非摆不出子丑寅卯，就免不了尴尬。可以说，业务民主立竿见影的效果是报道质量提高了，各种差错减少了，人才成长的速度加快了——进入南方农村报当记者、编辑，一般半年左右，便可成为熟手；成长更快的，一年即可在业务上独当一面。南方农村报新闻人才成长快，显然与气氛浓厚的业务研讨分不开。



可以说，民主的新闻业务研讨是南方农村报新闻生产力的孵化器，是开展舆论监督的强大推动力。

（2）**登高望远防近视**。不了解全局，不洞察实情，报道难免犯片面性的毛病，只见树木不见森林。多年来，南方农村报鼓励深入调查研究，力求报道具有普遍意义，能够反映本质真实。舆论监督的可贵之处在于能抓住具体的事件，揭示公众普遍关注的问题。这就要求记者必须对事件所处的背景、问题涉及的相关领域有清醒的认识，对报道可能产生的后果有比较准确的预判。面对每一件是否该作报道的线索和所题，我们首先要问的是：“事件反映了什么问题？报道蕴含的社会意义是什么？”所以，记者每作一篇报道，就是进行一个课题项目的研究。这也倒逼记者不断地学习理论。“思想的深度决定报道的高度”、“思想有多深就能走多远”已经成为南方农村报人的共识，专业精神、专家意识成为追求。

学然后知不足。近年来，在开展三农报道和舆论监督中，我们越来越感觉到知识的缺乏和思想的贫乏。为此，我们联系了一批全国著名的三农专家学者，通过接触和研读其著述，丰富三农学养，拓宽思想视野，从而减少政治上的幼稚病的发生。互相推荐阅读，随时交流心得，构建学习型组织，南方农村报还需作更深入的探索。

南方农村报是新闻纸，其报道要吸引眼球、入脑入心才能起作用。三农问题有些是长期存在的，有些是新近产生的；有些是普遍存在的，有些是局部爆发的。如果没有研究精神和创新意识，面对的三农问题可能天天都是违法征地和土地权属纠纷。因此，抓创新显得尤为迫切。

创新从何入手？立规章、抓落实。没有规矩无以成方圆。缺乏制度规范，行为随意，难保不偏离。这些年，南方农村报逐步制订和完善了《稿件和版面评分标准》及《实施办法》、《评报报题会规定》、《季度优秀作品评奖方案》、《记者业绩考核及奖惩办法》、《编辑职责及业绩考核办法》、《报纸编辑出版流程》、《地方突发性新闻的采编建议》和各个专版的版面操作指南等一系列规章，使得记者的一切采编工作都有章可循，奖罚分明。而制度重在落实。有了即使是最完善的制度，如果不能落到实处，也是一纸空文。而制度的落实，需要勇气和韧劲，还需要细心。多年来，我们把打造精品新闻作为提升报道质量、增强舆论“气场”的关键性工程来抓，鼓励合理地颠覆旧制和习惯做法，在保证新闻真实性的前提下，努力创新观念、内容、形式、方法、手段，以精巧的布局谋篇、雅正的理义、高洁的情志、飞扬的文采、铿锵的音韵，增强文章阅读的愉悦感，增强文章的亲和力、吸引力、感染力。南方农村报支持记者花费较长的时间和较多的精力深入采访，细致写作。我们要求记者牢固树立专业意识，专业记者的作品要体现专业水准，要可读、耐读，彻底摒弃八股文风和干巴叙述。做精品新闻不仅是媒体竞争和报社事业发展的要求，更是维护我们职业尊严和提升自身价值的要求这已经成为南方农村报人的共识。



这些年，南方农村报以强有力的执行力、严格的业务考核敦促每一篇稿件采写和选编的精益求精，从而保障了南方农村报报道创新和精品新闻战略的顺利实施。

2010年 1月23日
星期六
己丑年 十二月初九 廿一立春
第5068期
今日16版

南方农村报

新农村推动力

南方报业传媒集团主管主办
原广东农民报
粤报出证字第150号
刊号：CN44-0150
邮政代号：45-7

大埔县湖寮镇下坜村征地以后、夫妻感情终结、老翁欲寻短见、兄弟刀兵相见……

被征地刺痛的村庄

□本报记者 付伟 陈泉润
南方日报记者 胡念飞
实习生 汤凯锋

1月9日晚上9点多，大埔县湖寮镇下坜村10号，大门紧闭，门内无光，门上贴着内容为“发达永荣”的半边对联。

这是蓝秀稳的“空巢”。蓝的邻居告诉南方农村报记者，尽管一直以来蓝秀稳都与妻子吵吵闹闹，但是蓝妻始终没有弃家出走。

然而，这一对爱吵闹的夫妻却因为村里的征地而彻底了断。蓝秀稳的邻居介绍，征地工作开始后，蓝秀稳的妻子独自带着征地小组丈量了土地，在外打工的蓝秀稳获悉后，警告妻子没有资格丈量土地，结果两人大闹一场，其后妻子不声不响地离去。

驻村干部房惠霞告诉记者，蓝秀稳在征地之前就已经与妻子离婚了。尽管两种说法不一致，但可以肯定的是，蓝妻是因为征地而离开了蓝家。

2009年9月，大埔县政府发文征收下坜村农户村民的水田173.4亩，主要用于迁建大埔县人民医院、下坜村防洪堤和配套的街道商店等项目。

这场为建设民生工程而开展的征地工作，打破了下坜村的安宁，围绕着征地合法性与征地补偿款的争议，多年的夫妻感情走到尽头，亲兄弟间自相残杀，和谐的家庭走向分裂……不同利益取向所彰显的强大张力，迅速瓦解着这个蓝姓客家村庄的淳朴与和谐。

## 脆弱的亲情

*征地之事暴露后，兄弟俩在协商不成的情况下，拿起了武器，弟弟拿菜刀，哥哥举起耙。其间，哥哥的一只手被弄伤。*

与蓝秀稳一样，因为征地而引爆的家庭冲突在该村多次上演。

在征地“钉子户”蓝岳华家的一张长椅上，目光游离的蓝老汉，被夹持在下坜村党支部蓝书记和另一位征地“钉子户”中间，显得很不自在。围绕征地的利弊得失问题，蓝支书与“钉子户”又展开了一场唇枪舌剑。

偶尔，沉默中的蓝老汉也会在二人争斗的间隙颤动着下颌，向外人絮叨这场征地运动带给自己的种种噩梦。

无论是政府征地行为的合法性，还是新医院建设的利弊问题，都不是蓝老汉故事讲述的中心。他只想弄明白，为什么与自己生活了几十年的结发妻子，会毫不客气地将夜壶扣在自己头上？为什么几个儿子会对自己恶语相向，视自己为全家人的“公敌”？

难道，只是因为他在一纸丈量协议上签了字？

2009年下半年，县镇村三级干部穿梭往返于下坜村，以各种方式试图融化部分村民对新医院建设征地的抵触情绪。眼看着一户接一户都认可了土地丈量结果，并领到了征地补偿款，对金钱心痒的蓝老汉实在熬不住了。

于是，下坜村同意征地的签名中多了蓝老汉一家的名字。然而，令老汉意想不到的是，当自己将一叠厚厚的钞票摆在全家人面前时，迎接的并不是家人灿烂的笑容，而是一场暴风骤雨式的数落。

“没有地，靠这点钱，我们怎么活？”自从签字之后，老伴无休止的唠叨便灌满了蓝老汉的耳朵，子女们对父亲的草率签字也是百般指责，“为什么不同我们商量，你有什么权利把全家人的土地都献出去？”

去年年底的某天清晨，刚刚睁开睡眼的蓝老汉突然觉得有股异样的液体流到了脸上，抬头一看，原来是老伴正将夜壶中的尿液洒在自己头上。

感觉蒙受奇耻大辱的蓝老汉觉得自己再无颜面存活于世，此后，他几次试图自缢，幸被家人及早发现而未遂。

在蓝老汉看来，全家数亩土地被征收“木已成舟”，目前他需要面对的，是如何尽快弥合因此而造成的家庭关系裂痕。

蓝老汉的遭遇迅速被村庄舆论发酵为一场“笑谈”，也成为蓝岳华等“钉子户”的“经典论据”之一。

与蓝老汉的“笑谈”不同，村里广为人知的是蓝强（化名）两兄弟之间的争吵，这场争吵让这对亲兄弟上演了自相残杀，成为“闹到了派出所”的案例。

由于是非农户口，蓝强本人在村里并没有分得耕地，只有他妻子名下保留了两分地，这两分地一直和他哥哥的地连在一起。让蓝强没料到的是，他哥哥竟背着他，将自家不在征地范围内的土地与其他村民调换，并将征地补偿款占为己有。

征地之事暴露后，兄弟俩在协商不成的情况下，拿起了武器，弟弟拿菜刀，哥哥举起耙。其间，哥哥的一只手被弄伤。在旁劝解的八旬蓝母见状，大惊失色，遂拨打110。警方迅速赶到，二人被带至当地派出所。

经过一番询问，当地警方将其定性为“家庭纠纷”，进行笔录之后，当天便将二人放回。

“现在我们基本上没有来往了！”几十年的兄弟情谊竟抵不过征地利益之争，蓝强显得很遗憾。而他哥哥的话则引人深思：“如果他能坐下来谈，有什么要求我都会尽量满足他。”

## 两派“口水战”

*在“支持派”看来，如果不支持新建医院，下坜村的洪涝危机将无法解决，子孙后代更是永远只能生活在洪水威胁之中，他们甚至称“反对派”没有长远的眼光，必将“害子害孙”。*

几百户人家的下坜村，被一山一河紧紧揽于怀中，盆地地形使其成为大埔县城周边地区最为低洼的地带。同时，受水土流失和下游电站等影响，村旁梅潭河支流河床及水位不断抬高，雨季一至，河水漫堤在所难免。

当地村民告诉记者，2006年7月，当地就发生了严重的洪涝灾害，梅州市政府还专门派人到下坜村指导抗灾救灾。

（下转第4版）

“以精彩的故事打动人”这根指挥棒，指引着南方农村报兢兢业业地做吸引人、震撼人的新闻。至于故事的讲述，我们大都采用“解剖麻雀”——以小见大的手法。以典型事件反映现象，揭示问题，这种操作也比较容易驾驭。当然，“小”，不是鸡零狗碎之事，而是能够折射普遍性问题却往往为人熟视无睹的情况。比如一些关系民生的事情，看上去很“小”，无关宏旨，可是对大量的居民来说却也是大事。这就要求记者具有发现新闻价值的敏锐眼光和操作报道的技巧。一段时期以来，宏大叙事大行其道，这种报道方式好不好？好！但是目前似乎不太适合农民通俗浅显、直截了当的阅读习惯，太长的篇幅也不太适合南方农村报较紧凑的版面——增加版面势必提高报纸价格，增加读者负担。所以，南方农村报的原创报道特别是批评报道，绝大多数是三千字左右、中等深度的报道。

**（3）理性思考抑冲动**。有责任感、经常从事批评报道的记者往往容易激动。这种激动是双刃剑，得小心使用，拿当今的一个“热词”来说，就是要引导——引导得当，其作用往往不可估量；而引导失当，则可能伤人及己。怎样引导，怎样避免激动演为冲动，把激动转化成用得其所的动力？选项无他：保持理性。南方农村报的评报会在不断

南方农村报
新农村推动力
免费疫苗不免费
英德市部分乡镇卫生院儿童防疫乱收费严重，有的农户每年因此枉花近千元，孩子放弃接种

“刺激”记者投身舆论监督的同时，也注意适时适当地采取一些抑制措施，压低火苗，把握节奏，使批判精神和理性思考成为记者、编辑的自觉行为。唯有这样，舆论监督列车才能平稳行驶不出轨。我们一直强调所道要尊重事实，揭示本质；攻其一点，不及其余，舆论监督尤其要慎之又慎。为避免招惹不必要的麻烦，南方农村报的报道一般不作过多的阐述、牵扯与附会，更不动辄无限上纲和延伸拷问。同时，我们不说过头话、过激话，不迷信、轻信，坚持多思、多问。

小心驶得万年船。当今各种思潮激荡、信息海量传播、各种利益激烈博弈、各种声音互相交织，各种关系错综复杂，媒体人只有时刻保持头脑清醒，才能不迷失方向，才能杜绝报道的片面性和结论的绝对化，才能避免妄下论断，才能减少盲从，才能保障媒体稳步前行。西方媒体所说的“只负责报道”在中国却没那么简单。作为党领导下的社会公器，我们的报纸理所当然地要承担与其相适应的社会责任。为报道而报道，目标模糊，社会效果如同赌博，媒体目的也较难实现。所以，实施行动前，我们一般都要预估一下报道可能产生的社会反响和所报道问题的可解决性。无论何时，报道什么事件，都保持热心冷眼，既不失位，也不越位。多年来，我们十分慎用批评工具，对事不对人，尊重被批评对象的人格。对于一些涉及个人评价与人格尊严的词语、一些程度副词，认真推敲，准确把握分寸，适当留有余地。我们深知，锋芒毕露的话语，有人听了很过瘾、很解气，但有些人听了就可能很难受、很呕气。图一时之快，作惊人之语，言过其实，危险！我们总是不断地警告自己：不以批判的武器代替武器的批判，任何批评报道都必须经得起时间的检验。

长期以来，特别是近十年，南方农村报坚持不懈、密集大量地开展舆论监督，给人的感觉是“大胆”。这“大胆”是什么意思？是媒体人社会责任的充分诠释，抑或是“勇猛”、“莽撞”的代名词？由于农村报面向部分读者的“低端”，因此，有人拿后者眼光揣测南方农村报不足为奇。在此，我可以老实地告诉大家：南方农村报奉行的是兢兢业业、细水长流的厚道人办报理念，我们力求生产高品质的新闻产品，至少要杜绝劣品、废品和次品。当然，我们也希冀哪一天能施放“新闻核弹”，一夜闻名天下，但是，在深入研究重大现实问题，谋划方案，积累资源打造巨制的同时，我们更重视经营好关系民生、贴近群众却不见得轰动的“常规”报道。我们既要及时地反映和观察热点，又不忘适时地披露和透视“冰点”；既要竭力介入报道备受舆论关注的焦点，揭示隐藏的事实真相，又要时时盯住一切与广大农民群众生活息息相关、看似常态、人们熟视无睹的难点。我们鼓励做有勇有谋的新闻战士，反对做唐吉诃德式的骑士，力劝做无谓滚地雷阵的“烈士”。总之，人民群众的呼声是南方农村报行动的第一信号。而舆论监督既是南方农村报人的责任与担当，更是报纸立足发展的倚靠和必需。

低调，却不乏激情，是南方农村报人的写照。

**（4）讲究技巧避雷区**。一位媒体行尊曾说：有可以不说的真话，绝不可以说假话。细细品味，方感深刻。尽管是真话，但什么时候该说、什么时候不该说、该说多少分、怎样说才能让听者入耳顺耳等等，大有讲究。对不同的对象采用说不同说话方式可不是滑头，而是技巧。有的话直截了当，直奔主题，效果好；有些话换种表述方式，人家听来没那么刺激和逆耳，易接受。有些信息和敏感话语——特别是在我们把握不准之时，为了避免引发过激过量的反弹和过度过当的解读，姑且采取“禾秆盖珍珠”的办法，作适当的遮掩——尤其不要在标题中出现。为了收获更好的报道效果，南方农村的舆论监督坚持在群众诉求和政府努力的结合点上下功夫。另外，着眼于可持续发展，我们在坚持原则的前提下，又注意兼顾各方关系，努力赢取尽可能大的支持面和支持力，把负面效果减至最小限度，避免自伤。

作为党领导的媒体，遵守宣传（新闻）纪律是常识。无论什么时候，我们的报纸都绝对不可冲“红灯”、踩“红线”。然而，不“犯规”不等于懒惰和无所作为。一个人和一个团队的力量都不是无限的。每家媒体都有近期和中远期目标，只有脚踏实地、尽力而为，一件事一件事地谋，一步一步地前进，才能不断接近和达到目标。一蹴而就、一步登天固然是好，但事情往往不能遂人愿。南方农村报的记者与农民最接近，对农民的疾苦和农村情况最了解，何尝不期望农村发展与社会进步一日千里，不期盼城乡和谐早日实现？三农问题是当今中国社会重大、带全局性的问题，作为农村媒体，南方农村报需要关注的领域很多，着眼关系农民最现实、最直接、最迫切的问题，选取有代表性的事件，以讲故事的方式，告知受众，汇集民智，推动下情上达，完善决策。农村人口多、地区差异大、发展不平衡的国情决定了南方农村报人理想的“远大”。我们不会因为某一篇（组）倾力制作、主题重大、引起强烈反响的报道却不能立马促使农村经济社会的发展驶入快车道而自暴自弃，动摇自己的理想；也不会因为某一篇（组）报道未赢得多少掌声而怀疑所从事工作的意义。媒体有所不为才能有所为。我不闯“禁区”不能说明我不勇敢，恰恰相反，说明我踢球懂规则、善控制。能够把球踢得富有观赏性并且赢得比赛就行了，何必追求把球连同对方守门员打进网中，把网射穿？何必非要把自个儿踢得伤痕累累，把队伍跟得伤兵满营？主管部门的招呼不能不听，除非你不想干了——但即使你不想干了，也能因为你的错误贻害了整个集体。十余年来，南方农村报刊登的批评报道数以千计，但明显违反新闻纪律、问题严重的，几乎为零。

回顾南方农村报过去的十年，考察其突围振兴之路，虽没多少惊天之举，但也自有其独特可贵之处，那就是坚持——坚持十年如一日，做农民忠实的看门狗。正因为其忠实，才赢得了千百万农民的衷心拥护和支持，数十万农户的自费订阅印证了这一事实。

心怀理想，富于理性，是南方农村报这个团队孜孜不倦服务三农，坚持不懈开展舆论监督的秘密。

（作者系南方农村报副主编）

# 公益新闻 正当其时

□郎国华 王长庚

郎国华

今年“两会”期间，温家宝总理提出“公平正义比太阳还要有光辉”。作为省委机关报，南方日报创新报道理念，早在汶川地震一周年之际，推出“南方公益”版，倡导公平正义，助推社会转型，可谓恰逢其时。

通过一年来的实践摸索，“南方公益”初步摆脱了“好人好事”报道的旧套路，新闻品质得到较大改观。同时，通过多方互动促共赢，“南方公益”已然成为党报走市场的有力武器之一，成为报社盈利的新增长点，并有助于增强党报在民众中的权威性和公信力，为化解民生疾苦贡献了微薄之力，为社会顺利转型提供了助力。

## 提升新闻品质，跳出“好人好事”报道窠臼

公益的外延很大，就目前状况来讲，慈善还是公益的核心之一。在没有创办“南方公益”版之前，南方日报的慈善报道多为单纯的好人好事报道，零敲碎打，是纯粹的单向传播。有了“南方公益”这个平台，南方日报的慈善报道不仅数量激增，慈善报道的品质也有了明显提升。

在现阶段做公益新闻，企业的公益资讯是最活跃的主角。“南方公益”在分析是否刊登企业公益资讯的利弊得失之后，认为企业公益新闻不能不发，关键是如何发。《南方公益编辑方案》给出的解决方案是：新闻先行，

即使是公关稿、人情稿，也要用新闻的手法包装；记者要抓住新闻点，编辑尽可能用编辑手段，给读者有用的资讯。

真正有价值的企业公益新闻，提炼其中的新闻点，安排在“高端访谈”、“公益现场”等栏目刊出。比如，格力总裁董明珠十多年来带动员工实际捐款超过 1 亿元，但在捐款金额上就事论事，意义不大。“南方公益”抓住董明珠的公益理念做文章，以《公益偏爱“会哭的孩子”有失公平》刊出，客户满意了，读者也不会挑刺。

与此同时，“南方公益”结合实际，配合南方日报的第七次改版，力争做好公益新闻的第二落点，在公益新闻领域做出“南方深读”特色。具体经验有两条，一是反思，挖掘公益现象背后的问题和制度缺陷；二是总结，做立体式透视，而不仅仅满足于同一层面的反复。

去年关于捐款的风波不少。当财经类媒体和综合性日报铺天盖地报道“陈发树捐款 83 亿成立慈善基金”时，“南方公益”冷眼分析这些“口水仗”，抛出两个问题：国内企业家为啥怕捐身家？民间慈善成长的“土壤”在哪里？这组报道 2009 年 10 月 29 日见报后，人民网、凤凰网等都有转载，传播广泛。

作为改革开放的前沿，广东各界在公益领域的表现可圈可点，成就报道不可避免。但公益领域的成就报道也不必落入典型报道的窠臼，完全可以走自己的路。“南方公益”的经验是，抓细节，在好看的故事中提供观点。

南方日报 南方公益 大爱无疆 滴水有情 A12

中国移动通信 CHINA MOBILE 引领 3G 生活

# 粤企合力构建公益生态链

“南方致敬·2009 公益盛典”昨晚举行，《南方公益宣言》倡议人人参与公益

在昨晚举行的南方致敬·2009 公益盛典上，36 家企业获颁“南方致敬”奖项。图为获奖单位代表“全家福”。 南方日报记者 吴伟洪 摄

获奖感言 不遗余力投入公益事业

中国移动广东公司

星河湾地产控股有限公司

格力电器

## 南方公益宣言

南方报业始终坚信，一家真正优秀的企业，除了要持续拥有良好的业绩外，更要赢得整个社会的认可和尊敬。我们诚挚地希望，汇聚大家的智慧和力量，一起传承和创新中国的公益文化，一起营造现代社会的公益氛围，一起实践和探索新的公益模式，推动社会进步、文化发展、环境保护与经济增长的和谐共生。

我们还要呼吁更多的志愿者，秉持一贯的慈善关爱之心，关注贫困、关注乡村、关注环保，关注需要帮助的弱势群体，通过主流媒介的传播，让人人参与公益，让公益成为生活不可或缺的一部分。

如网易CEO丁磊是个慈善明星人物，如何报道丁磊做公益？“南方公益”抓住丁磊捐款捐出一肚子委屈做文章：印尼海啸捐1000万，被网友斥为“只捐给老外，不捐给中国”；后来给美国斯坦福大学捐奖学金，被批评“为什么捐给外国大学，不捐给中国大学”；2007年浙江大学110年校庆时捐款1000万美元，“有领导问我，为什么只捐给东部，不捐给西部”……在充满张力的对比中，启迪读者。



翻看每期“南方公益”的小样，不难发现，炽热而沉郁的民生情怀正是其鲜明特色：围绕需求，不间断地开展公益新闻报道，实实在在为有需要的读者解决问题，帮助特定人群实现一个目标——社会转型，浪急滩险，在一定程度上，民生疾苦有赖公益报道纾解。作为主流政经大报南方日报的有机组成和创新举措，“南方公益”的实践，充分彰显和强化了南方日报责任媒体的良好形象，体现了主流媒体所应承担的责任意识和民生情怀。

南方公益
A08
5·12汶川地震周年
1 慈善成为企业家的生活方式
广东迈向
民间慈善新时代
2 民营经济高速发展催生民间慈善
3 从蹒跚学步到青春期的迷惘成长
4 同时迈出跨区域发展这条腿
大爱无疆
滴水有情
诗歌静思会
为汶川祈福
今晚四万人
燃烛点亮爱

## 多方互动，切实增强党报市场影响力

筹办“南方公益”之初，就确定了一个基本原则：公益先行，新闻立身，以有质量的公益新闻吸引有品位的公益广告，实现良性循环。

南方公益
A08
丁磊捐款捐出一肚子委屈
养母卖房打工
筹不够治疗费
患者可在家门口
免费做手术

“南方公益”才起步，如何保证叫好又叫座？南方日报的经验是：多方互动，以活动促公益，以活动带广告，既弘扬乐善好施的慈善精神，提高各界的慈善积极性，又要能帮助有困难的民众，从而切实增强南方日报的市场影响力。2009年儿童节前夕，“南方公益”刊出《谁帮孩子实现“最后的愿望”》特别报道，用制图的形式列出10个儿童的“最后愿望”。6月2日，“南方公益”以《四名癌症患儿愿望已成真》报道了救助结果。

南方公益
A08
谁帮孩子实现“最后的愿望”
宝宝你要先走害不害怕?

在经济相对发达的珠三角，企业公益活动越来越多，公益宣传的需求也越来越迫切。“南方公益”采取“走出去”的策略，寻找公益伙伴，策划公益活动。2009年12月15日，南方日报携手斯巴鲁汽车在清远举行的“蓝色关爱行动”，在落后山区举办助学活动。“南方公益“随后相继刊出《“蓝色关爱行动”清远传递爱心》、《斯巴鲁践行环保责任 洒播希望爱心种子》等稿件。既帮助了山区教育，也推广了企业品牌，并增加了报社收入，实现多方共赢。

南方公益
A12
“蓝色关爱行动”清远落幕
斯巴鲁践行环保责任 撒播希望爱心种子

“南方致敬”公益案例征选收官今起评奖
41家企业及案例入围 12月28日颁奖并发布企业社会责任年度报告

履行企业公民的社会责任，发布社会责任年度报告，已成为不少企业的共识。“南方公益”顺势而为，2009年11月17日刊登企业公益案例征选热线、电子邮箱、官方网网址，面向广东国内公开征集企业的公益案例。随后，“南方公益”在12月连续四期，每期以半版规模推出“南方公益案例征选”。最终，41家企业及案例入围，12月28日发布“企业社会责任报告”。在企业社会责任年度报告出炉时，拉动了一批商业广告，初步统计在500万元左右。

并于2009年终举行“南方致敬·公益盛典”晚会暨2010年南方日报客户联谊会，发布《南方公益宣言》，营造“人人参与公益”的良好社会氛围，带动报社的商业广告，更重要的是，以公益为主题的客户联谊会，让客户耳目一新，真正体认到南方日报作为省委机关报的高度和风范。

2010年5月发起成立公益联盟，恪尽媒体的责任和企业公民的责任，将广东的慈善事业推向新台阶。成立公益联盟，不仅解决了热心公益的公民和企业急需的慈善和公益平台，更纠正了党报走市场化过程中过分追求经济效益、甚至于给读者和社会留下“党报一心向钱”的负面印象，实现报社、读者、广告主等之间的良性互动。无论是社会效益还是经济效益，无论是舆论影响力还是市场影响力，都得以切实提升。

## 整合资源，打响“南方公益”品牌

通过“南方公益”一年来的实践，可以说，党报做公益新闻激活了慈善报道，真正做到了“读者报料——报纸受理——发动募捐——困难人群受助”的良性发展。借助已有的报料平台，“南方公益”新闻线索源源不断，爱心读者的捐款也能在第一时间得到回应，并将捐款后病友治疗情况反馈给爱心人士，形成了双向互动，也保证了爱心捐款的流向公开透明。



不过，“南方公益”一直以来都是摸着石头过河，实践中也暴露出一些问题：以活动带新闻，以活动带广告，需要前期投入，需要一个强力的部门来举办公益活动，报社极度缺少负责论坛、公益活动的人才，存在一个空白区。采编部门去负责筹办公益活动，不说如何保证活动质量，对新闻的采编也有一定程度的干扰；广告公司去负责，对新闻的影响尤甚。

在目前的社会环境和报社运营机制下，如何整合资源，在保障并提高公益新闻的品质同时，开拓公益广告市场，“南方公益”还在路上。

（作者郎国华系南方日报要闻编辑中心主任，王长庚系南方日报编辑）

# 我成了同行众矢之的
## ——南都南澳Ⅰ号报道幕后

□许黎娜

许黎娜



写下《南澳Ⅰ号考古领队怒斥媒体摆拍》(刊发于2010年6月11日南方都市报)后，原本担心会被考古领队“怒斥”——把他对我说的“真心话”给捅出去;没想到,遭来的是一些同行的批评。对此,我坦然笑对——当一个人与一群人不同时，自然会有各种不同的评论。但这件事也给了一些思考：考古这样的专业领域新闻该如何报道？近几年，国内考古界出现新闻化、公众化、娱乐化的趋势和倾向，愈发浮躁，而新闻记者如何保持客观冷静的存疑态度？

“水下考古”是听上去挺浪漫、做起来挺痛苦的事。采访水下考古亦然。2007年，阳江南海Ⅰ号古沉船整体打捞，我开始频繁展开水下考古领域的报道。这类报道的消息源一般分为两种，文物部门、考古队发布的通稿；而现场采访，虽然累，但无疑是最让记者兴奋的。

广东海域发现的古沉船不少，南海Ⅰ号和南澳Ⅰ号是最引人注目的两艘古沉船。到达目的地的过程，就够折腾了：从广州出发，耗时四五个小时到达阳江（南澳），一般是先在当地住一晚，第二天一早，媒体到码头集中坐船，再花1－2个小时到达古船海域，最终登上的是考古古船的作业船。在此过程中,记者们得克服晕船的痛苦,打起精神采访、写稿。还有,别以为记者也可以像考古队员、打捞队员那样潜到海里去“摸宝”。据我所知，迄今只有极少数的获得特批的摄影、摄像记者有此待遇。

2007 年 6 月，南澳Ⅰ号发现时，我曾到现场采访；今年 6 月中旬，又接到去现场采访的任务。采访之前，我做了下功课，把这三年里关于这条古船的资料查了一遍。今年 4 月底，南澳Ⅰ号考古项目正式启动，央视随后进行了四场大型直播。网络上，相关的报道十分海量，数量、规模堪比南海Ⅰ号。但这些报道留给我的印象是猜测的多，定论的少。

事实上，这种“猜测报道”，我之前也经常用。2007 年，南海Ⅰ号出水前夕，曾组织媒体数次现场采访。比如，发现几小块鲜红如新的朱砂碎片，我就猜这朱砂是不是胭脂？那是不是有女人同船随行呢？再比如，捞出个精美的鎏金龙纹手镯，我也使劲发挥想象力——能佩戴得起这件首饰的，应是身形魁梧壮实的男性。他的手臂粗大，腰板也很粗，这样才能佩得起早前打捞起来的那条长达 1.7 米的鎏金腰带。可再仔细一琢磨：不对，这条镏金腰带呈现出明显的阿拉伯风格，那么，这条腰带的主人可能是古代西域人。但鎏金手镯却以中华民族的龙为主体的式样。完了，这个主人的“国籍”，一下子难以断定了。

我还记得，2007 年媒体们争相和相关部门合作，想获得南海Ⅰ号的独家报道权。我做的一个策划方案里，包括对“南海Ⅰ号”的 100 个猜想，“让考古人员、打捞人员、学者与公众进行互动，猜想的内容既要有科学依据，又要有一定想像空间，有趣味性。”

A12　城事　南方都市報

2010年6月11日　星期五　编辑　方军　美编　沈淑婷　美编助理　刘艳兰　校对　贾华

# 南澳Ⅰ号考古领队怒斥媒体摆拍

表示媒体宣传有助于提高社会关注度，但过分介入也给考古工作带来一定程度的破坏

**有观点认为南澳Ⅰ号上的文物并不精美，价值不高，这是以投资收藏的眼光来认识古船，而我关注的是其考古价值、学术价值。南澳Ⅰ号是迄今为止国内发现的唯一一艘明代晚期商贸船，古船本身甚至比船上文物更具研究意义。**

——南澳Ⅰ号考古领队崔勇

就是这个青花大罐惹来记者摆拍。　南都记者 李建君 摄

“放下！快放下！（文物）要是摔坏了，算谁的（责任）？”昨天上午，在南澳Ⅰ号明代古沉船发掘现场，有媒体记者要求水下考古队员抱起一个珍贵青花大罐进行“摆拍”，考古领队崔勇发出怒斥，场面一度十分尴尬。

昨天，广东省文物局、中国文化遗产研究院组织20多家媒体对南澳Ⅰ号水下考古发掘进行实地采访。崔勇表示，媒体对南澳Ⅰ号的大力宣传，有助于社会各界关注、支持水下考古事业；但与此同时，媒体的过分介入也给考古工作带来一定程度的破坏。

**“文物摔坏了，谁负责？”**

昨天上午，来自20多家媒体的约40位记者集中前往古船考古作业平台——“南天顺”打捞船。

昨天上午9时许，南澳海面突下大雨，风向西南，这是近期难得的，适合水下作业的好天气。南澳Ⅰ号考古领队崔勇一边安排考古队员下水，一边不间断地被媒体重重包围。

迄今，南澳Ⅰ号出水文物总量已超过4000件。这天，新一批古船文物吊起出水，一件高约30厘米的青花大罐格外惹人注目。现场有摄影记者要求一位考古队员抱起它配合照相，考古队员显得很吃力，因为大罐里塞满淤泥，又沉又滑。正在一旁接受采访的崔勇扭头看到，立即要求队员放下文物。紧接着，他怒斥道：“（文物）要是摔坏了，算谁的（责任）？”

一看到领队动怒了，原本七嘴八舌提问的记者们顿时鸦雀无声。

**囧问题令领队难以招架**

在怒斥摆拍之前，崔勇一直耐心而谨慎地回答提问，但有些问题令他有点招架不住。

“之前捞出了金戒指，是不是说古船上有女人随行啊？”一位女记者的提问让崔勇哭笑不得，他反问道，“戒指就只有女人才能戴吗？男人就不能戴了？也有可能是男人送礼用的啊。”随团记者一听，都笑了。

类似的问题，还有“发现铜炮铜铳，是否说明南澳Ⅰ号是艘武装商船？”“明代实行海禁，这艘古船是否走私船？”记者们显然急于从考古领队口中获得准确答案，但崔勇只能告诉他们：目前还没有确切证据。被问急了，崔勇只好说：“你要这么写，那是你们记者的猜测，不要写是我说的。不然，被考古界内行一看，就贻笑大方了。”

崔勇的这句话实属无奈。他说，考古应该是先做发掘整理，之后做研究下结论。但是，有些媒体和专家一看到某件文物，就急于做各种推测猜想，这显然不严谨。

**“报道与考古的平衡还难以把握”**

今年5月，央视对南澳Ⅰ号做了四场大型直播。南都记者还了解到，为配合直播，汕头市委、市政府高度重视，专门成立以市长为组长的水下考古发掘工作协调指挥小组。

然而，崔勇对媒体高度关注感到矛盾：报道使社会各界了解、关注水下考古事业，使这一冷门学科获得更多支持；但媒体介入考古，使公众产生太高期望值，也令考古工作者压力巨大。崔勇也理解媒体报道要吸引受众；但要求考古配合媒体传播的需要，类似过分的要求，实际上也给考古工作造成一定程度的破坏。崔勇感到还难以把握其中的平衡。

南都记者 许黎娜

声音

**“考古和电视直播其实不太好融合”**

中国文物报总编辑曹兵武此前在接受南都记者采访时曾指出，考古工作的性质，和电视的实况直播之间其实不太好融合。电视需要给予观众瞬间效果，和考古的工作程序甚至可以说是背道而驰。比如，很多时候不是对着镜头就有文物出现，比如说有些地方还没有搞清楚，按理应该停下来，想清楚了再往下走，否则的话在将来的研究工作中就可能有缺憾，但电视直播不可能停在那里了。也许直播时不一定能看出负面作用来，但对以后的研究工作有没有影响就很难说。

旅加中国历史研究者陶短房指出，近年来，国内考古界出现新闻化、公众化、娱乐化的趋势和倾向，这是危险而有害的。他认为，考古固然要重视与公众的交流，但是这种开放应该是随时公开考古进度，而不是急于公布结果。但现在很多所谓的开放，是以商业利益为目的的开放，而考古本身根本不应考虑商业利益。他举例，美国国家地理曾几次直接干预水下考古，带来了非专业破坏和示范财富效应，因为这几个电视节目，使得许多沉船被淘宝者粗暴破坏。这种媒体介入行为，遭到考古界的强烈反对。

最后，由于种种原因，这个“100个猜想”并没有执行。但在日常报道中，却乐此不疲。现在回想起来，每次对古船的报道，总想搞点噱头，又来点故事，以此引起读者眼球。这类“猜测报道”，标题往往是加个“或”、“可能”，文中写上“某专家推测”——其实有不少是记者的推测。有考古专家事后追问起来，也就马虎过去。当时我认为，反正还没有定论出来，这种报道不存在对考古的伤害，十分安全。

直到我读了旅加中国史研究者陶短房《莫以非考古的态度炒作南海Ⅰ号》这篇评论后，我才开始意识到这种“猜测报道”其实是一种对考古不负责任的伤害。陶短房指出，“但在商业化大潮的冲击下，原本远离尘嚣的考古渐渐变得新闻化、娱乐化，原本需要长期考辨、训诂，反复核实才能拿出最终结论和成果的考古渐渐变得功利化、浮躁化，而这种倾向和趋势本身是危险的、有害的。”



诚如陶短房所言。就在他这篇评论发表的当天，2007年12月21日，南海Ⅰ号提前一天出水，让云集在阳江市区等待参加正式出水仪式的众多媒体大感意外。一些媒体重金租用直升机航拍出水，但因为出水时间的变动，他们只能在陆地上急得跺脚——因为飞行员还没到位，直升机上不了天。当时，只有中央电视台、广东电视台等获准率先登陆南海Ⅰ号作业船的少数几家媒体进行了直播报道。

在当天下午阳江举行的新闻发布会，文物、考古部门的的一线人员全不见，发言人全是来自阳江市当地官员。这场发布会也犹如旅游推介会。发放给记者的资料中不少是关于阳江旅游推介方面。阳江官员向媒体介绍阳江市对南海Ⅰ号的旅游开发计划，盼借船推动阳江经济快速发展。但是，南海Ⅰ号未来保护的具体措施、保护经费多少，均语焉不详。

对古船出水时间毫无征兆的变动，让媒体记者们感觉被耍了一把，现场提问充满火药味。阳江官员的解释也十分牵强，称这是调试，以确保古船22日正式出水万无一失——是哦，第二天，电视机前将聚集无数双眼睛看直播，有个闪失，那不是太丢人了。

也就是从陶短房的这篇评论，以及亲历了这场新闻发布会之后，我对考古报道开始懂得发出批评的质疑，而不是为了出噱头的猜测了。

媒体们对南澳Ⅰ号一如既往投以热情关注。我听说，有一家广州媒体由领导亲自带队前往现场，甚至打算花钱请直升机来航拍；还有一家深圳媒体的摄影记者，由于不在接待媒体之列，多方找关系，还自己掏了几千元，雇小船前往沉船海域。这种敬业精神，我十分佩服！

但由于今年五月，中央电视台对南澳Ⅰ号进行四次大型直播报道，考古作业现场没有接纳太多媒体。5月21日，央视报道组撤走。广东省文物局、中国文化遗产研究院为此特地组织此次央视之外的媒体集中现场采访。6月10日，来自20多家媒体的约40位记者集中前往古船考古作业平台——“南天顺”打捞船。这其中有新华社这样中央媒体、广东省内媒体，还有从北京、天津、福建漳州、浙江杭州等地专程赶来的记者。

媒体们像卯足了一股劲，一上作业船，就围着考古队员们采访、拍摄。一开始，我也跟着一堆同行，追问着一堆不着边际、没有定论的问题，比如南澳Ⅰ号“是否开往东南亚、是不是漳州窑”、我也追着崔勇等考古队员找出“证明古船开往肯尼亚的盘子——青花丹凤盘”给媒体拍摄。实话说，当天的现场，除了那只刚出水的青花大罐最引人注目外，确实没有什么特别亮点之处。

我跑文化线五六个年头，和南澳Ⅰ号的考古领队崔勇打交道甚多。瞧他被记者们团团包围、又想回避、又不得不回答的样子，心里觉得好笑，又替他无奈。

戏剧性的一幕就在不经意中发生：现场有摄影记者要求一位水下考古队员抱起那件青花大罐配合照相。正在一旁接受其他记者采访的崔勇，扭头看到这一幕，立即要求这名队员放下文物。紧接着，崔勇

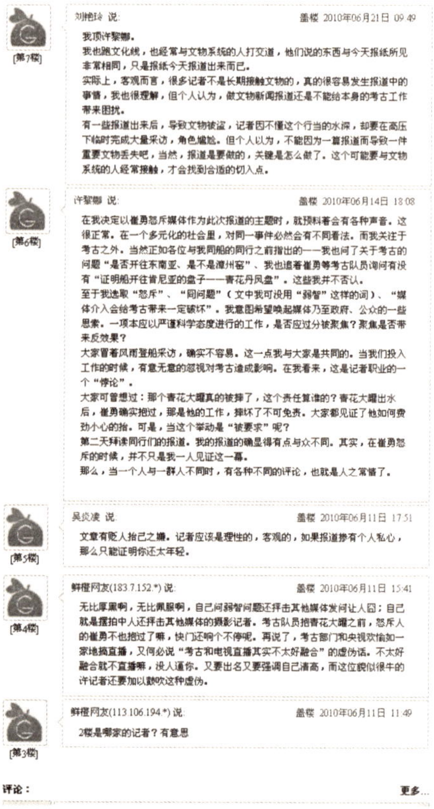
刘艳玲 说: 盖楼 2010年06月21日 09:49 [第7楼]

我顶许黎娜。
我也跑文化线，也经常与文物系统的人打交道，他们说的东西与今天报纸所见非常相同，只是报纸今天报道出来而已。
实际上，客观而言，很多记者不是长期接触文物的，真的很容易发生报道中的事情，我也很理解，但个人认为，做文物新闻报道还是不能给本身的考古工作带来困扰。
有一些报道出来后，导致文物被盗，记者因不懂这个行当的水深，却要在高压下临时完成大量采访，角色尴尬。但个人以为，不能因为一篇报道而导致一件重要文物丢失吧，当然，报道是要做的，关键是怎么做了。这个可能要与文物系统的人经常接触，才会找到合适的切入点。

许黎娜 说: 盖楼 2010年06月14日 18:08 [第6楼]

在我决定以崔勇怒斥媒体作为此次报道的主题时，就预料着会有各种声音。这很正常。在一个多元化的社会里，对同一事件必然会有不同看法。而我关注于考古之外。当然正如各位与我同船的同行之前指出的——我也问了关于考古的问题“是否开往东南亚、是不是漳州窑”、我也追着崔勇等考古队员询问有没有“证明船开往肯尼亚的盘子——青花丹凤盘”。这些我并不否认。
至于我选取“怒斥”、“冏问题”（文中我可没用“弱智”这样的词）、“媒体介入会给考古带来一定破坏”。我意图希望唤起媒体乃至政府、公众的一些思索。一项本应以严谨科学态度进行的工作，是否应过分被聚焦？聚焦是否带来反效果？
大家冒着风雨登船采访，确实不容易。这一点我与大家是共同的。当我们投入工作的时候，有意无意的忽视对考古造成影响。在我看来，这是记者职业的一个“悖论”。
大家可曾想过：那个青花大罐真的被摔了，这个责任算谁的？青花大罐出水后，崔勇确实抱过，那是他的工作，摔坏了不可免责。大家都见证了他如何费劲小心的抬。可是，当这个举动是“被要求”呢？
第二天拜读同行们的报道。我的报道的确显得有点与众不同。其实，在崔勇怒斥的时候，并不只是我一人见证这一幕。
那么，当一个人与一群人不同时，有各种不同的评论，也就是人之常情了。

吴炎凌 说: 盖楼 2010年06月11日 17:51 [第5楼]

文章有贬人抬己之嫌。记者应该是理性的，客观的，如果报道掺有个人私心，那么只能证明你还太年轻。

鲜橙网友(183.7.152.*) 说: 盖楼 2010年06月11日 15:41 [第4楼]

无比厚黑啊，无比佩服啊，自己问弱智问题还抨击其他媒体发问让人囧；自己就是摆拍中人还抨击其他媒体的摄影记者。考古队员抱青花大罐之前，怒斥人的崔勇不也抱过了嘛，快门还响个不停呢。再说了，考古部门和央视欢愉如一家地搞直播，又何必说“考古和电视直播其实不太好融合”的虚伪话。不太好融合就不直播嘛，没人逼你。又要出名又要强调自己清高，而这位貌似很牛的许记者还要加以鼓吹这种虚伪。

鲜橙网友(113.106.194.*) 说: 盖楼 2010年06月11日 11:49 [第3楼]

2楼是哪家的记者？有意思

评论： 更多...

怒斥道："（文物）要是摔坏了，算谁的（责任）？"

一看到领队动怒了，原本七嘴八舌提问的记者们顿时鸦雀无声。这短短几秒，我仿佛又一次被击中：这不就是当天最鲜活的"现场"吗？之后，我调整报道思路，把崔勇叫到边上，像往常跟他闲聊。崔勇坦言，媒体之于考古的"双刃剑"影响。我这才发现，其实崔勇也是有苦衷的。

说实话，发表《南澳Ⅰ号考古领队怒斥媒体摆拍》之后，我心里挺忐忑的。崔勇也许是因为和我熟稔，觉得我对考古领域比较熟悉，不经意间对我吐露了肺腑之言。而我却把这些言论给捅出去了。见报后，我等着挨批，谁知文物部门、考古领队一直没有动静。直到有一天，我无意中登陆南都网观看同行摄像记者李建君拍摄的视频，我这才留意到这条新闻后面的评论，我成了同行的"众矢之的"，有说我是"又要出名又要强调自己清高"，"太厚黑了"。

我完全理解同行对我的批评。因为我的稿件如此"跑题"，且独个儿站在了同行的"对立面"。其实，我自己同样不也是崔勇所说"介入考古的媒体一份子"、我曾经做过的"猜测报道"不也对考古造成一定"破坏"吗？我这不是"搬石头砸自己的脚"吗？

在南澳Ⅰ号考古进行之中，河南的曹操墓等考古项目也沸沸扬扬，电视台照样很来劲地搞直播。与陶短房 MSN 往来讨论：考古界的浮躁、新闻界的浮躁，也许是我们这个时代的浮躁心态的折射。

即使跑文化线这么多年，采访过的考古项目最少也有十几个，但我迄今不敢妄称自己是考古领域的"专家"（我很佩服有一个电台记者，他做音乐节目，对古典音乐的知识如数家珍）。

考古这样的专业领域新闻该如何报道？陶短房给我的建议是：要具备一定的专业常识，即使不能辨真，但至少会懂得辨伪。想具备辨真的能力估计不容易，但如何辨伪，比辨真门槛低。辨伪需要多提问题、少下结论。我的理解是，这是记者应有一种质疑精神。在这个繁复芜杂的社会里，不管是跑哪个领域，遇到什么新闻，这种精神都是记者必备的。

（作者系南方都市报记者）

# 价格听证会报道的核心与延伸采写

□张玮

张玮



价格听证会目前已成为各媒体激烈争夺的报道阵地，经营好这类报道，对报纸贴近读者、扩大品牌影响力和增强竞争力意义非常。

做好价格听证报道并非易事，如何解读核心听证材料？如何找到最关键的辩论焦点？如何保持话题的热度和延续性？如何跳出听证会做延伸阅读？本文将结合 2009 年 5 月的深圳出租车运价结构调整听证会和 2010 年 1 月深圳水价调整听证会，进行较为系统的梳理和总结。

## 一、事先准备

操作价格听证报道首先要熟悉价格听证制度，除了了解“消费者人数不得少于听证会参加人总数的 2/5”等基本信息外，征集听证代表、召开“听证预备会”和举行听证会的时间均非常重要。

价格听证会多涉及“公用事业价格、公益性服务价格和自然垄断价格”的制定，并多呈现三大特征：一是以成本上升，行业盈利水平过低为由提出听证要求；二是行业多带有垄断性质，体制积弊较深或营运模式被外界诟病；三是调价影响面极广，而行业真实经营状况并不为外人所知。

于是，在价格听证会消息披露后，这些现状足以引发外界质疑。此时，根据对该行业及其历次价格调整的背景资料梳理和与业内人士或关联行业的事先接触，即要尽量找到较好的话题预设点，为后期报道作铺垫。

比如，2009 年 5 月的深圳出租车运价结构调整听证会，找到的预热点是“困扰的哥的月租（俗称‘份儿钱’）能否降低”、“关内关外红的绿的运价差异大”、“夭折的‘返空费’会否重新征收”等。事实证明，对这些话题的事先选择和介入，直接影响了后期报道方向，并让听证会报道的深度、广度、热度得以延续。



## 二、听证会报道的核心采写

### 1. 对调价方案的解读

调价方案是价格听证会最基本的新闻信息，也是最受公众关注的内容。通常给出的价格方案不止一个，方案之间互有差异，又互有交集。因此，解读方案时要强化信息意识，包装上则体现服务性。

深圳观察·深度 C03

被质疑的听证会

听证代表立场为何遭质疑？

企业成本为何成了解不开的谜？

“逢听必涨”导致审美疲劳？

“听证会后应设专门评判机构”

具体而言，即报道里要清楚解释“当前价格标准和经营者现在成本和盈利状况”、“制定调价方案的理由”、“各个调价方案之间的异同点”，“实施各调价方案调后，分别对公众的影响”等。

### 2. 对成本监审报告的分析

成本监审报告是听证材料的核心，它根据经营部门所提供的各种资料制定，一般由听证申请人对提供材料的真实性负责，由价格主管部门指派具备资质条件的第三方评审机构对其财务状况等说明材料进行评审，直接决定着拟调价格指标的确定。

如何才能让专业和复杂的成本监审易读起来？解读人选非常重要。高校专家曾被作为首选，但在多次运作中，笔者发现符合三种特质的人才是最佳：一是具备财务、审计等专业知识；二是独立于各利益方的第三方人士，具备公正、客观等品质；三是敢于发表观点，且身份已被公众所认同和信服的人。

在深圳水价调整听证会中，受邀解读成本监审报告的公共预算观察志愿者、资产管理专业人士吴君亮则利用整整一下午时间，为我们详细核算了相关数据。结果，算出“水价上涨7毛钱，有近4毛是利润”的惊人结论，进而又发现“‘业务招待费’每天一万多”、“会议费中包括18万元酒水费”等令人匪夷所思的数据细节。

由于这些结论均以听证会发布的数据为基础，又由专业人士核算得出，因此报道显得有理有据，力度性强。一经披露，即如同重磅炸弹，在坊间引起强烈反响。

**3. 对重要听证代表的跟进**

首先，要对听证代表进行分类和筛选。听证代表的名单和联系方式一般都会在听证预备会中公布，同时他们也将现场就方案进行简单的提问和质疑。此时，便可从发言中观察出个中水准，判断其是否能切中要点，初步确定重点跟踪的对象。

其次，要注意与听证代表的沟通，在这一点上，媒体尤其要善于主动出击。

在坚持这样操作的过程中，将不断收获惊喜，有的听证代表甚至主动找上门来，独家在本报发表观点。如在深圳水价调整听证会中，听证代表之一刘杰因不满官方听证方案，便自制了四套新

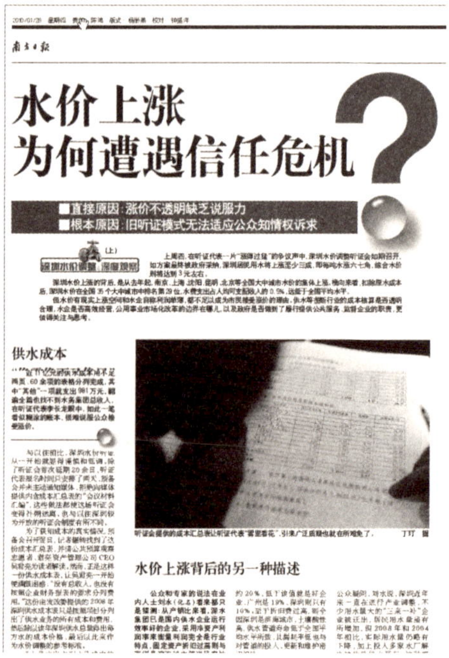

南方日报

水价上涨 为何遭遇信任危机？

■直接原因：涨价不透明缺乏说服力
■根本原因：旧听证模式无法适应公众知情权诉求

深圳水价调整·深度观察（上）

供水成本

水价上涨背后的另一种描述

资源价格上涨 会给深圳带来什么？

深圳水价调整·深度观察（下）

暗涌的资源产品涨价潮

调结构的有利推手？

方案。因为前期建立良好的联系，他便主动带着新方案到报社来“爆料”，而全城十余家媒体中，获得此料的媒体，不过两家而已。

**4. 对民间智库的发掘和互动**

随着网络等科技信息媒介日益深刻的介入生活，公民意识已被逐渐培养起来，公众通过论坛、微薄、博客等方式关注和参与公共事业、民主政治的热情前所未有的高涨，其中不乏藏龙卧虎之辈，甚至本就是业内资深人士。其观点也理应成为重要的媒体资源，与已有的多种信息来源一起，进行有效的资源整合。

## 三、听证会报道的延伸操作



听证预备会到听证会之间通常有两周左右时间，是媒体大有作为的好时机，这一点目前已得到广泛认同。但大部分报道在正式听证会结束后，即戛然而止。作为有高度的媒体，笔者认为就此收笔，显得并不足够。

听证会作为一种形式和载体，实际只是一个大背景或事实下的小切面，要完整的做出有厚度的报道，必须跳出听证会，从更高的角度来审视一次价格调整背后所涉及的动因和政策，延伸操作新闻。

这里有两种思路方向，一是可结合价格听证会，做一些反思类报道。在深圳出租车运价结构调整听证会上，一位多次参会的知名消费者听证代表郑祖华因极度失望，现场直言“今后不会再参加”，引起一片哗然。根据这一线索，南方日报深圳观察第二天即推出深度报道《被质疑的听证会》，结合此次和深圳历届听证会，探讨“现行听证环境下，种种不可避免的利益冲突和体制弊端所造成的公众听证信任危机”，随后即有读者致电表扬。

二是可根据听证主题，对该行业进行话题延伸，尤其是涉及面广的公用事业价格，更应由此看到这些民生行业的政策转变。比如，水价上调只是个表象，其背后蕴含的资源性产品价格政策转变、公用事业市场化边界争议、垄断行业成本核算等多层次问题才是更应关注的实质。于是，在此次听证会结束后，深圳观察分上、下两期，又及时推出《水价上涨为何遭遇信任危机？》、《资源价格上涨会给深圳带来什么？》两篇深度观察，体现了南方日报的高度与独特性。

（作者系南方日报记者）

# 从实标到趣标
## ——小议南方日报体育版标题的制作

□马立明 戴学东

马立明



自南方日报 2002 年第一次改版以来，体育版便一改旧模样，稿件不仅传播比赛胜负，还将赛事中的亮点提炼出来，同时也加大了体育类评论的力度。从 2006 年开始，在标题制作方面也逐渐成熟，从规规矩矩的“实标”转向传播效果更佳的“短标”、“趣标”。一旦头条标题制作得简短有力、妙趣横生，整个版面也显得生动活泼，能极大提高整体观感。

### 一、以原字进行语意重组

体育赛事中，很多新闻想告诉读者的，无非就是选手们赢还是输。在网络化时代，平媒的时效性优势已经很大程度上被削弱，因此，在传播信息的同时取得读者的共鸣是最佳选择。在处理新闻时，可以先找出关键字眼，对准目标下功夫，看能否找到相关的成语、短语、诗词或有趣的句子——以上若能巧妙地透出新闻的内容，那它们就是你想要的标题。有时你会很幸运，能轻易找到，但一般都是可遇不可求的。如：

0 比 4，花落知多少（中国女足主场 0 比 4 大败，球迷为“铿锵玫瑰”的陨落痛心不已）

力拔山兮气盖世（古力赢了李世石，过程酣畅淋漓）

一举夺魁（举重名将陈燮霞，以充满气势的一举获得奥运首金）

FIFA 2007年中国女足世界杯
FIFA Women's World Cup China 2007
巴西 BRA VS 中国 CHN
4 下半场 second half 0
体育 07
"玫瑰"遭惨败 江城成"伤城"
0比4，花落知多少
多曼：可惜我们没有玛塔
狂揽净胜球 争小组第二
技不如人，主场也没用
马晓旭全面落败

冲金得手（何冲在游泳世锦赛上获得金牌，他克服伤病猛"冲"一把，结果如愿）

高，真的是高（国足选帅人选落定，少帅高洪波不出所料成功当选，只可惜其生不逢时，碰上足协大混乱之际，无法阻止国足的一再堕落）

## 二、以同音字打标题妙趣横生又有新天地

同样，若是原字眼中搜不到合适的短语，那就找同音字。在这种情况下，《新华字典》往往能助你一臂之力。找到同音字后，可得将其引起来。用同音字来打标题，版面显得生动有趣。

比如：

"娜"妹子辣（套用名曲《辣妹子辣》。李娜晋级澳网四强，网球迷称李娜表现优异，击球辛辣）

"洁洁"高（套用俗语"芝麻开花节节高"。郑洁打得越来越好，一直杀入澳网四强。此前，她晋级8强时标题打作澳网"洁"报，此处是更上一层楼）

飞人，"非"人（博尔特奥运惊人夺冠，冲刺时居然收力四处张望，"非人"表达了惊讶之情）

"易"鸣惊人（套用成语"一鸣惊人"。易建联在NBA快速度过适应期，打出了"两双"，在"一年级生"中表现优异）

"姚"折（套用"夭折"，姚明骨裂，新赛季还没打便告报销，姚明球迷们

惋惜不已）

### 三、用简短的主谓短语表达

如果新闻有足够冲击力，那可以用简短有力的话来表达。这种方式也能收到最佳的传播效果，同时具有可读性，抓眼球。同时，寥寥几字的组合，也能注入“惊讶”、“惋惜”、“期望”等情绪，令读者过瘾。



比如：

朝鲜来了（朝鲜进军南非世界杯，一支神秘的队伍以举国体制的形式晋级了）

金花黄了（澳网两金花止步四强，赛前人们希望的垄断决赛之梦成空，表达了惋惜的情绪）

冠军意大利（德国世界杯最终谜底揭开，冠军呼之欲出）

水中“刘翔”（游泳新星张琳打破世界纪录，其意义不逊于刘翔百米栏获胜）

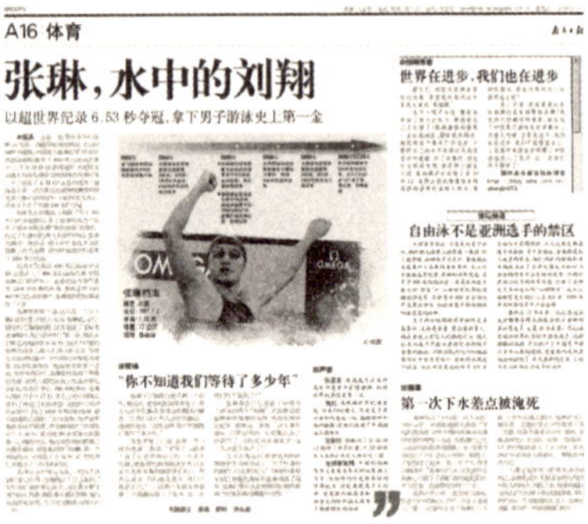

A16 体育

张琳，水中的刘翔

以超世界纪录6.53秒夺冠，拿下男子游泳史上第一金

世界在进步，我们也在进步

自由泳不是亚洲选手的禁区

“你不知道我们等待了多少年”

第一次下水差点被淹死

A16 体育

越秀山下，国足热身赛0比2不敌德甲弱旅科特布斯

允许犯错，于是纷纷犯错

巴拉克复出“核弹头”发威

从热身拉到垃圾热身

杜伊：消极的东西太多

“玻璃人”受伤火箭落败

易建联杀回新秀榜三甲

### 四、以调侃式的标题引起读者共鸣

在体育立体化的今天，出现了很多赛事以外的焦点。如果仅仅限于比赛过程，或许难以发现新闻点。网络舆论往往会“合流”，一个网友提出的观点，或许有数百个跟帖，这意味着一个焦点将出现。比如2006年世界杯意大利对澳大利亚的比赛，一位中国解说员竟成为焦点。因此，敏锐地发现焦点，汲取网友智慧，便有机会打出令人捧腹的标题。

尤其是不争气的男足，最适合用此类标题。当然，网络世界比较复杂，成功做到这一点相当不易。

比如：

允许犯错，于是纷纷犯错（教练杜伊赛前说允许国足队员在比赛中犯错，结果在对科特布斯的比赛中，几乎一半队员都或多或少地犯错了。）

长恨此身非我有（琼斯禁药事件爆发，奥运金牌被收去，但同时她又是受害者）

黎巴嫩队赛前购物去了，国足才赢了个1比0（面对放水的黎巴嫩队，国足仅是一球小胜，球迷普遍不满）

强烈呼吁科学家研究他的构造（博尔特再次打破世界纪录，网友惊呼“不是人”）

值得注意的是，开玩笑得有个度，否则会引起读者的反感及当事人的不满。因此，只有一些善意的、巧妙的玩笑才能做标题。此外，副题、眉题的任务就显得特别重，不仅要打出新闻点，还要肩负起对主标的诠释。

体育 A15

她曾叱咤赛场，她曾笑傲江湖，她曾豪情万丈，她曾指点江山……但那人，东窗事发，万事皆空

琼斯：长恨此身非我有！

宣告破产

众叛亲离

“我真诚地为此道歉”

屡“禁”不止，制度使然

琼斯案让“超级大国”蒙羞

北京奥运“严打”兴奋剂

## 五、实标题

当处理新闻性强的新闻稿时，可以打实标的题目。南方日报整体而言比较倾向打实标，因此体育版有时也应与前面版面统一，以细节、原话或事件作为标题。

## 六、体育报道的语言

在几十年的体育报道中，诞生了很多专属于体育范畴的词汇，通用的比如有“爆冷”、“领头羊”、“副班长”、“德比”、“黑马”等，而属于具体项目的就更多了，数不胜数。这些词不少来自英语直译，在中文里找不到对应意思，但却恰好地表达了体育范畴中的某一现象。因此，很多词出现在稿件中，甚至也出现在标题里。如果是专业体育媒体，这一点无可厚非，但在综合类日报中，却在某种程度上成为体育报道的一种束缚。比如有位编辑要闻多年的老报人曾问笔者，“德比”是什么意思？笔者感到羞愧，因为这些词被很多媒体滥用了，他们并没有过多为读者着想。如果标题里出现专业术语，那就是对读者的一种无意识的排斥。笔者认为，如何提升体育版的整体质量，将体育术语翻译成传播效果更广的白话显得颇为重要。



作为关注度最高的新闻，体育新闻不仅属于赛场，也属于全体读者、观众及网友。在媒体高度发达的今天，普通人有多种手段接触到体育赛事，不仅仅是现场观赛，可以在电视、纸媒、门户网、论坛甚至在电子游戏中。因此，如何与人群互动，成为报纸体育版编辑的一大难题。办报不能脱离群众，体育报道深刻地印证了这一点。在网友千百条留言中，往往可以看到群众的智慧火光，看到他们的关注点，捕捉他们的喜怒哀乐。在这个平面的世界里，闭门造车、孤芳自赏只会导致路越走越窄。

（作者单位：南方日报文体新闻中心）

# 东莞报业视觉策略：求异、求易、求意

□周智琛

周智琛

我常常在想一个问题，在这个似乎有千万种选择而其实没有多少选择的阅读时代，报人将以什么样的姿态去做一份报纸？

各种答案各种理念繁乱驳杂，各种风格各种趋势过度“拥挤”。相信得太多容易走火入魔，凡事不在乎则难以登堂入室。

但无论如何，我坚信报纸是有生命的，只要对它付出爱，它一定会有感觉，有光芒，有一种难以掩盖的魅惑力。

在过往只去不回的线性时间上，我们一路狂奔，激情永在，立志做中国最具美感的区域报纸；而在步步为营的立体空间里，我们渐懂报纸本心，磨砺立世技艺，繁衍出能量越来越大的报纸，但，我们远没有做出一份真正意义上的畅销报纸。

什么是畅销报纸？在我们看来，畅销的报纸如风，吹得世间水流花开——把报纸卖给“想要阅读”或“应该阅读”的读者，不论印量多寡，全部卖出，一份不剩，那这份报纸既是畅销报纸也是好报纸。

在东莞这样一个竞争残酷的区域市场里，要做一份销售量攀至一定高点的报纸，实际上要费好多心神。

在这个过程中，东莞报人不仅醉心于报纸内容的打磨，沉溺于整合营销的融合，还迷恋于视觉系统的重构。像艺术家一样去思考，一切为了更好地阅读——这些文字，写在每一位东莞报人的心里。

2006年开始，《东莞日报》尊崇视觉优先原则，强力打造一份具有“党报的心、都市报的身”的新派党报。而《东莞时报》擅造概念，其视觉系统展现的强劲魅力，爆发的巨大能量，不仅得到中国报业同仁的广泛关注，也获得本地读者的真心喜爱。

媒体竞争波澜壮阔，电子媒介来势汹涌，报纸遇到了诸多挑战，也迎来新的机遇——人们越来越认识到“新闻纸”质感的力量，那种能带来视觉、触觉、味觉等全身心体验的力量。

《东莞日报》和《东莞时报》正视这种力量的存在，倡导视觉优先原则，把视觉作为实实在在的报业生产力。可以说，视觉设计带有一种魔力，正确使用这种魔力，将给一张报纸带来新格局。



通常情况下，内容大于形式是绝对真理。但有些时候，形式重于内容才是硬道理。

比如说，在2008年汶川大地震期间，诞生不到两个月时间的《东莞时报》，为了最大限度展现地震带来的影响，连续9天把头版底版打通，并把以往高高在上的报头拉到右下角，留出足够位置放置灾难图片和大标题，充分表达一种无以言说的痛，一度深深地震撼了广大读者。

我们的视觉系统，力求自然、兼容多元，但在任何一个竞争激烈的市场里，“求异”是首要考虑的。

《东莞时报》创刊时，为了避免和对手识别上有所交叉，大胆地采用了绿色作为报头颜色，这一抹鲜艳的绿，确确实实成了这份报纸得以疯狂生长的生命色彩。

其次，“求易”是获得用户最大尊重的基本原则。

有一个可以值得深思的传播“悖论”：在信息传播的的过程中，读者不是想获得最多而是愿意看到最少。尤其在这个浮躁的时代里，越简单的，越是让人乐于接受，越是让人印象深刻。我们真的不应该考虑给读者带来多少，而应该考虑能从报纸中记住多少。

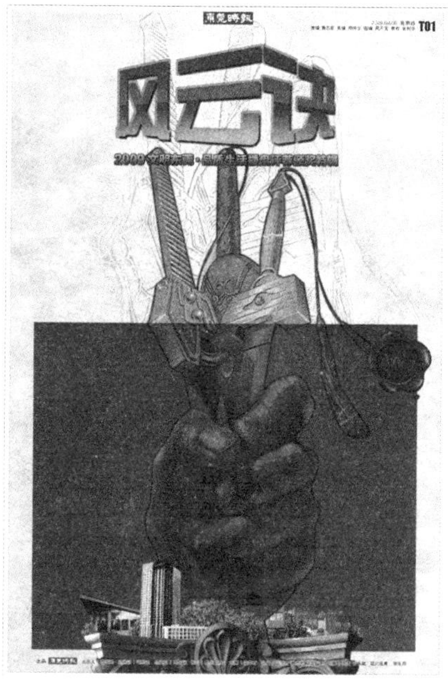


对于很多人来说，这是一种颠覆式的变化。在传统观念里，很多人认为版面多放些文字，信息量就大，读报就超值了。孰不知，这年头阅读效率比文字量更重要，悦读体验比信息量更珍贵。这个道理，也是我们在长时间的办报实践中总结出来的。

原来的《东莞时报》，每个版面上的文字量相当大，每当要强化一条重点新闻，就很容易忽略其它稿子。最麻烦的是，由于大量不透气的版面的存在，总是给读者“报纸印刷低劣”的错觉——这个问题困扰了我们很长时间。

直到有一天，一位记者写了一条不长的新闻，而编辑又找不到合适的新闻与之拼版，于是就做了一个文字量不大的版面。结果，版面疏朗易读，第二天很多读者都说，这个版面太轻松太好看了。

那次意外，让我们明白，做报纸是需要随时欢迎那种合理中的意外的，做报纸需要精确截获读者那飘忽情绪中的核心意愿。

随后，我们决定改变：版面设计突出青春、平和、健朗的特质，不野道、不张扬、和善、亲民，有一种沉静而鲜亮的美，让《东莞时报》的读者成为“朗”读者。

现在，报纸巧用留白，每个版面字数

控制在 2600 字，因为这个容量已经是一个人愉快阅读的极限了。此外，特别重视对图表、表格、漫画、通俗标题的制作。我们始终不忘报纸视觉设计最初的使命——让信息传播变得更容易，这就是所谓的“一切为了更好地阅读”。

当然，一份报纸要在庞杂的报业群体里鹤立鸡群，“求意”就是一种属于境界的竞争力了。

2010 年，《东莞时报》进行了一次大刀阔斧的优化升级，立志做一份别具一格的杂志型都市早报。升级后的报纸，结构搭建艳丽，分叠科学有序，更加注重报纸阅读的舒适度，愉悦感强的报纸生命力将旺盛很多。

1. 新闻叠强调健朗之气，体现刚性阅读口味：一切服务于读者的简明阅读特质。

2. 娱体叠倡导时尚之风，体现宽众八卦特色：与简洁、犀利、有趣、充满创想的文图匹配，艳丽夺目而不眼花缭乱。

3. 周刊坚持清雅之姿，精准传达专业风貌：由于经营需要，版面更强调饱满，相对强调信息量的扩张。

4. 头版海报化设计，强调报纸的冲击力，但不鼓励视觉暴力。

在报纸杂志化的试验中，我们做了一些大胆尝试。

A1 叠《天下新闻》（国内国际新闻版块）封面用先锋设计传递新锐报格。

这个版面，选题以当天大事的另类表现手法为主，多用非常规版式和合成图，风格上偏杂志和娱乐风格，选题上不拘泥于当天大事，也就是说，我们以形式承载内容，让内容寓居形式，微言妙义，呼之即出。我们的观点与立场，皆在象形会意中。这时候，设计的辅助功能极其强大，设计成了一种全新而非常有力的文本方式。

A2 叠《锐读杂志》( 原创型的深度报道版块 ) 封面，力倡叠中卖点故事的强势传播，也注重塑造编辑个性品牌。

5. 精心打造品牌栏目的系列 LOGO，强化各类版面的互动性和识别性。

从以上分叠的版式格局看，改版后的《东莞时报》增加多个强势的信息敏感点，取代此前不明朗的品牌视觉体系，用更精准的视觉传播，强化报纸杂志化的特点，以吸引各主流人群对报纸的关注。

这次改版，全报社形成坚定的共识：现代读者普遍很忙，我们除了给他们提供能轻松阅读的新闻故事和精品栏目外，今后最重视的内容就是图片和图表。

1. 精美的图片成为《东莞时报》最受关注的信息产品和娱乐产品，我们每期拿出最少 40％的版面来呈现图片和图表。

2.《东莞时报》在用图上要比别人更具创新，今后凡是发生重大新闻事件，如能以大片形式呈现的，要当仁不让地采用多个版面做图片，而且要善于用跨版大图，这些极具冲击力的图片，渲染感情、烘托气势，将成为我们最前沿的做法。

3. 升级《拍客》版块的美学功能和销售功能，图片选择范围无限扩大，但用图标准要十分苛刻，要么图片够震撼，要么极美极具趣味。图片编辑的策划意识也跟着要有很大的提高，否则无法胜任这样的编辑工作。

4. 在日常新闻版面上发出更多的好图片和图表，这成为《东莞时报》重大的办报理念。

5. 图片新闻部每月最少要拍摄一部大片，如完成不了，从考核上给予惩戒。

从以上的情形看，东莞报业的视觉团队面对设计时，拥有着强烈的实验心态和用户至上心态。

而这种姿态，直接决定着今后的设计能有更好的状态。

（作者系东莞报业传媒集团执行总编辑）

# 用优秀插图激活经济新闻

□陈健珊

陈健珊



一直从事版面设计和新闻插图工作，时间沉淀，自己也有一定作品积累和经验总结，在经济类新闻插图的创作方面感悟尤其多，我的感悟是：精确精读新闻，手法不拘一格，只求“出格”——即有新意，一眼就“勾引”住读者。

## 创意前提：精确理解新闻

从事经济类杂志工作的前辈跟我说：能配好经济新闻的插图，应付其它新闻你就不用害怕，现在回想果然如此。无他，正是经济新闻难懂，一堆抽象术语，一团让人看了头晕的数据，真让人害怕。硬着头皮做吧，编辑一眼就把你看穿了，“文章意思你还没读懂，你行不行啊？”我曾经连什么是“CPI”、“GDP”、“贸易顺逆差”、“山姆大叔”都不懂，但人总要被狠狠地打击才会成长。唯一的出路只有一条：学。每天看经济新闻，上网搜索不懂的名词，哪怕投身股海……目的只有一个：先把文章看懂。

看懂了文章还要会提炼，从繁杂的字海中抽取出最敏感的元素，这是新闻插图成功的关键。搞艺术创作最重视的就是第一感觉，其实，灵光初次在不经意间闪动出现，那种新鲜又刺激的感觉真的是无比奇妙。有想法就应马上跟编辑沟通，先把想法表达出来，如果双方能够同在一条思维轨道上的话是最理想的了，减少制作过程中的无用功。譬如今天经济头版说的是 CPI，应该做用漫画形式还是精确图表表达为好呢？准备好两个方向的创意跟编辑进行商讨，刚好这是一条总结这几年每季度 CPI 和 GDP 的变化对中国大经济环境的影响的专题新闻，而编辑手上能给你提供准确的数据的话，当然就首选制作创意图表了。

2009 年 7 月 1 日，经济头版探讨油价上涨问题，专题就短短一月间油价竟两次上提展开一系列的讨论。我本打算通过其中一个观点进行手绘漫画处理，但感觉这样还是没有统领整个专题的分量。带着想法跟编辑初次碰撞后，编辑提议把主图简单概括化处理可能会更直观和生动吸引。所言甚是，结果我用图像处理把隐约印着问号的油罐调成鲜红色，油罐上喷溅出来的石油处理成一个“涨”字，再配上当月以前的油价走势曲线，插图不到 20 分钟就顺利放到版上了。简单的图像构成和色块对比效果竟然出奇地好，结合版面也非常协调，达到预期目的。



新闻出版时间非常紧迫，从采编到交版就只有那么几个小时。如果在插图制作这一环节出现反复调整而浪费时间的话，谁也承担不起责任。因此沟通很重要，何况很多好的创意往往都是互相思维碰撞产生的，这也是工作中建立人与人间互相信任的良好平台。你熟知了哪位编辑的想法和口味，以后把握他负责版面的新闻创意也不会是难事了。

FORTUNE

10 南方财富

新 36 条出炉 民资接过投资接力棒

国家发改委投资研究所原所长张汉亚详解今后民间资本能流向哪些行业

南方日报驻京记者 吕天玲

实习生 鄢秀钦 张斌

4 万亿的投资已经接近尾声，谁将引领中国经济继续下一轮的长跑？本周四，鼓励民间投资的新政策在长久的准备之后终于浮出水面。

国务院出台的这份《关于鼓励和引导民间投资健康发展的若干意见》提出了 36 条鼓励和引导民间投资健康发展的意见，明确鼓励民间资本介入垄断禁区，包括电信、石油天然气等。

与 2005 年发布的政策相比，新政策更加细致全面，表述的语气也更加坚定。分析人士指出，新政进一步降低了准入条件，扩大了投资领域，是对民营企业放开投资领域的又一个里程碑式的政策，以求在国际金融危机影响尚存的情况下，激发经济增长的内生动力。



绘图：陈健珊

新 36 条允许民资进入 6 大领域

●“5 年前的‘非公经济 36 条’相关条文基本上都是概括性的一句话或者一段话，此次出台的《意见》与之相比，内容更加细化，也更具操作性。”国家发改委投资研究所研究员、中国投资协会副会长张汉亚在接受南方日报记者采访时表示。

●在全国工商联研究室主任陈永杰看来，对于非公经济发展来说，2005 年“非公经济 36 条”是具有开拓性、改革性意义的文件，新 36 条则是对“非公经济 36 条”有关扩大行业准入、推动非公经济投资的“具体化”。

●国家发改委的官员表示，对比“新旧 36 条”，新 36 条更加突出了执行性和操作性，提出了细化到二级科目的领域，由非公经济 36 条中提出的 7 个方面，具体化到交通、电信、能源、基础设施、市政公用事业、国防科技工业等 6 大领域 16 个方面。

●陈永杰告诉记者，“《意见》明确界定了政府投资范围，这是第一次。”只要不是涉及国家安全、只要不是市场不能有效配置资源的领域，民间投资都可以进入。

### 创意手法：抽象内容用最具像的元素表达

读懂文章意思未必也能很好表达创意。经常碰到一些特别抽象难懂乏味无趣或者是一个同样的话题会随着时间和形势的推进反复讨论，后者在经济新闻是经常出现的，譬如股市、油价、楼价、CPI、GDP……挑战来了。抽象的理论文章会让人无从下手，而对于反复上版的专题再好的创意都有用完的时候，这时候靠的就是平时的积累了。积累什么？专业素养、理论功底、生活感悟。艺术来源于生活。把最抽象的思维运用生活中最通俗的事物去表达，善于观察生活中的人和事，从中提炼它们的趣味，把繁杂的事物分门别类，这对从事创意工作的人来说非常有用。生活中一些很平凡的东西只要你懂得观察，他就能带有很多感情色彩。一把钥匙，我会联想到政府决策；一个灯泡，会想到科技创新……千变万化，无穷无尽。这些事物往往还能引导读者由浅入深，通过最简单的图像吸引阅读欲望。

2007 年到 2008 年期间，股市大旺，经济版面几乎每天讨论的都是大市会涨还是会跌。在万众兴奋的股市热潮期间，我的插图创作却陷进前所未有的低潮。在大半年时间里，几乎每天面对的都是股市的涨跌，每天只跟“牛、熊”打交道，都快成养殖专业户。用交易现场的照片吧，也用滥了，没办法，继续做饲养员吧。“两会”召开没多久大市就开始回落了，2008 年 3 月 13 天，编辑告诉我明天见报探讨的是

南方财富·产经 A17

“硬植入”广告频现影视作品惹来热议

植入营销：润物无声才是最高境界

引言

案例讨论



[议题一]

植入式营销如何规避“硬植入”

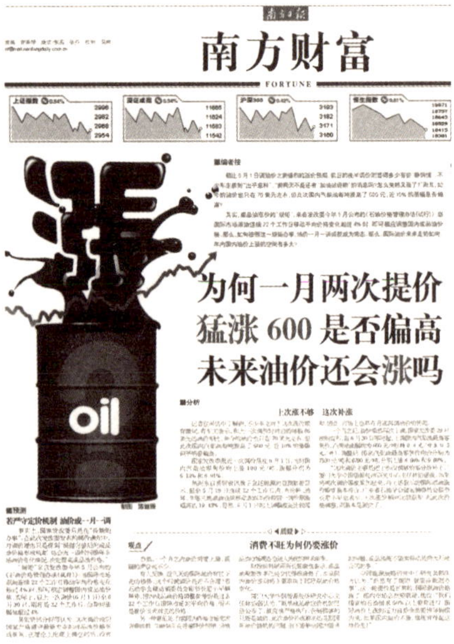
南方财富

FORTUNE



编者按

为何一月两次提价
猛涨 600 是否偏高
未来油价还会涨吗

分析

上次涨不够 这次补涨

预测

消费不旺为何仍要涨价

股市构想进入熊市阶段的专题，突然想到经常看很多吉普车后面备用轮胎贴着的“熊出没注意！”的创意图案，如果结合当天股市走势应该会非常有趣。二话不说马上把想法跟编辑说，结果一拍即合。第二天见报反应很好，既达到预期的艺术效果、增加了版面的趣味，还有警示股民作用。虽然是事隔3年，但记忆犹新，因为也算是我对新闻插图创作思维的新突破，对我的影响一直至今。搞新闻，反复出现的话题是经常有的事，在传媒单位越久，频率只能越多，但我相信创作也会因为阅历的增加、艺术修养慢慢丰富而越见深度的。

南方日报
南方财富
FORTUNE
B01
基金涌动恐慌赎回潮 4000大关一击即破
熊出没注意

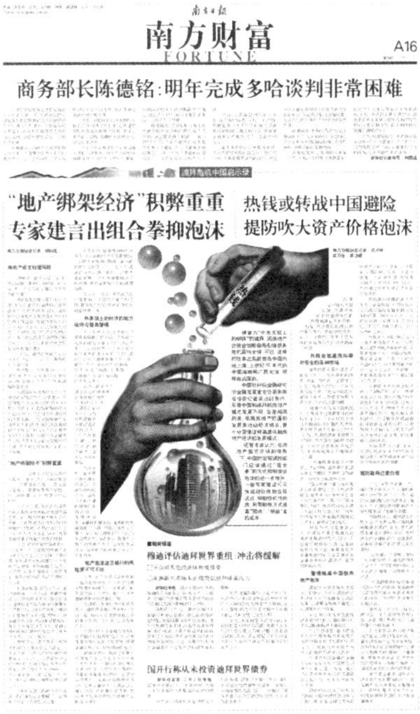
南方日报
南方财富
FORTUNE
A16
商务部长陈德铭：明年完成多哈谈判非常困难
透视危机中国启示录
“地产绑架经济”积弊重重 专家建言出组合拳抑泡沫
热钱或转战中国避险 提防吹大资产价格泡沫

我总认为，好的新闻插图不求手法，关键要有想法。想到了点上，你即使用再粗糙的手艺去制作也有着内涵，都能让人愉悦；没有好的创意哪怕你精工三天，别人一句“看不懂”、“比文章还深”就是对你思维的否定。

新闻插图有着通俗性，不是至高无尚的艺术，通过观察、收集生活中最细微、最让人感动的事物去开始吧，这也是生活的一种积累。

## 创意原则：避开新闻“雷区”

新闻插图也有很多忌讳。因为多年的踩雷经验，我深知敏感题材尽量避开对于工作的重要性，哪怕你想到了非常绝顶的创意也请你绕绕道。领导人的形象不能随便运用，这是出版法明确规定的，决不是儿戏；钱币素材采用也要小心，特别是人民币，有毛泽东形象的一面请尽量完整，不要折叠，尤其是伟人相貌的完整性尤其谨慎；再有，一张货币尽量不要重复使用，因为它有编号，把它复制成一叠，但编号是一样的话，那你的钱就成“假钞”了，也可以把编号处理，不要出现就成；再有要熟悉国际货币符号，不能张冠李戴，闹出笑话；还有涉及到宗教等敏感问题的题材尽量不做，拿捏不好的话问题随时出现，哪怕你建议编辑用摄影图片。

## 创意细节：图表制作要严谨

别看轻一个小小的数据图表，它往往比起一大篇文章来得直观和说明一切。严谨、精确是它的基本要求，然后才是艺术效果。对于制图人员来说，制作图表是入门功夫，一堆数据给你要知道应该做走势图、柱状图还是饼状图。



几乎每张大型报纸都会设计好一套有自己特色的表格，不但能保证报纸的表格质量还有助于提升整体形象，南方日报也不例外。无论颜色、平面还是立体方式的运用都有明确的规范，而且每次大型改版都会相对有一定针对性的调整。经济新闻几乎天天跟表格打交道，当表格成为版面主图时，每个数据都是主角，设计的图案越简单明了越好，但又不能喧宾夺主，关键还是要把数据通过图表让读者清清楚楚看到。至于说到表格的创意方面，国外大报政经新闻的图表制作认真态度和心思手法真让我敬佩，专业严谨是无法说的了，创意及处理手法总是层出不穷、让人惊叹。一个图表也能如此苦心经营可见它在新闻版面的重要程度，做好新闻表格真的需要多看多参考，学习先进的处理手法再结合自己的思路的确是一条捷径。

新闻插图是报纸报道、编排的一个重要组成部分。虽然从属于文字新闻，但它也能在报纸版面中发挥它自身的形象优势，用它的直观性和形象性报道新闻。人在表达思想意见的过程中，不仅仅靠语言、文字，也需要借助于图像。作为以文字表达为主要手段的报纸，巧妙地利用插图的确能取得更加理想的传播效果。愿所有和我一样正在从事这样工作的同行共勉，享受着每天在肥沃又浩瀚的文字田野中浇水施肥，用形象活泼、风格鲜明的插图赋予抽象的经济新闻以鲜活的生命。

（作者系南方日报美编）

# 传媒茶座

## 传媒茶座

# 记者为何连连受辱

□长平

长平

最近记者备受羞辱。除了权力部门一如既往地，动辄跨省追捕、“网络通缉”之外，社会名流也不吝口德，对记者挖苦谩骂。地产大亨禹晋永被质疑造假和欺诈，召开新闻发布会辟谣，竟宣称“我要关门打狗，就要先把狗放进屋来，所以今天很多媒体都来了”。“非著名”相声演员郭德纲的弟子殴打记者之后，他又亲自上阵破口大骂，“北京电视台是个龌龊的单位”，“记者不如妓女”。著名导演冯小刚辱骂记者成了习惯，不久前宣传新作《唐山大地震》，被问到不愉快的问题时，称记者“没人性”。

我知道自己生活在一个粗鄙的社会，但是这些经济、文化领域的强势者，在大庭广众之下说话如此没有教养，仍然让我感到惊讶。捷克作家哈维尔等人曾倡导“对话八原则”，得到广泛的认可，其中两条就是“不作人身攻击”、“不要坚持错误不改”。这两点在我们这里都反过来了，成为官员和名流们的制胜宝典。禹晋永大言不惭地说，“诚信不需要用语言来表达，更不要是用行动来做的”，而是“心中的那份（无论对错的）坚持”。

不过，在这几个例子中，他们都是针对记者发飙，言语中表达了对于媒体的蔑视，却得到了不少网民的喝彩。有单纯而敬业的媒体朋友问我，到底该怎样看待记者的工作？于是我想，媒体人士在愤怒还击的同时，也不妨借机反躬自问：为什么媒体人得不到起码的尊重？除了权势者的嚣张之外，还有没有自身的原因？在一些被争相传诵的正直、勇敢而又专业的优秀记者身后，整个媒体的生态到底如何？



从现代社会的结构来看，媒体起着支柱性的作用，在西方被称为立法、司法和行政之外的“第四种权力”。它主要扮演三种角色：一是信息提供者，方便民众生活，同时辨识真假，探究真理；二是权力监督者，通过满足民众的知情权来防止权力的滥用；三是自由意见平台，让不同的观点都能得到表达。第二个角色的任务，很容易使记者成为挑战权力的英雄。因此，记者头上一向拥有无数耀眼的光芒。很多媒体人都记得普利策说过的这番话：“倘若一个国家是一艘航行在大海上的船，新闻记者就是站在船头的瞭望者。他要在一望无际的海面上观察一切，审视海上的不测风云和浅滩暗礁，及时发出警告。”更著名的赞扬来自美国总统杰斐逊，他说：“是要没有报纸的政府，还是没有政府的报纸？我将毫不犹豫地选择后者。”

很多中国媒体人都用这些话来鞭策自己，但是在反复吟诵之后，有时也会发生误会，以为自己就是普利策和杰斐逊描绘的那种角色了。事实上，按照这样的要求，西方媒体也没有完全做到位，甚至在新媒体时代还有倒退的倾向。中国媒体在近二三十年来发生了很大的变化，开始有了独立和专业的意识，但是同时受困于权力和市场，几乎还没有走上正道，就开始贪恋歪门邪道了。

头戴“地产大亨”的帽子，禹晋永应该不差钱。他在新闻发布会上说，“我这么多钱没有用……花不了这么多钱，要这么多钱干什么？”但是他知道钱对媒体的重要性，“打垮你的财政你就知道厉害了。当 5000 万元落到你的头上你就知道什么是生不如死。”高额索赔的确是一种恐吓办法。不过我想告诉他，真正的地产大亨是不会这样做的，没有这个必要。只要跟管事的官员打个招呼，媒体就会“生不如死”；或者给媒体投点广告，媒体就会选择“死不如生”。

我想起上个月在成都参加“中欧社会论坛”，媒体人士讨论起记者拿红包的现象。红包在中国媒体业内非常普遍，甚至成为很多记者的主要收入来源。展江教授等媒体研究者对此非常痛恨，因为没有人会相信，记者受人钱财，还会坚持独立立场——即便能够坚持，这也是一种不义的行为。一些媒体从业者却很不耐烦，他们抱怨说几乎每次参加这样的会议，都会讨论这个注定无解的问题。有人指出，几乎每个报社都有广告客户的保护名单，记者即便不拿红包也未必能够正常写稿，报社有什么底气要求记者拒收红包？即便强行规定，那也不是什么正义的力量。

在场在欧洲记者插不上话，因为他们对此难以理解。有人好不容易想起来，好莱坞的公司有时会请欧洲娱记去参加看片会什么的，该不该让人家出机票引起过一些争论。但是无论采访哪个行业，每次写稿之前直接从采访对象那里拿点钱，这超出他们的想象。

法国《世界报》前主编阿兰·弗兰尚（Alain Frachon）先生介绍说，他在担任主编期间，为了避免人情干扰，尽量避免和政要吃饭，尽管这些饭局大多是以友情的名义，未必有具体的要求。我不得不诚实地说，中国的大多数主编，无论大报小报，如果能够得到政要的宴请，不仅不敢拒绝，而且定然深感荣幸，还会写进宣传手册，甚至会在报纸上发表消息来炫耀。

前不久有一位日本媒体研究者来中国，我陪同她对一些媒体人士进行了访谈。她的研究题目是中国媒体的职业化转型，大多媒体人士都认为这是一个安全的话题，乐意和她交流。结果略感意外的是，她提出的第一个问题，基本上都是媒体和政府的关系。原来，在她看来，职业化转型的提前是媒体的独立。而很多媒体人士理解的是，职业化就是采访编辑和经营管理上技术含量再高一点。难怪郭德纲对于参与捧红他的北京电视台不屑一顾地说，大家都是（技术性地）彼此利用，谁也别装。有些媒体人士劝他要讲江湖义气，知恩图报。我不认为这种道理可以让媒体获得尊严。

冯小刚在回答年轻的记者提问时，时常以“小妹妹”称呼之。他用这种称谓来表达不满：你们太年轻了，不知道的事情太多；你们都是小屁孩，不懂得礼貌。这里面含有年龄歧视和性别歧视，但是也对记者的专业素养提出了质疑。他之所以敢骂记者，除了自身修养之外，还因为他也了解这些记者的行止，知道媒体没有什么值得尊重的。他的电影中的植入广告，也许还要从媒体的软文广告得到灵感呢。

一些记者挑战权力或者金钱，勇敢地为公众提供真相，的确令人佩服，值得敬重。但是，很多时候我都会感到悲哀，因为他们所做的工作，不过是一个记者的份内之事。媒体行业作为一个整体，受人羞辱未必有多么冤枉。

（作者系南都传播研究院首席研究员）

# 碰点“灰色地带”又何妨

□戴志勇

戴志勇

8月6日下午，刚打开电脑，传媒群里跳出一则坏消息：南方周末记者朝格图和瞭望东方周刊记者王立三在吉林桦甸采访洪灾，被当地警方扣押在常山派出所，并被令删除照相和录音。

最近俩月，记者这个行当，似乎进入了超级生理危险期。碰哪里都不安全。

天灾不好碰，背后可能有人祸。上市公司不好惹，有“损害公司商业信誉罪”等着你，更有甚者，“霸王”公司的员工，干脆就打到报馆来了；网上发帖爆内幕或QQ群里讨论几句（当然是在传统媒体无法报道的情况下），也得小心因“不当言论”，被警方调查乃至劳教；世博更不用提，据说已涉及到国家形象问题。

话又说回来。上述所有事例，目前的发展都还不算太坏。道歉的道歉，放人的放人。周筱赟在《炎黄春秋》上刊登《世博会与亚运会的不同舆论生态》批评上海的舆论环境，目前也未见被跨省。我给格格（朝格图）发短信问安全状况，他回道：没事。

8 月 6 日的时代周报上有组数据：从 1997 到 2005 年，拉美共有 106 名媒体人殉职，其中高居榜首的哥伦比亚为 60 人。2000 年以来，墨西哥已有 60 多名媒体人被杀害；俄罗斯，1992—2006 年有 63 名媒体人死亡……

与这些国家一比，前文的不安全感还真有点轻量级。

是中国记者皆身怀绝世武功？是中国的特殊利益集团皆被儒家的仁义之道熏陶得心慈手软？还是中国的法律已强大到足够可以保护记者的采写权利呢？

好像都不大靠谱。南周倒有个兄弟曾是北京市的单项武术冠军，但他不具代表性。要说心慈手软，在朝，近年来杀官现象层出不穷，在野，有些绝望的弱者走投无路之下，连幼儿都不放过。这些人连人性的最基本底线都已荡然无存，又谈何仁义之道？

答案显然在别处。我大致想出这么几条：

其一：记者只捏软的，不碰硬的。很多时候，不是记者们不想碰硬的，是选题会上就直接被 Pass 掉了。或者，千辛万苦把题做出来后，又被某种“不可抗力”河蟹掉了。得罪的人少，得罪的利益小，这无形中保护了记者的安全。

其二：如展江判断的：从红包、车马费到和媒体自列的广告客户保护名单，再到“有偿不闻”的封口费等，已经达到了惊人的程度。（同为中国媒体，越市场化，职业共同体的感觉越强烈的单位，腐败的程度越低。）

此种现状下，有一个逻辑大致成立：既然可以被公关，不管用权力、金钱还是关系，只要不把对方搞到无路可走，谁会愿意把记者搞到无腿走路？

其三：人大校长纪宝成有个心得：“不是我非要有级别，而是别人怎么看待我的问题，如果去找政府谈事情，是科长、处长还是市长来接待？这个是不一样的。”报纸与大学相似，不管中央媒体还是地方媒体，再不讨人喜欢，毕竟还是党报或党报的儿子儿孙。在目前的权力结构下，大部分矛盾都可归结为“人民内部矛盾”，换人，判刑，是很严重的代价了。

7 月 31 日，作为七个被致敬者之一，曾被人出 500 万买项上人头的王克勤在南方周末“中国梦”的现场演讲说：记者不是要对某个单位负责，不是要对某个组织负责，记者唯一要负责的，是事实本身，真相本身。

我的愚见，中国的新闻可以分为三类，一类，是肯定可以做的，群众斗群众，不影响社会稳定，不涉及强势利益；一类，是绝对不能碰的，一碰就死，杀身成仁——这类其实极少；还有一类，处于灰色地带，各种利益团体相互博弈的结果，记者、编辑与把关者们的专业水平与处理技巧，决定了它可不可以做，可以做到什么程度。

在这样的“新闻国情”之下，或许还需要接着王克勤的话头，再问一下：记者要负责的，究竟是哪类事实，何种真相？山西疫苗可以做了，定州血案可以做了，“越维越不稳”可以做了，军事改革也可以做了。地下宗教可不可以做？人大改革可不可以做？民族问题可不可以做？

都那么安全了，多碰点“灰色地带”又何妨？何况，真的是为了长治久安。



（作者系南方周末编辑）

# 谁是谁的枪？

□朱学东

朱学东

谁是谁的枪?

语出新京报刘炳路在新浪的围脖："看了经济观察报仇子明被通缉事件的背后隐情，让我想到了一个字——'枪'。谁是谁的枪呢？"。

谁是谁的枪，还真不好说。

有朋友表达了不同的意见："从标题看，我就不喜欢这篇文章。什么叫'谁的枪'，就好像记者被质问'你是谁的人''你为谁说话'一样。标准答案：我们都是'党的人'，'党的枪'"。

确实，会有这种令人不爽的感觉。

但不爽，并不等于这个问题不成立，不存在。

无论是经济观察报记者遭通缉背后的隐情、郭德纲与北京电视台之争，还是李一非常道的报道，等等，都存在谁是谁的枪的问题。

这就是媒体和业者的困境之一。

设想连国家机器的组成部分，警察，以及神圣的精神象征，那些象牙塔中的知识分子们，都能迅速蜕变成为恃权官吏、豪强企业看家护院的打手，谁又能保证媒体和从业者不成为别人的枪手呢?

没有人能超越时空，自外于社会现实。鱼龙混杂触角遍及社会各个角落的媒体圈，沦为别人的枪手，也就稀松平常了。

不过，直面它，如同揭开自身的伤疤，也是需要勇气的。

很长时间里，喉舌一词，已经决定了媒体的枪的基本属性。久而久之，在政治的熏陶下，当枪，从一种外在的政治要求，逐渐内化为一种自觉追求，甚至，开始潜伏于内心，甚至，裂变成了一种媒体新的基因。



不过，社会丕变，原有的基于政治和喉舌论的规范要求，被市场和商业的逻辑彻底解构，而新的合乎媒体规范和市场要求的逻辑，却因社会转型之艰难，同样难产，在向市场化商业化媒体过渡中，因为欠缺自由市场竞争的基础，媒体的职业化和专业主义要求没有得到充分的尊重释放。

于是，潜藏在内心深处当枪的惯性魔鬼，探头探脑出来了。

而且，理由很正当。媒体要生存么。这只是下意识的生存习惯。

毕竟，对金钱的追求成为这个社会成功的主要标志，媒体也不会自外于社会这种氛围，加上政治的压力，向商业、社会、娱乐靠拢，也就成了必然的选择。

这一过程中，老人们老于世故，游走政商两界，进退自如，而媒体的影响力和版面，自然也是资源交换的平台；更有甚者，直接卖身投靠，让媒体和自己成为地方官吏和豪强看家护院的。那些业界激议过的报道，李庄案等，不都或隐或现地出现了此类苗头么? 唐骏们，不也是媒体配合造的神么?

在媒体职业化专业主义精神缺位的时候，谁是谁的枪手，不过是周瑜黄盖故事的山寨版，现代版而已。

当然，年轻一代的从业者依然怀抱理想，投身于媒体行业。但中国社会的复杂性陈腐性，往往使年轻人难以明了其中关节，容易堕入别人的彀中，卷入利益纷争，超越记者身份成为别人枪手而不自觉，还自以为是主持正义，这同样可悲。不过，这个责任，主要不在青年记者本身，而在媒体的职业化和专业主义训练的缺失。

同样与职业化和专业主义缺位有关的是，中国大多数传统媒体，作为政治的产物，权力机构的延伸，其职能某种意义上也隐含了权力机关凌驾于其他社会资源之上的习惯和毛病，没有把自己当成是平等的社会成员；

加上媒体铁肩担道义、文以载道的传统精神，常常使媒体超越自己的边界，好为人师，好为裁判，好为法律，好为正义的化身。此种情况，一旦被利用，对社会的杀伤力尤为巨大。

所以，没有人敢担保同行个个个人品行职业操守如范以锦般。所以，这样的媒体人、好的媒体，数量真是少，更弥足珍贵。

谁也避免不了可能当枪的命运。

即便如此，媒体和业者也当有自处之道。

那就是回到媒体本身，谨守媒体的边界，回到尽可能中立的、客观的、重视证据和事实的报道方式上，做一个负责任的信息发布者，科学理性的知识传播者，维护善良风俗的娱乐提供者，普世价值的坚定追随者，不狂热，不势利，不浮躁，不放纵，不恐惧；有良知，有理性，有担当，守边界，能自律。

胡适说过：“从前禅宗和尚曾说，‘菩提达摩东来，只要寻一个不受人惑的人。’我这里千言万语，也只是要教人一个不受人惑的方法……我自己决不想牵着谁的鼻子走。我只希望尽我的微薄的能力，教我的少年朋友们学一点防身的本领，努力做一个不受人惑的人。”

努力做一个不受惑的人，对于一个负责任的媒体和媒体从业者来说，只是底线的要求，却是最难做到的。

（作者系中国周刊总编辑）

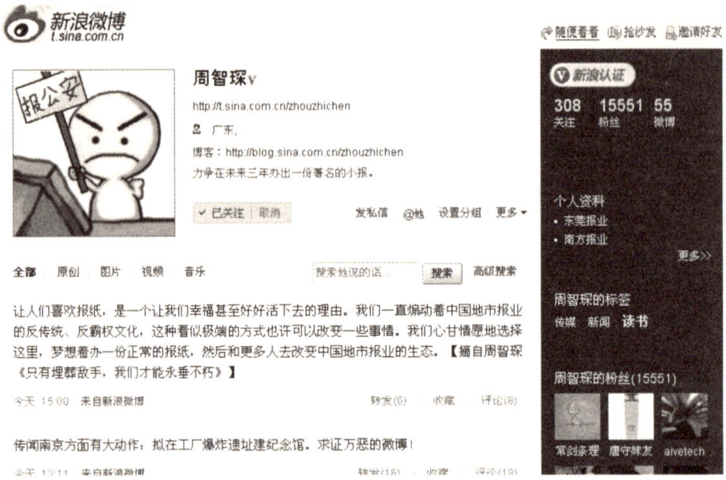




# 职业孤独与执业癫狂

□周智琛

周智琛

坦率地说，我们十分迷恋自己的职业梦想：做一两份出类拔萃并不同于以往的地市报纸，为整个中国的地市报业树立标杆，起码在报纸产品建设层面必须这样。

我们一直都知道这个梦想很狂妄，但又对这个目标的实现深信不疑。

人一旦有一个近乎洁癖的梦境，就容易进入一个别样的绝境：全身的细胞都在为这个梦想呼吸，并始终追随和奉献于这个美好的理想，哪怕这个魂牵梦绕的愿景有一天破碎。

话说回来，我们这些激昂得有些不知天高地厚的年轻人何其幸运，能在一个被无数人远望、误读、肢解的国际制造业城市里肆意驰骋，尽管中国的传媒个体通常都只能在极限之内运动，但这块土壤，已经有了“百花齐放”的可能。

尽管如此，我们必须承认，中国一流的媒体人才普遍不甘潜于三线城市，除非极个别天赋异禀却怀才不遇的人，或者是那些性情和内在特别坚持的人。

也因此，凡是遇见可造之才抑或是某些有着共同梦想的人才，我们所感受到的惊喜绝大过于谈拢某项大生意。而与其交往，内心里头不仅有惺惺相惜的恳切，潜意识里更有一种自我砥砺的身世之感。

但此心，并不能总是如愿。在一些时候，世事无常极有可能侵蚀本来阳光、健旺的心灵，比如，骨干采编人员的离去就会这样。

2010 年临近春节的时候，我们的名牌记者吴久久提出辞呈，他要去北京一家著名的杂志社任职。

吴久久是个温和幽默、敏锐多思、文笔奇佳的年轻人，一直担纲文化版块的统筹工作，做人干活都让人无可挑剔。

早在 2009 年春天，他就提出辞职。正是那家畅销中国的杂志抛出橄榄枝，邀他到北京做文化新闻。得知他要走的消息，当时有 30 多位同事自发挽留，那番场景至今想来让人内心暖暖。后来，我和他到一家咖啡屋深谈，好话说了一箩筐，见他还是不作声，索性破口大骂，最终软硬兼施，才使得他因为感喟报社爱才之举，答应多留数月，直到找到合适人选顶替其位才走。

我一直都知道他想过游历的生活，想泡在北京那种谁人都难以认出他的地方做文化，而实际上，做文化，到北京确实是最佳选择。

所以，这回他要走，再留不得，成人之美不仅仅是一种职业修养，更是一种职业道德。随后，报社热热闹闹摆宴为其送行。

回忆这样的事看似轻松，实则有一种无以言说的孤独感。

我常常会想，他为什么不留下和我们一起做一些别人所不能做到的事呢？这种孤独感于我们，起初有一种幻灭感，带来些许沮丧和不甘，但经历多了，总能带来更深的体悟，它让我们更加珍惜眼前的一切，更加珍惜眼前的战友，并生发一种连我们都无法理解的慷慨激昂。

带一个新的团队，面对一项新的事业，在最初的三年，所碰到最大的困惑也许就是“到底是坚持还是逃离？”对于报社而言，选择对本报社文化有着高度认同感的团队最为关键，而对于个体而言，也许懂得坚持才是硬道理，无数的事例证明，那些伟大传媒机构里由创业员工变为团队领袖的人，往往不一定是最有才的，但绝对是最坚持的。

这几年，有不少人把东莞报业誉为中国地市报业的“小延安”，有大量的省级媒体人才和地市报一流人才纷至沓来，使这里渐成中国地市报业浪漫激扬的试验场。

这个现象的深刻意义在于，在过去，中国的地市报，一直被当作一个简单粗陋而又方便有效的报纸标签，用来和省级大报划分身份和阶层，不能与其有对话的机会。现在看来，现今的中国地市报意味着革命和解放、觉醒和再生。

但在我们看来，报纸是一种残酷的事业，它只尊重，也只承认结果。因此，要有所作为，没有特别之为，没有强大的精神力量，没有超然决然的意志，难以成事。

按照我们的理解，这应该趋于一种执业癫狂的状态。



我们所寄生的世界和所占位的角斗场，越是凶相毕露，也有动物性的下意识之举，不仅可以威慑对手，更可以安慰自己。毕竟，在市场竞争中，究竟有几人能战胜内心的恐惧呢？我们每个人其实无法逃离自己的现在，那就得升华内在的能量。

我们有个战友叫作梁坚，天生一支健笔，人不在工作岗位时，总是一副懒洋洋、无精打采的样子，但凡写出锦绣文章来，必定大声朗读，不能自已，几近一种癫狂的地步。

这种癫狂的状态，在当前传媒战场进入贴身肉搏阶段时，是会出现在一些理想主义色彩浓厚和报业精神雄健的报社身上的。

在这个过程中，职业报人在竞争中产生的事业感，已不仅只是一个饭碗，一份工作，它成了是互为角斗的语言，会带给人强大的心灵震荡，让人可以放弃生活的一切庸常，抵达至一个忘我的世界。

这种癫狂是一种固执的激情，会催发不可思议的能量。

当然，当我们享受疲于奔命的姿态，必然夹带牵牵绊绊的焦灼。

毕竟，这是一个焦躁不堪的时代，对传媒人而言，市场杀戮拼抢，职场腾挪跳跃，欢场光怪陆离，一片狼烟滚滚，一切熙熙攘攘，每个人都想实现梦想，每个人都想得到气场。只不过，这些被称为理想点火者的人皆为凡胎，做新闻如吸毒，做广告如掘墓，做发行如扫荡，在执业癫狂的同时，一般带着一种深层的孤独。

首先是权力的孤独。每个报人都有竞争情结，除了理想与正义之外，权力和征服是竞争带给传媒人的信仰。但可惜的是，现实的无助感带来权利的孤独。“周旋于是非的智慧，平衡于上下的韬略，提防明枪暗箭的辛苦，承受浅薄误解的委屈”，这四句评价冯小刚电影里小人物的话，非常适合放在大多数报纸身上，尤其是那些新生的想冒头的市场化报纸。

其次是恐惧的孤独。在大多数的 70 后、80 后身上，烙下的这种痕迹尤其深刻。每个人心里都会恐惧，每个人心里都有迷茫，尤其在中国持续的传媒变局中，“青春饭”、“新闻民工”、“纸媒衰退”等因素加剧了传媒人的孤独，加上这个时代价值多元，拜金主义盛行，对命运的不确定性和不甘直接导致中国传媒人的群体性孤独。

此外，最为普遍是情感的孤独。传媒人情感的触角对于孤独的感知几近于极速。传媒圈里够现实够悲悯，但没有孤独俱乐部。这是一个大时代，却徒增出无数的小孤独。在这个领域里，谁孤谁的独，谁癫谁的狂，我们其实不知道。所以，孤独不够彻底，欢乐不会来临。

但我相信，人恰恰是因为有了一种独特的孤独感，才会让人确认你所在的传媒有异军突起的必要性和让人相信梦想飞扬的可能性。因为孤独在帮助你相信，相信这个世界是真的，是丰富的，是现实的，是有无限可能性的。

（作者系东莞报业传媒集团执行总编辑）

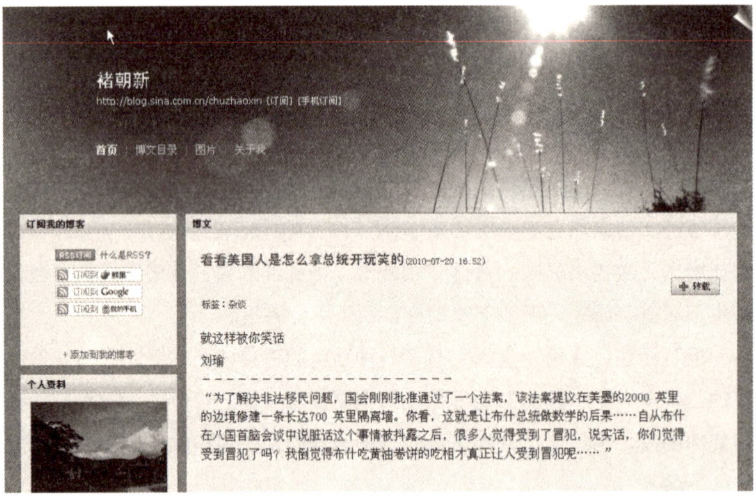




# 尴尬的现实里不能放弃的新闻理想

□褚朝新

褚朝新

谈理想，时下好像成了一件很二的事。不过，我只是新闻界藉藉无名的一员，别人私下或当面奚落两句，也不会让我钻到"同行相轻"的胡同里去。

突然说起新闻理想，是因为最近我在微博发起了一个讨论，新闻业务的那种。正如时下所有靠谱与不靠谱的讨论、学术举报一样，严肃的交流中难免会掺杂叫骂的宣泄。

事情是这样的：7月7日，多名戴着墨镜的不明身份人士在重庆市委大门前打出醒目横幅，庆祝重庆原司法局局长文强被执行死刑。次日，《中国青年报》刊发报道，记录了文强死前4小时。该报道表明，该报获得了采访文强的机会，但文强没有接受采访。

7月12日，中国青年报记者发文公布了自己事先拟好采访文强的287个

法治·社会

本报记者现场目击文强生命的最后4小时——

监室观看世界杯，认为德国大胜阿根廷是赌球

刑法学家：文强的罪与刑相适应

本报记者独家采访文强儿子文恒勇——

“爸爸给了我今生最用力的拥抱”

文强告诫儿子不要仇视社会

新闻业务讨论：见到文强，该问他什么问题？【中青报记者筹备一个多月，在文强赴刑前采访他。从拟好的287个问题里挑选出6组问题，如“你记得第一次收受别人钱财是什么时间吗？当时你紧张担心吗？思想斗争是持续了很久，还是一闪念而已？”原三联记者朱文轶说：我要是文强，我一个大嘴巴子抽死丫的。】

7月12日 12:50 来自新浪微博 转发(142) | 收藏 | 评论(59)

评论

同时发一条微博

shrain888 无业游民刘家国假冒国家电网能源公司财务总监多年诈骗，国家电网能源开发公司监审部许主任电话63416721 xxm@sgesgcc.com.cn 许小姐负责信访举报和监察。许小姐说：没有刘家国这个员工，更不用说曾任职财务总监，也没有财务总监这个岗 //@石扉客:回复 (7月20日 13:33)

回复

吴虹飞V 回复@褚朝新:我胡乱问的，不核心 (7月14日 13:37)

回复

褚朝新V 回复@吴虹飞:“女明星那一段，我会问你最喜欢哪个女明

回复

魔力菩提 经典啊！没想到现在的记者素质都提高到这种程度了，真是一日不学习，赶不上中青报！ (7月12日 17:47)

回复

子言轩 我要是观众我也想抽他，这问题太白了 //@王光忠://@玉面鼠:转发微博。 (7月12日 16:51)

回复

褚朝新V 回复@苏永通:中青报有常驻重庆的记者，且参与了采写，也就是今天中青报刊登的记者手记的庄庆鸿（即田文生）。至于他们为什么在稿子里写自己为采访“披星戴月”、“通宵未眠”从北京赶到重庆，他在手记里没解释。 (7月12日 16:51)

回复

苏永通 接受采访又不能算立功表现，人家自然不说了。。。我以为中青报的记者长期驻重庆了呢，居然还得从北京飞过去，真辛苦啊。。。 (7月12日 16:01)

回复

后面还有49条评论，点击查看>>

问题中的6个。看了其公布的6大问题，有资深的同行很怒，“我要是文强，我一个大嘴巴子抽死丫的。”

既然有同行觉得这些问题问得不好，或是觉得问题很好但问得不合时宜，那如果采访文强的机会到了我们面前，我们该问些什么合适呢？这是我的本意，没想着挑起事端的。认识我的人都知道，我老实巴交的，从不惹是生非，是大大的良民。

叫骂型的参与，就不提了。参与者中与业务沾点边的，总结起来又可分为四类：一类是情绪性的，认为提问内容很好，不必“同行相轻”。第二类是技术性的，认为这个时候应该去向文强求证早先获得的各种故事细节。还有一类，让我有些受刺激，就是认为但凡有点良知的市场媒体都没机会做这类采访，讨论“该怎么问文强”意义不大。最后一类，看起来插科打诨，实则一语中的，但不宜实施，比如南方人物周刊的美女记者吴虹飞说，“要是我，我就问文强到底得罪了谁？”

发表这些看法的，有一些是还在一线采访写稿挣稿分的记者，有几位是坐在家里运筹帷幄、指点江山的评论员，还有长期关注研究新闻业界的观察分析人士。在我心中，这些同行都是业界精英，可在他们的发言中，我约莫觉出一些对现实的失望与无奈，甚至有因失望和无奈就打算放弃讨论如何提高业务能力的苗头。

确实，稍微对重庆打黑有些真实认识又自重的同行，都可能认为自己不会有采访文强的机会。我想说的是，今天没有这个机会，明天、后天、大后天都可能依然没有这个机会，但我们应该坚信，未来总

有一天我们会有这样的机会。

除了失望与无奈，我还经常感觉到来自周边同行的愤怒。或许是因为职业的缘故，新闻人无疑比一般的民众看到更多的丑恶现实，甚至不得不每天出入其间，与各路宵小周旋，斗智斗勇。而我们手中的笔，时常受限，我们作为“喉舌”，经常失声。愤怒，再所难免。这些情绪，其实也都只是人人都会有的正常情绪。

我们所处的大环境，确实不容乐观。但如果我们这群人对将来都没有信心了，那社会的记忆、历史的记录如何能尽可能完整、真实地被保存呢？这样说，好像又有些自大，什么我们这群人？是的，我内心真切地觉得，我们这群新闻从业者应该与别的人群不一样。虽然我从没觉得自己光荣而伟大，但我一直觉得自己从事的这个职业光荣而伟大。



当社会面对权力手无寸铁的时候，唯有沉默的记忆能作为最后抗争的武器。书写，自然也是一种记忆方式。而我们手握的，不正是用来书写的笔和纸吗？我们必须庆幸，我们还没有彻底失去书写的自由。

白纸黑字，总能让我心生敬畏。即便看过我们笔下之上文字的人，很快会忘记我们写过什么说过什么，但白纸黑字流传，终有一天未来的人们将看到，原来当年是那样的。这，难道还不够吗？

我那很少谋面的同事熊培云说，“一方面我们要反观自己的内心，是不是在积极地做事情；另一方面，要明白对于一个社会来说，悲观是个圈套——我们每个人都是社会环境的一部分，你多一份悲观，这个社会就多一份悲观。从这个角度上讲，心怀希望也是一种责任。”

我很自豪有这样的同事，即便他根本不认识我。我相信大家都会认同这样的心理感受，与心怀希望者一起生活，你会觉得生活有希望。与绝望者同处，你会觉得压抑与绝望。我们这群人，天天在写字希望别人心怀希望，因此最没有资格自己先放弃希望。

说了这许多，其实还是为自己发起的“如何向文强提问”的讨论辩护。我相信，总有一天，新闻面前会人人平等，怕就怕机会来了我们没准备，问出了让别人也想抽我们一个大耳刮子的问题。

（作者系新京报深度报道部记者）

# 记者证决定记者真假?



## 缘起：

7月30日，证券日报副总编辑董少鹏在新浪博客上发表《被通缉的仇子明没有合法新闻记者身份》一文，(标题后改为《涉及仇子明案的所有事实都应当还原》)称“无论如何，记者不持证上岗，这本身不仅是不严肃的，也是不符合我国新闻从业管理规定的”。引发新浪微博网友围观以及“自首”热潮。

真理越辩越明，本刊予以摘选，以飨读者。特别声明，网友观点不代表本刊立场。

## “博”击：

**石扉客:** 向董少鹏真记者报告:假记者名单在延续中,《中国新闻周刊》原时政社会新闻部主任现《国家历史》杂志主编唐建光、原《财经》杂志记者现《南方周末》记者陈中小路，已相继自首。我们都是假记者！我们都是骗访族！

**朱学东:** 我从没拿过记者证，但挂过报纸副总、杂志主编、总编的衔，采访过当年新闻总署署长石宗源，副署长柳斌杰、石峰，这几年中宣部、总署的会，还会被提溜去开，没人说我是无证上岗。

**威海晚报耿楠：** 哦，我 2003 年入行，一直没那东西。2006 年关系调入报社前有次考试机会，错过了。此后一直没有机会考证。单位之前通知去年考拖到今年，今年到现在说是没动静。最幽默的是连我们报社记者部门的一把手都没证……

**近我者赤：** 我从 2001 年来北京后一直从事新闻和舆论监督，从来没有拿过署证，为避免有人拿假记者说事，扣帽子，打棍子，我从来不说自己是记者，也不轻易提“采访”这个词，核实、了解、倾听、沟通、服务等等是我常挂在嘴边的旗号！可以吗？不行吗？呵呵！

**柳长盛**：本人在传统媒体做了16年，发稿无数，持有广电系核发的记者证多年。不幸，出版总署不核发新证，我沦落为假记者。在此，我自己举报自己。



**吉四六**：到了新媒体，俨然已是非法采编人员。但上到省委书记，下到贩夫走卒都骗访过了，故请总署法办。

**五月花花**：揭发带自首，从业十年，从电台到杂志，无证。

**廖世杰**：找谁自首？哪个法律法规有“署发记者证”条款？ 既然无法规，何来合法不合法的说法？

**不那么靠谱的天启子**：我国最特色的制度不就许可证么，抬高正规许可证标准，让大多数人拿不到证——到时候想整人，抬头一看，全国满是可以收押的非法（　　）【填空题】。

**谢文**：这是媒体传播界的22条军规：没证不能上岗，证件永远不发。看看网络视频业，一共发了三个，全是广电系统自己。

**朱光强**：我离开原单位，记者证已经上交。后悔当时没保存下来。现在无证驾驶。

**黄栋林**：自首，本人从业差一个月三年，一直无证上岗，却严格遵守交通规则，

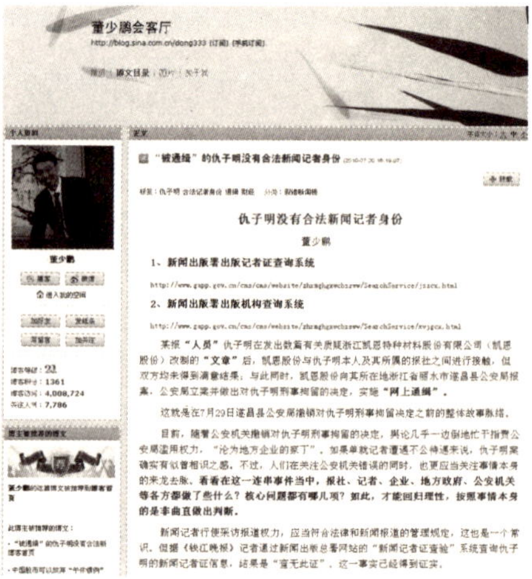
董少鹏会客厅

http://blog.sina.com.cn/dong333

“被通缉”的仇子明没有合法新闻记者身份

仇子明没有合法新闻记者身份

董少鹏

1、新闻出版署出版记者证查询系统

2、新闻出版署出版机构查询系统

某报“人员”仇子明在发出数篇有关质疑浙江凯恩特种材料股份有限公司（凯恩股份）改制的“文章”后，凯恩股份与仇子明本人及其所属的报社之间进行接触，但双方均未得到满意结果；与此同时，凯恩股份向其所在地浙江省丽水市遂昌县公安局报案，公安局立案并做出对仇子明刑事拘留的决定，实施“网上通缉”。

这就是在7月29日遂昌县公安局撤销对仇子明刑事拘留决定之前的整体故事脉络。

目前，随着公安机关撤销对仇子明刑事拘留的决定，舆论几乎一边倒地忙于指责公安局滥用权力，“沦为地方企业的家丁”。如果单就记者遭遇不公待遇来说，仇子明案确实有似曾相识之感。不过，人们在关注公安机关错误的同时，也更应当关注事情本身的来龙去脉。**看看在这一连串事件当中，报社、记者、企业、地方政府、公安机关等各方都做了些什么？核心问题都有哪几项？如此，才能回归理性，按照事情本身的是非曲直做出判断。**

新闻记者行使采访报道权力，应当符合法律和新闻报道的管理规定，这也是一个常识。但据《钱江晚报》记者通过新闻出版总署网站的“新闻记者证查验”系统查询仇子明的新闻记者证信息，结果是“查无此证”，这一事实已经得到证实。

从不随地吐痰。

**李红**：当年在 CCTV 工作多年，同事至少 50% 没有记者证。采访照样做，节目照常播。如果董先生赢了，央视 50% 人员是否应该下岗？ 50% 是很谦虚的数字，实际数字高过此 %……不信可以事实说话。

**峰子 288**：清晨掏手机一看，吓我一跳，真担心饭碗不保。我坦白，我于 2006 年 5 月就进了这媒体行当，期间参加了一次拿证的培训，报名两次，也至今没证，但仍光荣里混在羊圈里。望从宽处理。

〖**余丽**〗：原北京台记者，无证，当年做暗访新闻无数，离开台里四年了，现在来自首，不会董总要追究当年几百件骗访事件吧，好怕怕的说……

**万林 V**：记者是也个特殊人群，没有有效的管理恐怕也不行吧？是个人就说自己是记者岂不成了什么乱源，难怪现在有那么多假新闻呢！！

**信水清流**：支持你们"自首"，做记者的权力与生俱来，不需要哪个机关来审核，决定记者饭碗的应该是读者，而不是官员。

**财新赵何娟**：靠，这么好的自首贴，必须要站队：从一财到财经到财新，报道无数，多年无证人员飘过……

**南都陈伟华**：制度决定了记者必定是先上岗后持证了，新闻人都知道，拿这个说事只有两种可能：收了好处；舔屁沟；脑袋被驴踢了。我自首，我曾经无证上岗过。

**永璞**：现在开始打假记者了？不过中国的事情也确实挺奇怪的，版署和广电都发记者证，并且还互不承认。反过来说，记者非要有证吗？美国不是只要媒体自己认可就行了？国家只要监管媒体就行了，记者证纯属多余！

**梦回大唐 8587**：已混迹在此队伍里多年，不考证，对不起党和人民。考证，对不起数不到头的工作。忏悔，向上帝。

**马青时间**：我的证过期后续签了，可到现在也没发下来，查也查不到，我也属于无证的。

**我家土豆**：记者证到底是啥历史产物？

**小姬 AI**：很有趣啊，到底是谁的责任？

**ijane001**：新闻界的内幕，内幕中的新闻啊。



**wuyan98**：揭露了学历，开始揭露记者证？

## 权威回应：

中国记者协会一位工作人员在接受南都记者采访时表示，由于记者证申办时间较长和一些法律法规的约束，行内所说的“署证”（由国家新闻出版总署核发的新版记者证）申请不是一个简单的程序问题，因此，目前中国媒体从业人员面临的实际情况是，许多一线采编在册职工或者聘用职工均不能按时拿到署证，但这不能成为影响记者采访工作的主因。（《南方都市报》7月31日报道）

# 希望从未走开

□本刊编辑部

翻开这一辑，你一定留意到本刊将资讯置前了，原因很简单，信息浩瀚如海，本刊精心选编出来的，自然希望能与更多的人分享。而这也可作为本刊的餐前“小吃”，为阅读“本期焦点”等开开胃口。

本期焦点是“李一报道争议”。对于当下左支右绌的新闻界而言，国脉民瘼，诸多忌讳，江湖庙堂，莫若寒蝉。逢此纯技术性的文本问题，众起指摘，于新闻采写，倒不失是一个“因祸得福”的意外之喜。

可叹的是，采访报道，如今已然是个高风险事业，被进京缉拿，被网上通缉……江湖处处刀光现，文章何处哭秋风？经济观察报社关于其记者仇子明及其报道的声明，无疑是一道久违的打在传媒人脸上的阳光。

“北风其凉 / 雨雪其雱 / 惠而好我 / 携手同行”，千年变局的洪流中，暗礁峥嵘，作为瞭望社会前进方向的灯塔，媒体及其从业者正该如此砥砺前行。

行路难，多歧路。不惟李一报道争论中共识难达，连报社与其记者都未必能风雨同舟（有心人一定记得此前的另外一份报社声明），更不断有业者出走纸媒，投身新媒体的盛宴狂欢。

幸好，源头活水汩汩而来。刚刚入职的方可成们，为赋新词强说愁，却自有一番“版面在手，天下我有”的豪情：“这是属于我们的时代”。

这是他们的时代吗？

这不是新媒体的时代吗？

敏感而焦虑的报人，在新媒体的强势崛起中颤栗，视报业为夕阳，视 iPad 为救星。其实，即便所有人都知识渊博，教师也未必会失业。iPad 的横空出世，于纸媒最大的意义，既不是救星也不是掘墓人，而在于它给报业发展打开了一扇窗，既区别于新闻门户网站，也区别于单纯的网上付费阅读模式——那是一扇有待开拓、有着无限创新可能的窗。

那么，不妨乐观一点，报纸也罢，新闻采写也罢，未来或仍踟蹰，希望从未走开。

希望，从来就是我们自己。